NZZ **Libro**

Aram Mattioli

»Viva Mussolini!«

Die Aufwertung des Faschismus im Italien Berlusconis

Verlag Neue Zürcher Zeitung

Bibliographische Information der Deutschen Nationalbibliothek

Die Deutsche Nationalbibliothek verzeichnet diese Publikation in der Deutschen Nationalbibliographie; detaillierte bibliographische Daten sind im Internet über http://dnb.d-nb.de abrufbar.

Umschlagbild: Jubelnde Anhänger nach der Wahl von Gianni Alemanno zum Bürgermeister von Rom, 28. April 2008 (Reuters/Dario Pignatelli, Italy)

Umschlaggestaltung: Evelyn Ziegler, München

Gedruckt auf umweltfreundlichem, chlorfrei gebleichtem und alterungsbeständigem Papier ∞ ISO 9706

(Verlag Ferdinand Schöningh GmbH & Co. KG, Jühenplatz 1, D-33098 Paderborn)

Internet: www.schoeningh.de

Printed in Germany. Herstellung: Ferdinand Schöningh, Paderborn

Lizenzausgabe für die Schweiz:
Verlag Neue Zürcher Zeitung, Zürich 2010

ISBN 978-3-03823-617-7

www.nzz-libro.ch
NZZ Libro ist ein Imprint der Neuen Zürcher Zeitung

»Ich denke, dass die Fähigkeit, sich mit den dunklen
Episoden des eigenen Erbes zu konfrontieren,
für jedes Volk ein Prüfstein für die demokratische Reife ist.«

Adam Michnik, 1994

»Veramente la scoperta che c'è un' Italia berlusconiana mi colpisce molto:
è la peggiore delle Italie che io ho mai visto,
e dire che di Italie brutte nella mia lunga vita ne ho viste moltissime …
Il berlusconismo è veramente la feccia che risale il pozzo.«*

Indro Montanelli, 2001

* »Die Entdeckung, dass es ein berlusconianisches Italien gibt, trifft mich wirklich sehr: es ist das schlimmste der Italien, die ich je gesehen habe, und üble Italien habe ich in meinem langen Leben in der Tat sehr viele gesehen … Der Berlusconismus ist wirklich der Bodensatz, der aus der Grube hinaufkriecht.«

Indro Montanelli, 2001

INHALTSVERZEICHNIS

VORWORT

In den letzten zehn Jahren verging fast kein Monat, in dem das neue Italien von Silvio Berlusconi nicht international für Aufsehen sorgte. Ganze Heerscharen von Journalisten und Wissenschaftlern zerbrachen sich den Kopf über das Erfolgsgeheimnis des Berlusconismus und die Gründe für die anhaltende Rechtsentwicklung im Land. Das Wort von der Anomalie machte die Runde – wieder einmal. Einige Kultur- und Sozialwissenschaftler wählten einen anderen Zugang und dachten darüber nach, ob sich in Italien nicht Dinge ereignen, die einen grundsätzlichen Wandel des Politischen im 21. Jahrhundert anzeigen. Im Vordergrund aller Analysen standen Phänomene wie der Populismus, die Medienmacht und die Interessenkonflikte des Regierungschefs, aber auch die Gängelung der Justiz, die medialen Inszenierungen der Politik und die »anormale Rechte« (Leoluca Orlando), die die Prinzipien der Demokratie und des Rechtsstaats ritzt.[1] Dagegen fand die revisionistische Erinnerungspolitik des Berlusconi-Bündnisses ausserhalb Italiens bisher vergleichsweise wenig wissenschaftliche Beachtung. An eine problemorientierte Gesamtdarstellung wagte sich bislang niemand heran.

Freilich berichten die seriösen Medien des In- und Auslands regelmässig über krasse Fälle von Faschismusapologie. So blieb nicht unkommentiert, als Gianni Alemanno, der neue Bürgermeister von Rom, auf einer Israel-Reise im Herbst 2008 zu verstehen gab, nicht der Faschismus als solcher, sondern nur die »Rassengesetze« seien das »absolut Böse« gewesen.[2] Einigen Zeitungen entging auch nicht, dass Berlusconis junge Tourismusministerin Michela Vittoria Brambilla im Juni 2009 an einer offiziellen Carabinieri-Veranstaltung in Lecco, nachdem die Nationalhymne verklungen war, ihren rechten Arm zum »römischen Gruss« reckte. Unreflektiert blieb in der medialen Berichterstattung hingegen, weshalb diese Geste nicht umgehend Rücktrittsforderungen nach sich zog. Kein Gedanke wurde darauf verschwendet, weshalb der Regierungschef die Ministerin nicht entliess, umso mehr als es sich beim »saluto romano« um einen Straftatbestand handelt. Es braucht nicht betont zu werden, dass sich Michela Brambilla in anderen westeuropäischen Saaten nicht im Amt hätte halten können.[3]

Gerade in einem Land wie Italien, in dem Geschichte immer schon von den Mächtigen für ihre Zwecke instrumentalisiert wurde, müssen solche Vorfälle, die sich in den letzten Jahren auffällig häuften, aufhorchen lassen. Sie weisen darauf hin, dass in der Gesellschaft inzwischen eine revisionistische »Normalität« besteht. Breite Schichten der Zivilgesellschaft nehmen sie hin und – schlimmer noch – sind gar nicht mehr dazu in der Lage, sie kritisch zu reflektieren. Italien ist zu einem Land ohne historisches Gedächtnis geworden.

Diese Studie nimmt die revisionistischen Vorfälle der letzten Jahre als Indikatoren für die innere Befindlichkeit des »Bel Paese« sehr ernst; sie betrachtet sie keineswegs bloss als Entgleisungen einzelner Politiker, sondern analysiert sie als Ergebnis und Symptome eines umfassenden Gesellschaftswandels, der in der Spätzeit des Kalten Kriegs einsetzte. Berlusconis Aufstieg zum mächtigsten Mann Italiens wurde nicht nur durch den korruptionsbedingten Zusammenbruch des alten Parteisystems, sondern vor allem durch eine »lautlose Kulturrevolution« (Alexander Stille) ermöglicht.[4] Die »transizione italiana«[5] schlug sich in einem Klima zunehmender Intoleranz und Vulgarität nieder – und in einem Regierungsstil der grossspurigen Ankündigungen, Einschüchterungskampagnen und rechtsstaatlichen Tabubrüche.[6] Zu den schweren Regelverletzungen gehören Berlusconis ständige Ausfälle gegen die freie Presse, die kritische Wissenschaft und die Verfassungsinstitutionen, angefangen bei der Justiz über den Verfassungsgerichtshof bis hin zum Staatspräsidenten. In beispielloser Weise beschuldigte der Regierungschef die Richter des Landes am 26. November 2009, subversiv zu sein. Sie hätten nichts anderes im Sinn, als seine Regierung zu stürzen, und dem Land zu schaden. »Auf diese Weise riskieren wir den Bürgerkrieg.«[7], liess er seine Tirade drohend enden.

Mehr und mehr scheint der dreimal durch eine Mehrheit gewählte Fürst den Staat als seine Krondomäne zu sehen und demokratischen Widerspruch als böswillige Majestätsbeleidigung zu empfinden. Immer dreister rücken die dem »Cavaliere« wohlgesinnten Medien Kritik an seinem Regierungsstil in die Nähe von intellektuellem Landesverrat. Selbst international angesehene Schriftsteller wie Claudio Magris oder Antonio Tabucchi werden von ihnen inzwischen als »Antiitaliener« und »Exportintellektuelle« geschmäht, wenn sie sich besorgt über den Berlusconismus und die ihm inne wohnenden Gefahren äussern.[8] Der neue Populismus des Mailänder Milliardärs verwandelte das Land zu einer Demokratie ohne wirkliche Demokratie und damit in einen Zustand, der zu schlimmen Befürchtungen Anlass gibt.[9] »Wir durchleben eine traurige Zeit«, merkte der frühere Staatspräsident Carlo Azeglio Ciampi im Herbst 2009 verbittert an. »In den letzten Jahren meines Lebens hätte ich mir wirklich nicht vorstellen können, einer ähnlichen Verrohung der politischen Aktion (»un simile imbarbarimento dell'azione politica«) und einer so brutalen und systematischen Aggression gegen die Institutionen und die Werte beiwohnen zu müssen, an die ich geglaubt habe.«[10] Berlusconi und seine Mehrheit, so Ciampi, würden gleichsam mit der Spitzhacke (»colpi di piccone«) auf die Prinzipien einschlagen, auf denen die Verfassung der Republik Italien ruht.

Im Fahrwasser des kulturellen Wandels rückte die Gesellschaft nicht nur nach rechts, sondern erhielten auch die Ideen der Rechten einen kaum für möglich erachteten Raum in den politischen Debatten. Besonders gilt dies bei den Diskussionen um die innere Sicherheit und die Bekämpfung von Immigration und Kleinkriminalität, aber auch für die Geschichts- und Identitätspolitik.[11] Heute sind Faschismusapologie und »Duce«-Bewunderung in der Mitte der Gesellschaft angekommen. Im Unterschied zu anderen westeuropäischen Ländern werden revisionistische Thesen in Italien nicht von Ewiggestrigen und Rechtsextremisten allein vorgetragen, sondern oft auch von bürgerlichen Honoratioren. Spitzenpolitiker, die der Mussolini-Diktatur positive Seiten abgewinnen; Strassen, die nach »Helden« des Regimes benannt werden oder »gute Faschisten«, die als Filmhelden in die Wohnstuben der Fernsehnation flimmern, gehören seit 1994 ebenso zum Alltag der Zweiten Republik wie Gesetzesinitiativen, die Mussolinis letztes Aufgebot und die Kollaborateure von Salò den Kämpfern der Resistenza gleichstellen wollen. Seit sich der Mailänder Medienmogul 1994 in die politische Arena begab, wurden gerade auf dem Feld der Erinnerungspolitik wichtige gesellschaftliche Stellvertreterdebatten ausgefochten. Diese drehten sich unter anderem um symbolische Kapitalien wie nationale Identität, kulturelle Leitwerte und politische Legitimation. Über die Zukunft Italiens wurde und wird auch in diesem Schlüsselbereich der politischen Kultur entschieden.

Dies ist das Buch eines Historikers, der sich in den letzten zehn Jahren intensiv mit der Geschichte des faschistischen Italien beschäftigte, mit dem Abessinienkrieg und seiner internationalen Bedeutung zunächst und dann mit Mussolinis Architektur- und Städtebaupolitik. Selbstredend interessierte mich in diesem Forschungskontext stets auch die Frage, wie das heutige Italien mit seiner faschistischen Vergangenheit umspringt, nicht zuletzt auch vor dem Hintergrund der bundesdeutschen »Vergangenheitsbewältigung«, die heute vielfach als vorbildlich gelobt wird. Als ich im Hinblick auf einen Kongress, der im Februar 2003 in Florenz stattfand, erste Erkundungen in diesem Feld unternahm, packte mich das Entsetzen, was die damals noch punktuellen Recherchen zu Tage förderten.[12] Selber in einer Familie sozialisiert, die stolz auf die antifaschistische Tradition der Republik Italien und die Resistenza war, konnte ich mir anfänglich keinen Reim darauf machen, wie die Verharmlosung des Faschismus in den Mitte-Rechts-Kreisen zu einem Kavaliersdelikt herabsinken konnte. Für mich war klar, dass ich dieser Frage, sobald es die Zeit erlaubte, wissenschaftlich nachgehen wollte, in der Absicht freilich, damit einen historisch informierten Beitrag zur Analyse des gegenwärtigen Italien vorzulegen.

Meine Studie untersucht die für das Thema zentralen Entwicklungen vom Beginn der 1980er Jahre bis zu der im Juni 2009 aufwändig gefeierten Aussöhnung mit Libyen. Sie ist in fünf Kapitel gegliedert. In der Einleitung werden der thematische Rahmen abgesteckt, die Untersuchungsanlage präzisiert und unter anderem begründet, weshalb Film und Fernsehen unbedingt in die erinnerungskulturellen Analysen einbezogen werden müssen. Daran schliesst sich ein Kapitel an, das aufzeigt, wie der antifaschistische Grundkonsens der Republik Italien seit Mitte der achtziger Jahre immer stärker bröckelte und welch entscheidende Rolle dabei Historiker, Publizisten und Spitzenpolitiker spielten. Im Mittelpunkt des dritten Kapitels stehen die acht wichtigsten Topoi des revisionistischen Erinnerungsdiskurses, die, obwohl hier zu analytischen Zwecken getrennt, letztlich ein einziges Ideologiemassiv bilden. Das vierte Kapitel wendet sich der konkreten Erinnerungspolitik der Rechten zu, wobei die lokalen Vorgänge ebenso zur Sprache kommen wie die auf der nationalen Ebene. In der Schlussbetrachtung wird der Versuch unternommen, die irritierenden Befunde aus ihren soziokulturellen Zusammenhängen heraus zu erklären und innerhalb der jüngsten Geschichte Westeuropas zu situieren.

Zu Dank verpflichtet bin ich meinen deutschen, italienischen und Schweizer Freunden, mit denen ich eine alte Liebe zu Italien teile, aber auch eine tiefe Besorgnis über die jüngsten Entwicklungen. Mit vielen von ihnen führe ich seit Jahren regelmässige Gespräche. Besonders viel verdanke ich den Einschätzungen von Angelo Del Boca, Wolfgang Schieder, Christoph Cornelissen, Petra Terhoeven, Birgit Schönau, Hans Woller und Thomas Schmid. Für ihr Interesse danken möchte ich meinen Studierenden an der Universität Luzern, die in den vergangenen Jahren damit begannen, zur italienischen Zeitgeschichte zu forschen. Aus einigen ihrer Arbeiten habe ich mehr hinzugelernt, als sie wissen. Herzlich bedanken möchte ich mich bei jenen Kollegen und Mitarbeitern, die das Buchmanuskript oder einzelne Kapitel daraus gegengelesen und kommentiert haben, konkret bei: Christoph Cornelissen, Georg Kreis, Raphael Fischer, Manuel Menrath und Angela Müller sowie bei Silvia Hess für die Unterstützung bei den Recherchen. Für ihr Interesse und das professionelle Lektorat bedanke ich mich bei Michael Werner und Dr. Christoph Selzer vom Ferdinand Schöningh Verlag. Für ihren augenzwinkernden Zuspruch und ihre stets klugen Kommentare danke ich Brigitte Baur. Erneut hat sie es geduldig ertragen, dass ich mich mit rechten Politabgründen beschäftigte. Das Buch widme ich meinen Eltern, mit denen ich im Sommer 1973 die erste Reise nach Italien unternahm, in eine Welt, die heute so nicht mehr existiert.

Aram Mattioli | 2. Dezember 2009

1. EINLEITUNG

DAS POLITISCHE ERDBEBEN VON 1994

Die Parlamentswahlen vom 27./28. März 1994 endeten mit einem Erdbeben, wie es die 1946 gegründete Republik Italien bislang nicht erlebt hatte. Dem Sieg des rechten Wahlbündnisses von Silvio Berlusconi, bestehend aus Forza Italia (FI), Lega Nord (LN) und Alleanza Nazionale (AN), stand eine verheerende Niederlage jener Parteien gegenüber, die die Geschicke des Landes ein halbes Jahrhundert lang bestimmt hatten. Im Unterschied zu Frankreich, Belgien, Grossbritannien oder der Bundesrepublik Deutschland hatten sich im Nachkriegsitalien Regierung und Opposition bislang nie abgelöst. Nachdem der Christdemokrat Alcide De Gasperi im Dezember 1945 Ministerpräsident geworden war, wurde das »Bel Paese« stets von Mehrheiten regiert, in der die Democrazia Cristiana (DC) die tragende Rolle spielte, zuweilen allein, meistens aber in Koalitionen mit Juniorpartnern, zu denen seit 1963 auch der Partito Socialista Italiano (PSI) gehörte. Über Jahrzehnte blieben die beiden Pole des politischen Spektrums, der wählerstarke Partito Comunista Italiano (PCI) zur Linken und das neofaschistische Movimento Sociale Italiano (MSI) zur Rechten, von der Teilhabe an der Macht ausgeschlossen. Das politische System der Republik Italien war durch eine in der westlichen Welt beispiellose Selbstblockierung gekennzeichnet, die die politischen Verhältnisse seit den siebziger Jahren zunehmend erstarren liess.[1]

In den Wahlen von Ende März 1994 straften die Wähler die Faststaatspartei DC, aber auch den PSI unter Bettino Craxi sowie die Sozialdemokraten (PSDI), Republikaner (PRI) und Liberalen (PLI) ab. Fortan spielten diese Formationen auf der politischen Bühne keine Rolle mehr. Dass gleich mehrere bisherige Regierungsparteien in der Versenkung verschwanden, war nicht nur für Italien, sondern in der ganzen westlichen Welt ein singulärer Vorgang. Nun schlug die Stunde von neu gegründeten oder jungen Parteien, die wie Forza Italia und die Lega Nord keine (starken) Wurzeln in der Ersten Republik besassen, oder die wie die Neofaschisten des MSI nie zum christdemokratischen Machtkartell auf der Römer Bühne gehört hatten. Die neuen Rechtsparteien stiessen in das in der politischen Landschaft entstandene Vakuum vor und nahmen dadurch dem Partito democratico della sinistra (PDS), der sozialdemokratisch orientierten Nachfolgepartei des PCI, den Wind aus den Segeln. Wie war das möglich geworden?

Seit den späten siebziger Jahren verkrustete das politische System zu einem Machtkartell aus fünf Parteien (»partitocrazia«), in dem eine sehr gut bezahlte Politikerkaste um Posten und Machtpositionen rangelte.[2] Gleichzeitig hatte sich unter den Amts- und Funktionsträgern der staatstragenden Parteien eine schamlose Selbstbedienungsmentalität breit gemacht. Bei der Vergabe von Bauaufträgen, Reinigungs-, Maler- und Sanierungsarbeiten gehörten Schmiergeldzahlungen (»tangenti«) längst nicht mehr bloss im als mafiös verschrienen Süden, sondern im ganzen Land zum Alltag, selbst in einigen vom PCI regierten Städten Nord- und Mittelitaliens. In seinem Spielfilm »Il portaborse«, der von einem aufstrebenden Minister handelt, der am Morgen schöne Reden auf die republikanischen Tugenden hält und am Nachmittag mit Bestechungsgeldern seine Wiederwahl organisiert, prangerte der junge Regisseur Daniele Lucchetti diese Machenschaften 1991 schonungslos an.[3] Nur ein Jahr später flog der riesige Tagentopoli-Skandal auf. 1992 ertappten Ermittler den sozialistischen Lokalpolitiker Mario Chiesa in Mailand auf frischer Tat dabei, wie er Schmiergelder einstrich. Von seinen Leuten schnell fallen gelassen, arbeitete Chiesa mit den Strafverfolgungsbehörden zusammen. Durch seine Aussagen gewährte er diesen Einblick in eine nicht für möglich gehaltene Korruptionsmaschinerie, in der die Schmiergelder fein säuberlich nach vorher festgelegten Anteilen unter die Regierungsparteien aufgeteilt wurden.

Nun begann der Richterpool »Mani pulite« um den Oberstaatsanwalt Francesco Saverio Borelli, zu dessen Team auch Antonio Di Pietro gehörte, wegen Korruption, illegaler Parteienfinanzierung und Amtsmissbrauch gegen Hunderte von Politikern, Beamten und Geschäftsleuten zu ermitteln. In Mailand, Rom, Neapel und Turin traten die Stadtregierungen unter Korruptionsverdacht zurück. Den Ermittlungen folgten Anklagen, den Anklagen zahlreiche Gerichtsverfahren, die teilweise mit rechtskräftigen Verurteilungen endeten. Von der lombardischen Wirtschaftsmetropole aus zog der Tagentopoli-Skandal immer grössere Kreise und weitete sich schliesslich zu einer veritablen Staatskrise aus. 1993/94 rissen der »Korruptionsschock« (Werner Raith) und die Empörung über die verkrustete Parteienherrschaft eine ganze politische Klasse in den Abgrund, darunter langjährige Spitzenpolitiker wie Giulio Andreotti, Bettino Craxi, Arnaldo Forlani, Antonio Gava, Carlo Martelli und Gianni De Michelis. Im Strudel immer neuer Ermittlungen und rechtskräftiger Gerichtsurteile stürzte das aus dem Zweiten Weltkrieg hervorgegangene politische System wie ein Kartenhaus zusammen.

Tatsächlich ereignete sich 1993/94 die tiefgreifendste Umwälzung in Italien seit dem Sturz der faschistischen Diktatur.[4] Viele Italiener wünschten sich einen radikalen Neuanfang, für den sich im öffentlichen Sprachgebrauch der Name »Zweite Republik« einbürgerte. Ein überwältigender Wahlsieg der Linken schien nicht mehr unmöglich, weil viele Bürger die reinigenden Lehren aus der Geschichte von Amtsmissbrauch, Vetternwirtschaft und Korruption ziehen wollten.[5] Doch dieser Wunschtraum erfüllte sich nicht. Allzu rasch erlosch bei vielen Bürgerinnen und Bürgern die anfängliche Begeisterung über die »Mani pulite«-Kampagne von Richtern und Staatsanwälten. Mit Silvio Berlusconi schaffte es ausgerechnet ein bislang hinter den Kulissen agierender Nutzniesser der Ersten Republik, ein Protegé des Ex-Ministerpräsidenten Bettino Craxi, sich öffentlichkeitswirksam als »homo novus« zu stilisieren.[6]

Am 26. Januar 1994 verkündete der Mailänder Medienmogul in einer Videobotschaft an die Nation, die noch am gleichen Abend von der Fernsehstation »Tg4« ausgestrahlt wurde, seinen Einstieg in die Politik. Staatsmännisch am Pult seiner Villa in Arcore sitzend, präsentierte sich der »Cavaliere« der Öffentlichkeit als unbescholtener Unternehmer und besorgter Bürger, mit der Mission, Italien vor einer kommunistischen Machtergreifung zu bewahren und allen Mitbürgern zu mehr privatem Wohlstand zu verhelfen. Er wolle nicht in einem »illiberalen Land« leben, das von unreifen linken Kräften regiert werde, die ihre Vergangenheit nie wirklich aufgearbeitet hätten und noch immer von der gleichen kommunistischen Mentalität wie im Kalten Krieg beseelt seien. Das Land verdiene eine glaubwürdige Alternative: den »Pol der Freiheiten« (»polo delle libertà«). Zum Wohl Italiens wolle er in einer aufrichtigen und loyalen Allianz mit allen demokratischen Kräften zusammenarbeiten. Nur auf diese Weise könne der »kommunistischen Gefahr« wirksam begegnet werden. »Schaffen wir gemeinsam, für uns und unsere Kinder, ein neues italienisches Wunder«[7] – appellierte er zum Schluss an seine Landsleute.

Dieses Bewerbungsvideo war gleich in mehrfacher Hinsicht bemerkenswert: Kein Parteichef hatte sich in Italien je zuvor per Videobotschaft, als Solist über neun Minuten lang und dazu noch in der Pose eines Staatspräsidenten, direkt an die Fernsehnation gewandt.[8] Man kann darin den Auftakt zur »democrazia elettronica«[9] (»elektronische Demokratie«), zu einer Art TV-Regime sehen, die einen Medienzaren wie Silvio Berlusconi, der gleich mehrere private Fernsehstationen besitzt, aber auch über eigene Tageszeitungen und Verlagshäuser gebietet, ungebührlich begünstigte.[10] Der Kalte Krieg war zwar auch in Italien seit 1989 zu Ende. Doch jonglierte der Neupolitiker aus Mailand geschickt mit dem Schreckgespenst einer kommunistischen Diktatur, mit holzschnittartigen Denkfiguren aus der überwunden geglaubten Zeit der bipolaren Blockkonfrontation mithin, die in (klein-) bürgerlichen Kreisen nach wie vor verfingen, wie die Wahlen bald zeigen sollten.

Schon in seiner allerersten politischen Rede kündigte Berlusconi an, dass er sich nicht mit Halbheiten zufrieden geben werde. Es ging ihm nicht einzig darum, eine bürgerliche Massenpartei zu gründen. Ziel müsse es sein, ein grosses rechtes Wahlbündnis zu formieren, für das er den zugkräftigen Namen »Pol der Freiheiten« erfand. Offenbar rechnete er sich unter den Bedingungen des 1993 eingeführten Majorzwahlrechts nur auf diesem Weg reale Chancen aus, Ministerpräsident Italiens zu werden. Mit seiner Ankündigung vom 26. Januar 1994 wagte er etwas, was vor ihm noch nicht viele Topunternehmer in einer modernen Demokratie versucht hatten: die Verbindung von sagenhaftem Reichtum, weitgehender Kontrolle des Mediensystems und der politischen Führung eines ganzen Landes.[11] Auf dem Weg dahin profitierte der Bau- und Medienunternehmer von seinem Image als »Siegertyp«, das er sich nicht zuletzt als erfolgreicher Präsident des Fussballvereins AC Milan erworben hatte.[12]

Nach seinem mediengerecht inszenierten Einstieg in die Politik, den der Klubpräsident der AC Milan für die »calcio«-verrückten Italiener[13] nicht zufällig mit dem Auflaufen auf dem Spielfeld verglich, überschlugen sich die Ereignisse. Am 6. Februar 1994 präsentierte Berlusconi der Öffentlichkeit seine binnen weniger Wochen aus dem Nichts gezauberte Partei Forza Italia. Geschickt benannte er diese nach dem populären Anfeuerungsruf »Vorwärts Italien« für die Nationalelf. Mit dieser Formation hoffte der Milliardär, der sich die Kapitänsbinde gleich selbst um den Arm streifte, das Wählerpotential der diskreditierten DC erben zu können. Schon vier Tage später stellte er der erstaunten Konkurrenz zwei rechte Wahlbündnisse vor, die er für Forza Italia eingegangen war: zum einen den »Pol der Freiheiten« im Norden des Landes, die unter anderen Listen die separatistische und fremdenfeindliche Lega Nord einschloss, und zum anderen den »Pol der guten Regierung« (»polo del buon governo«) für den Süden, in dem die Neofaschisten der Alleanza Nazionale Aufnahme fanden. Damit konnte der Newcomer aus der lombardischen Metropole die Wählerschaft rechts der politischen Mitte flächendeckend bearbeiten und zum grossen Teil für sich gewinnen.

Auf dem Weg zur Macht scheute sich der Chef von Forza Italia nicht, sich mit den politischen Schmuddelkindern der Nation zu verbünden. Schon die Allianz mit der rechtspopulistischen Regionalpartei Lega Nord[14], die in ihrem Ultraföderalismus den italienischen Nationalstaat in seiner bisherigen Form zur Disposition stellte, kam einer Zumutung gleich.[15] Kühl kalkulierend holte Berlusconi die zur Alleanza Nazionale mutierten Neofaschisten auf nationaler Ebene erstmals in ein bürgerliches Wahlbündnis. Noch im Oktober 1992 hatte der MSI den 70. Jahrestag der faschistischen Machtergreifung mit einer Massenkundgebung auf der

Piazza Venezia in Rom begangen, während der die vor dem ehemaligen Amtssitz des »Duce« versammelten Neofaschisten unter anderem faschistische Hymnen intoniert hatten. Bereits im November 1993 hatte Berlusconi Gianfranco Fini, den aufstrebenden Chef der Alleanza Nazionale, der seine Karriere im neofaschistischen MSI[16] begonnen hatte, als Bürgermeister von Rom empfohlen. »Wenn ich Römer wäre, würde ich ohne weiteres Fini wählen«[17], liess er öffentlich verlauten, worauf der Kandidat im zweiten Wahlgang 47 Prozent der Stimmen errang – ein Glanzresultat für einen bis vor kurzem marginalisierten MSI-Politiker.[18]

Kurz, durch seine Wahlallianz für den Süden machte der Selfmademan aus Mailand die extreme Rechte salonfähig, noch bevor sich diese glaubwürdig vom Erbe des Faschismus distanziert hatte. Tatsächlich war Italien 1994 das erste europäische Land seit dem Ende des Zweiten Weltkriegs, in dem Minister einer neofaschistischen Partei am Kabinettstisch Platz nahmen – und dies in einer Republik, die stolz auf ihre antifaschistischen Traditionen war. Für Westeuropa handelte es sich um einen Tabubruch. Italien war in der Tat das Land, in dem das ungeschriebene Gesetz, nicht mit Rechtsextremisten zu koalieren, gebrochen wurde. 1994 war es in Frankreich und der Bundesrepublik Deutschland ausgeschlossen, dass der Front National von Jean-Marie Le Pen oder Franz Schönhubers Republikaner in bürgerlich dominierte Koalitionsregierungen hätten eintreten können.[19]

Die Massenkonsumgesellschaft und ihre Entpolitisierungstendenzen, aber auch das Aufkommen des Privatfernsehens und die Medialisierung der Politik trugen mit zum politischen Erdbeben von 1994 bei. »Berlusconi führte eine Kulturrevolution herbei«, brachte es der New Yorker Journalismusprofessor Alexander Stille auf den Punkt, in dem er in die »altmodische, gemächliche, paternalistische italienische Lebenswelt einen Schuss amerikanische Kommerzkultur injizierte«[20]. In der neuen Kommerzwelt prägten zunehmend Markenkleider, Handys, Fernsehshows mit leicht gekleideten Tanzgirls, Soaps, Fussball und billige Urlaubsreisen den Lebensstil. In Berlusconis Weltbild besetzt der apolitische Konsument die Hauptrolle, der die Politik erfolgreichen Unternehmern wie ihm überlässt, die von den grossen Problemen des Landes – anders als die »kommunistischen Ideologen« und »roten Richter« – auch etwas verstünden. Im Zeichen eines lautlosen Kulturwandels erhielten die Themen und Gespenster der Rechten einen nicht für möglich gehaltenen Raum in den öffentlichen Debatten. Ein neuer, »unverkrampfter« Blick auf die faschistische Vergangenheit gehörte ebenso dazu wie die erklärte Absicht, die »linke Hegemonie der Wörter«[21] zu brechen, wie Gianfranco Fini es ausdrückte.

Wissenschaftlich lässt sich konstatieren, dass die Grenzen des öffentlich Sagbaren, seit die Erste Republik unterging, neu vermessen wurden.[22] Kurz nach den Parlamentswahlen 1994, in denen die Neofaschisten mit 13,5 Prozent der Stimmen das beste Ergebnis ihrer Geschichte seit 1946 erzielten, bezeichnete Gianfranco Fini den in den letzten Kriegstagen von einem Partisanenkommando hingerichteten Benito Mussolini als »grössten Staatsmann des 20. Jahrhunderts«[23]. Nur vier Wochen später meinte Irene Pivetti von der Lega Nord, die neu gekürte Präsidentin der Abgeordnetenkammer, dass des »Duces« paternalistische Diktatur gut für die Frauen gewesen sei.[24] Selbst der neue Premierminister argumentierte auf derselben Linie. Von der »Washington Post« auf Finis historische Einschätzung angesprochen, behauptete Berlusconi, Mussolini habe »auch gute Dinge« getan – und dies kurz vor einem Staatsbesuch des US-Präsidenten Bill Clinton.[25] Dass hohe und höchste Repräsentanten des Staates solche Urteile über den faschistischen Diktator und sein repressives Regime abgaben, war in den Jahrzehnten der christdemokratischen Hegemonie undenkbar. Exakt auf diese ausgeweiteten Grenzen des öffentlich Sagbaren wies die bekannte Journalisten Barbara Spinelli hin, als sie kurz nach dem Wahlen von 1994 in »La Stampa« die Beobachtung zu Papier brachte, dass im heutigen Italien ein Verbot gefallen, ja ein Tabu gebrochen worden sei: »Der Faschismus ist eine Meinung wie jede andere geworden: diskutierbar. Die Resistenza auch: sie war eine Meinung, nicht legitimer als andere.«[26]

Fragestellung und Leitbegriffe

Die geschichtspolitischen Initiativen, die das von Silvio Berlusconi angeführte Rechtsbündnis auf den Weg brachte, zielten darauf, das antifaschistische Paradigma der Vergangenheitsbetrachtung durch eine neue Erinnerungskultur abzulösen. Kampflos geschlagen gab sich das Mitte-Links-Lager, das während einiger Jahre (1996-2001 und 2006-2008) selbst die Regierung stellte, in dieser zentralen Frage freilich nicht. Tatsächlich erlebte Italien in den zwanzig Jahren seit der weltgeschichtlichen Zäsur von 1989 einen heftigen »Krieg der Erinnerungen«[27], in der es stets um weit mehr als bloss die symbolische Deutungshoheit über die jüngste Vergangenheit des Landes ging. Mit Versatzstücken aus dem Steinbruch der Geschichte wurden in den erinnerungskulturellen Debatten letztlich die Grundwerte von Staat und Zivilgesellschaft neu verhandelt.

Im Zentrum dieses Buches steht das, was der Philosoph Jürgen Habermas während des deutschen Historikerstreits einmal den »öffentlichen Gebrauch der Historie«[28] nannte. Hier interessieren nicht so sehr die innerwissenschaftlichen Diskussionen und der neueste Forschungsstand zum faschistischen Italien, obwohl dieser als Beurteilungsgrundlage für den öffentlichen Umgang mit dem Mussolini-Faschismus freilich unverzichtbar bleibt.[29] Das Erkenntnisinteresse zielt vielmehr darauf, welche Bilder Politiker, Publizisten und andere Meinungsmacher in den letzten Jahren über die jüngste Vergangenheit Italiens verbreiteten und mit welchen (Pseudo-) Argumenten sie diese begründeten. In kritischer Absicht soll danach gefragt werden, was die neue Erinnerungspolitik über das Rechtsbündnis verrät und welche Funktionen sie für dieses übernahm. Vorausgesetzt wird dabei, dass es in den öffentlichen Auseinandersetzungen über Diktatur und Widerstand nie bloss um die »richtige Deutung« der Vergangenheit geht. Auf diesem Feld werden oft Stellvertreterdebatten ausgefochten, die sich um politisch hochbedeutsame Güter drehen, die auch für künftige Mehrheitsbildungen entscheidend sind.

Konzeptionell ist es sinnvoll, die erinnerungskulturellen Debatten jenem Bereich zuzuordnen, den die Politologen »politische Kultur« nennen. Bekanntlich umfasst diese die Gesamtheit aller Werte, Meinungen und Einstellungen der Bürger gegenüber Verfassung, Institutionen, Staatstätigkeit und deren historischen Grundlagen.[30] Auf den folgenden Seiten ist die Annahme Erkenntnis leitend, dass sich Vergangenheit nie von selbst in kollektives Erinnern verwandelt, sondern dass in diesem Prozess stets einflussreiche Akteure und Medien am Werk sind. Was erinnert oder für erinnerungswürdig gehalten wird, ist ein diskursives Konstrukt und damit letztlich das Resultat von gesellschaftlichen Aushandlungsprozessen. Denn Erinnerungen sind »keine objektiven Abbilder vergangener Wahrnehmungen, geschweige denn vergangener Realität. Es sind subjektive, hochgradig selektive und von der Abrufsituation abhängige Rekonstruktionen. Erinnern ist eine sich in der Gegenwart vollziehende Operation des Zusammenstellens (re-member) verfügbarer Daten.«[31] Zentrale Merkmale von nationalen Erinnerungskulturen sind ihr Gegenwartsbezug, ihr konstruktivistischer Charakter und ihre prinzipielle Veränderbarkeit.[32]

Unter Erinnerungskultur werden hier die Geschichten über Geschichte verstanden. Mit Christoph Cornelissen werden darunter alle denkbaren Formen der bewussten Erinnerung an historische Ereignisse, Persönlichkeiten und Prozesse gefasst, sofern diese einen »Beitrag zur Formierung kulturell begründeter Selbstbilder« oder einer »historisch begründeten Identität« leisten.[33] In die Analysen werden deshalb nicht nur erinnerungspolitische Schlüsseltexte, Zeitungskommentare, Interviews mit Politikern und Prominenten, Stellungnahmen von Parteien, Verbänden und Historikern, sondern auch erinnerungskulturelle Praktiken wie die Rituale an Gedenktagen, öffentliche Bekenntnisgesten, Protestaufrufe, revisionistische Gesetzesentwürfe und das Verkaufen von Souvenirs einbezogen. Ausgehend von der neueren Einsicht, dass Fernsehen, Kino und die digitalen Bilder des Internets weit wichtiger für die Formung kollektiver Erinnerungen sind als Geschichtsbücher und das gedruckte Wort, wird den in den audiovisuellen Medien transportierten Faschismusbildern ein besonderes Augenmerk geschenkt.[34] Neben der nationalen Ebene werden erstmals auch lokale Ereignisse und kommunale Initiativen untersucht. Denn nur auf diese Weise lässt sich wirklich ein Gesamtpanorama zeichnen.

Klärungsbedürftig ist mit »Revisionismus« schliesslich ein weiterer Schlüsselbegriff, weil der italienische Wortgebrauch vom deutschen stark abweicht. Bekanntlich nimmt im deutschen Begriffsverständnis von Revisionismus die »Auschwitz-Lüge« einen zentralen Stellenwert ein. Wer nördlich der Alpen, aber auch in Frankreich oder in Kanada und den USA revisionistische Thesen vertritt, der negiert oder beschönigt die nationalsozialistischen Megaverbrechen und insbesondere die Shoa.[35] In Italien jedoch fand der Terminus erstmals für Studien über die faschistische Diktatur Verwendung, die diese nicht aus einer antifaschistischen Haltung heraus untersuchten. Als revisionistisch in diesem Sinne galten zunächst die Werke des Mussolini-Biographen Renzo De Felice und einiger seiner Schüler. Gewollt oder ungewollt schlüpfte De Felice in die Rolle eines intellektuellen Stichwortgebers für eine politische Strömung, die nach 1994 noch weit gröberes Geschütz gegen den intellektuellen Antifaschismus auffuhr.

Hauptziel der italienischen Revisionisten ist es, den angeblich unkritisch kanonisierten Antifaschismus und die so genannte »Vulgata resistenziale« (Renzo De Felice) zu zertrümmern, weil beide von »marxistischer Kultur« verseucht seien, die im 20. Jahrhundert mit dem Kommunismus ein »Monster« erzeugt habe, das schrecklicher gewesen sei als Nazismus und Faschismus.[36] Italiens Revisionisten, an vorderster Front Silvio Berlusconi persönlich, machen Stimmung gegen die so genannten »Gendarmen der Erinnerung« (Giampaolo Pansa), welche seit Jahrzehnten angeblich verhindern würden, dass die »ganze historische Wahrheit« ans Licht komme. Als revisionistisch sind in Italien mithin Geschichtsbilder zu umschreiben, die das antifaschistische Paradigma der Vergangenheitsbetrachtung zu entwerten oder zu pulverisieren versuchen. Italiens Revisionisten sind meistens keine Auschwitzleugner, sondern Anti-Antifaschisten mit der

Absicht, Mussolinis vermeintlich milde Diktatur ganz oder wenigstens in Teilen weiss zu waschen.

Forschungsstand und Quellenfundament

In den letzten Jahren haben Politologen und Soziologen das Parteiensystem der Zweiten Republik, die Modernisierung des Neofaschismus, die Tendenz zur Personalisierung von politischen Auseinandersetzungen, aber auch Berlusconis erstaunliche Politkarriere als Quereinsteiger, seinen populistischen Regierungsstil und seine Skandale intensiv erforscht. Im Unterschied dazu fanden die neorechten Formen der Vergangenheitsverdunkelung noch vergleichsweise wenig Aufmerksamkeit. Freilich liegen für dieses zentrale Feld der politischen Kultur in Italien selber mittlerweile aufschlussreiche Werke vor, darunter die Bücher von Enzo Collotti, Nicola Gallerano, Guido Caldiron, Claudio Pavone, Alessandro Campi, Filippo Focardi, Roberto Chiarini, Francesco Germinario, Sergio Luzzatto, Nicola Tranfaglia.[37] Erst kürzlich kam der vom Turiner Historiker Angelo Del Boca herausgegebene Sammelband »La storia negata« hinzu, ein Referenzwerk, das kritisch dokumentiert, wie Universitätshistoriker und Populärwissenschaftler sich für das Handwerk des Umdeutens ins Zeug legen.[38] Die meisten der bisherigen Studien behandeln jedoch nur Teilaspekte des Phänomens. Meistens sind sie auf die revisionistische Verfälschung der Resistenza-Erfahrung oder aber die »Duce«-Nostalgie in Nachkriegsitalien fokussiert. Einzelne Denkfiguren in den Arbeiten prominenter Schriftsteller, Historiker und Bestsellerautoren stehen dabei für gewöhnlich im Vordergrund. Das ist und bleibt freilich ein wichtiger Analyseansatz, der das Gesamtphänomen allerdings nicht wirklich zu erfassen vermag.

Eine Problemgeschichte der italienischen Gegenwart, die den Revisionismus aus seinen gesellschaftlichen Zusammenhängen heraus erklärt, ihn auf lokaler wie nationaler Ebene in den Blick nimmt und ihn gleichzeitig auf seine spezifischen Funktionen hin befragt, wurde für die Zweite Republik bislang nicht versucht. Die Darstellung setzt in den achtziger Jahren ein, als Sozialistenchef Bettino Craxi das Land regierte, und dokumentiert die zentralen Entwicklungen bis Ende Juni 2009. Über das engere Thema des revisionistischen Umbaus der Erinnerungskultur hinaus bleibt der Blick stets auf den inneren Zustand des Landes geweitet, der nach Meinung vieler Beobachter Anlass zu ernster Sorge gibt. Unlängst äusserste der angesehene Politologe Paul Ginsborg, der seit Jahren in Florenz lehrt, die Befürchtung: »Berlusconi ist eine Gefahr für die Demokratie … Er will Italien wie ein Unternehmen führen, ganz Patriarch, ohne dass andere ständig mitreden dürfen.«[39] Wenig später schrieb die langjährige Italienkorrespondentin Birgit Schönau sichtlich resigniert, dass sie ihr Gastland nicht mehr ertrage, unter anderem deshalb, weil hier alles zur Disposition stehe, auch Verfassung und Rechtsstaat.[40]

Berlusconis Regierungsjahre waren in der Tat durch autoritäres Gehabe, nervöses Kraftbewusstsein und Zukunftsangst geprägt. Des »Cavalieres« selbstherrlicher Regierungsstil[41] und sein illiberales Gesellschaftsprojekt, aber auch seine zahllosen peinlichen Auftritte vergifteten das innenpolitische Klima. Berlusconis Breitseiten gegen die angeblich »sowjetisch inspirierte Verfassung« alarmierten zuletzt viele Bürger. Am 12. Februar 2009 fand auf einer Römer Piazza eine Massenmanifestation zur Verteidigung der bestehenden Verfassungsordnung statt. Als Hauptredner trat der frühere Staatspräsident Oscar Luigi Scalfaro auf, ein Christdemokrat, der den Premier zu mehr Respekt vor der Grundordnung aufrief – ein beispielloser Vorgang im Europa des 21. Jahrhunderts.[42] Für die folgenden Analysen ist die Annahme zentral, dass ein enger Zusammenhang zwischen innerer Gesamtbefindlichkeit des Landes und dem grassierenden Revisionismus besteht.

Die Quellenbasis für diese Darstellung kann als breit und vielseitig zugleich beschrieben werden. Nicht ein Mangel, sondern eher ein Zuviel an Quellen stellt für einmal die wissenschaftliche Herausforderung dar. Dieser Umstand verdankt sich wesentlich den durch das digitale Informationszeitalter geschaffenen neuen Möglichkeiten der Quellenbeschaffung. Für dieses Buch wurden nicht nur die klassischen Quellen des historischen Metiers ausgewertet, sondern auch die neuen Techniken intensiv genutzt, die das Internet bietet. Als Fundgrube erwiesen sich nur schon die offiziellen Websites des Staatspräsidenten und des Premierministers, aber auch die von Städten, Parteien, Verbänden und Politikern. Dass einige der führenden Tageszeitungen wie der »Corriere della Sera«, »La Repubblica« oder »La Stampa« über Online-Archive verfügen, die bis in die Anfänge der Zweiten Republik zurückreichen, erleichterte die Quellenarbeit ungemein. Über Suchmaschinen und die Eingabe entsprechender Stichworte konnten rasch und wie durch Zauberhand Hunderte von Artikeln eruiert, ausgedruckt und analysiert werden. Ohne diese Möglichkeit wäre mir nichts anderes übrig geblieben, als in Bibliotheken einen Zeitungsband nach dem anderen durchzuforsten und so nach den zentralen Artikeln zu fahnden. Freilich wäre das theoretisch auch durchführbar gewesen, nur hätte die Zeit eines Freisemesters dafür kaum gereicht.

Die auf der Internetplattform »YouTube« eingesehenen Filmausschnitte, zu denen Interviews mit Zeitgenossen, Trailer und Talkshows, aber auch Dokumentationen über rechtsextreme Begegnungsstätten (»Case Pound«) und das Fantreiben in Fussballstadien bis hin zu privaten Aufnahmen von Versammlungen, Ansprachen und Gedenkanlässen zählen, vermittelten eine Anschaulichkeit, von dem das Projekt nur profitieren konnte. Da Fernsehen und Kino die Geschichtsbilder heute entscheidend prägen, lag es nahe, wichtige Spielfilme italienischer Regisseure in die Analysen einzubeziehen. Insbesondere die Frage, was für Bilder das italienische Filmschaffen über die jüngste Vergangenheit entwirft und welche Themen dabei ausgeblendet bleiben, interessieren hier. Auf einem derart breiten Quellenfundament wurde Italiens Erinnerungskultur der letzten Jahrzehnte bislang nie untersucht.

2. DIE EROSION DES ANTIFASCHISTISCHEN GRUNDKONSENSES

Die aus dem Widerstand geborene Republik

Vier Monate nach seiner Wahl rief Staatspräsident Sandro Pertini 1978 seinen Landsleuten die Verdienste des bewaffneten Widerstands für die italienische Nachkriegsentwicklung in Erinnerung. Anlass dazu bot ihm der 35. Jahrestag des entsetzlichen Massakers von Boves, eines nahe bei der piemontesischen Stadt Cuneo gelegenen Dorfes. Um einen gefallenen Kameraden zu rächen, hatte die SS-Panzerdivision Leibstandarte Adolf Hitler am 19. September 1943 Boves angezündet und 22 Zivilisten erschossen, die aus ihren brennenden Häusern zu fliehen versuchten. Eine alte Frau war lebendigen Leibes in ihrem Haus verbrannt. Das Massaker von Boves war eines der ersten deutschen Kriegsverbrechen im besetzten Italien, dem bis zur Befreiung Ende April 1945 etliche weitere folgten.[1] Pertinis bewegende Ansprache, in deren ersten Teil er der unschuldigen Opfer gedachte, stand ganz im Zeichen einer nationalen Meistererzählung[2].

Nach dem Waffenstillstand vom 8. September 1943, der 40 Tage auf den ersten Sturz von Benito Mussolini folgte, so Pertini, hätten die Männer und Frauen der Resistenza einen »nationalen Befreiungskrieg« gegen die deutschen Besatzer und die Reste des Faschismus begonnen, dem sich im Verlauf der Monate immer mehr Italiener anschlossen. Schliesslich sei es am 25. April 1945 zum grossen Volksaufstand gekommen. »Wir haben uns für die Freiheit geschlagen«, fügte Pertini mit der moralischen Autorität dessen an, der sich früh schon gegen Mussolinis Diktatur engagiert hatte, »für die Freiheit, die für mich ein wertvolles und unveräusserliches Gut ist«[3]. Durch ihren erfolgreichen Kampf für Demokratie und bürgerliche Freiheitsrechte seien die Italiener vom Objekt zum Subjekt der italienischen Geschichte aufgestiegen.[4] Mit diesen Worten unterstrich Pertini, dass der demokratische Antifaschismus das Fundament der 1946 ins Leben gerufenen Republik Italien bildet. »Wir müssen diese Republik verteidigen, ihr Patrioten und Partisanen, die ihr mir zuhört, diese Republik, die uns nicht auf dem Silbertablett serviert wurde, sondern die ihr mit eurem Kampf und mit eurem Opfer erobert habt, zusammen mit all jenen, die am zweiten Risorgimento teilgenommen haben.«[5] Kurz, der sozialistische Präsident stilisierte die Resistenza zu einer idealistisch gesinnten Massenbewegung, die in einem zweiten Staatsgründungsakt kulminierte.

Sandro Pertini, der als Regimegegner unter dem Faschismus Jahre im Zuchthaus und in der Verbannung verbracht hatte, drückte mit dieser Lesart der Ereignisse keine Privatmeinung aus. Alle Politiker des Verfassungsbogens, der von den Liberalen und Christdemokraten zur Rechten über die Republikaner bis hin zu Sozialdemokraten, Sozialisten und Kommunisten zur Linken reichte, deuteten die letzten zwanzig Kriegsmonate auf ähnliche Weise. Nach dem Krieg entwickelte sich die Resistenza, die mit ihren zum Schluss gegen 250.000 Kämpfern die zahlenstärkste in Westeuropa gewesen war, zum Gründungsmythos der Republik. Viele Jahre beruhte ihr Grundkonsens auf der Überzeugung, dass die Italiener die faschistische Diktatur aus eigener Kraft überwunden und das Land mit der Waffe in der Hand selbst befreit haben. In dieser Meistererzählung wurde die »Liberazione« zum Schlüsselereignis der italienischen Geschichte erklärt, darin überhaupt nur den Entwicklungen vor der Gründung des italienischen Nationalstaats (1861) vergleichbar. Waren sich die Erben des 1943 gegründeten Nationalen Befreiungskomitees (Comitato di Liberazione Nazionale – CLN) während des Kalten Krieges in der Tagespolitik meist uneins, so galt dies nicht für die ideelle Grundlage des neuen Italien. Das »zweite Risorgimento« betrachteten sie nicht als die Geschichte einer Partei oder Gruppe, sondern – wie Pertini – als die des ganzen italienischen Volkes.[6]

Die Spitzenvertreter des Nationalen Befreiungskomitees hatten nicht nur die breit abgestützten Koalitionsregierungen von Juni 1944 bis Mai 1947 getragen, sondern drückten auch der neuen Verfassung ihren Stempel auf. Die »Costituzione«, die am 1. Januar 1948 in Kraft trat, stellte ein Kompromisswerk zwischen Linksparteien und Christdemokraten dar.[7] Sie vollzog einen Bruch mit der faschistischen Diktatur und begründete das freiheitlichste Staatswesen, das je auf italienischem Boden existiert hatte.[8] Italien wird in ihr als eine »demokratische, auf die Arbeit gegründete Republik« definiert. Freilich anerkennt und gewährleistet diese die unverletzlichen Rechte des Menschen. Ganz demokratischen und rechtsstaatlichen Prinzipien verpflichtet, zog Artikel 139 die Lehren aus der Diktaturgeschichte des Landes: Die republikanische Staatsform selber kann nicht Gegenstand einer Verfassungsrevision werden. Gleichsam als Sanktion dafür, dass Viktor Emanuel III. Mussolinis Diktatur und Expansionspolitik zwanzig Jahre gestützt hatte, verbot ein Verfassungsartikel den ehemaligen Königen des Hauses Savoyen und ihren männlichen Nachkommen die Einreise und den Aufenthalt auf italienischem Staatsgebiet. Eine der Schlussbestimmungen legte überdies fest, dass die Neugründung der aufgelösten faschistischen Partei in jedweder Form untersagt ist.[9] Auf dieser Grundlage wurde 1952 ein nach Innenminister Mario Scelba benanntes Gesetz erlassen, dass »Apologie des Faschismus« zu einem Straftatbestand erklärt. Wer öffentlich Exponenten, Prinzipien, Ereignisse und Methoden des Faschismus oder seine antidemokratischen Ziele verherrlicht, dem werden in der »legge Scelba« Geldbussen und Gefängnisstrafen angedroht genau wie denjenigen, die an faschistischen Kundgebungen teilnehmen oder eine faschistische Partei gründen. Das Gesetz, dass jede faschistische Betätigung in der Öffentlichkeit und den »römischen Gruss« unter Strafe stellt, ist bis heute in Kraft.

Jahrzehntelang definierte sich Italien selber als aus dem Widerstand geborene Republik. Nirgendwo sonst in Westeuropa besass der antifaschistische Legitimitätsglaube ein solideres Fundament.[10] Ausgeschlossen vom republikanischen Grundkonsens blieben einzig die Monarchisten, der populistische L'Uomo qualunque und die im Movimento sociale italiano (MSI) organisierten Neofaschisten. Politisch orientierten sich letztere an der Repubblica Sociale Italiana (RSI), der Italienischen Sozialrepublik, wegen ihrer am Gardasee gelegenen Hauptstadt auch als Republik von Salò bekannt.[11] Das republikanische Selbstverständnis vermittelte die integrative Botschaft, dass die Bürger und Bürgerinnen – und zwar alle abgesehen von ein paar Fanatikern, Karrieristen und Würdenträgern – gegen Mussolinis Diktatur eingestellt waren. Mehr und mehr übernahm der Resistenza-Mythos die Funktion einer Zivilreligion.

Am Nationalfeiertag des »25 aprile« gedachten die Spitzen des Staates in Rom und Mailand, flankiert von Mitgliedern der antifaschistischen Veteranenverbände, alljährlich ihrer gefallenen »Märtyrer«. Am »Tag der Befreiung« legten Politiker Kränze an ihren Gräbern nieder und zeichneten ehemalige Resistenza-Kämpfer und ganze Kommunen und Städte mit Tapferkeitsmedaillen in Gold und Silber aus. Die stark ritualisierten Gedenkveranstaltungen zogen stets Massen an. Es handelte sich um patriotische Volksfeste, denen nur die Alt- und Neofaschisten fernblieben. Bis heute erinnern in Nord- und Mittelitalien Tausende von Erinnerungstafeln, Denkmälern und Strassennamen an die Widerstandsjahre. Fast jede Stadt nördlich von Rom besitzt eine »Via Giacomo Matteotti« und etliche eine »Via Antonio Gramsci«. Bald schon wurde die Resistenza von Autoren wie Italo Calvino, Beppe Fenoglio und Luigi Meneghello in Romanen verarbeitet, die in den Schulen zur Pflichtlektüre avancierten.[12] Beliebte Spielfilme wie die von Luigi Comencini (»Tutti a casa«; »La ragazza di Bube«) oder Fausto Fornaris eindringliche Dokumentation »Lettere di condannati a morte della resistenza« (1953) bekräftigten die lieb gewordenen Selbstbilder vom heldenmütigen Widerstandskampf. In der Erinnerung breiter Schichten nahm die Resistenza geradezu mythische Züge an.[13]

Die Erfahrung der Resistenza, stellte der Historiker Jens Petersen 1992 fest, schuf ein tiefsitzendes, ja existenzprägendes Generationsbewusstsein, das als politisch-kulturelles Phänomen bis weit in die Nachkriegszeit wirkte.[14] Die stärkste Ausprägung erlebte dieses Generationsbewusstsein zwischen 1963 und 1978, zwischen dem Eintritt des Partito Socialista Italiano (PSI) in die von der DC geführten Regierungen und den Diskussionen um den historischen Kompromiss zwischen Christdemokraten und Kommunisten.[15] Stark verankert war es in den Jahren, als Sandro Pertini das höchste Staatsamt ausübte. Dem »Partisanenpräsidenten« (»presidente partigiano«) flogen die Herzen der Italiener zu. Bezeichnenderweise landete der Liedermacher Toto Cutugno 1983 mit dem Ohrwurm »L'Italiano« einen Hit, in dem er Pertini liebevoll als »Partisan, der es bis zum Präsidenten brachte« hochleben liess.

Auf die Nachkriegsentwicklung wirkte sich der Resistenza-Mythos positiv aus. Er bildete gleichsam das »Retourbillett«, mit dem das Land die Rückkehr in den Kreis der freien Nationen antrat.[16] Tatsächlich begünstigte er die Herausbildung einer demokratischen Kultur, indem er der Republik eine krisenfeste Legitimationsgrundlage verschaffte und die Gesellschaft vor innerer Selbstzerfleischung bewahrte. Über Schichten- und Milieuzugehörigkeiten hinweg wirkte die antifaschistische Meistererzählung integrierend. Als hegemoniale Erzählung verurteilte sie die neofaschistische Erinnerungskultur der »Duce«-Nostalgiker zu einem Randdasein.[17] Im Gegensatz zu den Kommunisten, die die zahlenstärksten Einheiten in der Resistenza gestellt und den höchsten Blutzoll im Widerstand entrichtet hatten, kamen die Neofaschisten als Koalitionspartner auf nationaler Ebene grundsätzlich nicht in Frage. Rechtsextreme Positionen galten als nicht mehr salonfähig. Für ein Land mit einer schwachen Tradition demokratischer Massenpartizipation war dies nicht eben wenig.

Allerdings besass der Resistenza-Mythos auch seine charakteristischen Blindstellen. Von Beginn an blendete er den Faschismus als ein sozial breit abgestütztes Gesellschaftsexperiment weitgehend aus. Bezeichnenderweise setzte die antifaschistische Meistererzählung von den »Giorni di gloria« (»Tagen des Ruhms«), wie Luchino Visconti seinen frühen Dokumentarfilm nannte, mit dem Sturz Benito Mussolinis am 25. Juli 1943 ein. Mit »Befreiung« war der Sieg über die deutschen Besatzer und ihre italienischen Helfershelfer gemeint, nicht so sehr die Überwindung der faschistischen Diktatur, wie sie zwischen dem »Marsch auf Rom« (1922) und 1943 bestanden hatte. Obwohl Italien das erste Land in Europa war, in dem der Faschismus an die Macht gelangte, und obwohl Mussolinis Herrschaft fast doppelt so lange währte wie die Hitlers, spielten die bleiernen Jahre der Diktatur im kollektiven Geschichtsbewusstsein nach 1945 stets bloss eine untergeordnete Rolle.[18]

Der Historiker Wolfgang Schieder sprach in diesem Zusammenhang gar von einer »allseitigen erinnerungspolitischen Tabuisierung des faschistischen Ventennio«[19]. Wo es fast nur Widerstandskämpfer gab, konnte die eigene Tätervergangenheit nicht wirklich in den Blick geraten. Die verharmlosende Schuldabwehr kam den psychologischen Bedürfnissen vieler Italiener entgegen. Zuweilen wusch der Resistenza-Mythos gar die blutverschmierten Westen von faschistischen Tätern weiss, die rechtzeitig die Seite gewechselt hatten. Ein Alpini, der im besetzten Jugoslawien Dörfer niedergebrannt, Geiseln erschossen und Frauen vergewaltigt hatte, räumte offen ein: »Als meine Augen geöffnet waren, was konnte ich da tun? Ich wurde ein Partisan.«[20] Wer einigermassen glaubwürdig vom Faschisten zum Antifaschisten konvertierte, hatte seine Schuld in den Augen der Gesellschaft getilgt und bekam keine weiteren Fragen mehr gestellt.[21]

Im Nachkrieg erzählte man sich in Italien einen bezeichnenden Witz. In einem landesweiten Wettbewerb wollte der Rundfunk den Italiener mit dem besten Gedächtnis ermitteln. Viele meldeten sich. Schliesslich kamen drei unter ihnen in die Endausscheidung, die in alle Landesteile übertragen wurde. Der erste der drei Finalisten erklärte stolz, dass er die Ankunfts- und Abfahrtszeiten aller Züge des italienischen Eisenbahnnetzes aufsagen könne. Es erwies sich, dass er die Wahrheit sagte und selbst die Abfahrtszeiten von Zügen auf Nebenlinien präzise angeben konnte. Der zweite Italiener wusste mit einer noch eindrücklicheren Gedächtnisleistung zu brillieren. Er behauptete, dass er die Nummern aller im Land offiziell verzeichneten Telefonteilnehmer im Kopf gespeichert habe. Die Testfrage, ob er die Nummern aller hundert Italiener, die Mario Rossi heissen, korrekt wiedergeben könne, löste er bravourös. Die Zuhörer tuschelten bereits, dass diese phänomenale Gedächtnisleistung niemand mehr werde übertreffen können. Doch der dritte Italiener schaffte das unmöglich Scheinende, in dem er bloss sagte: »Ich kann mich schwach erinnern, ein Faschist gewesen zu sein.«[22]

Wie zahlreiche Witze mit politischem Inhalt enthält auch dieser mehr als nur ein Körnchen Wahrheit. Tatsächlich pflegten viele Italiener in der Nachkriegszeit einen selektiven, selbstzufriedenen und teilweise sogar arglosen Umgang mit den zwanzig Jahren der faschistischen Diktatur, die einer neueren Schätzung zufolge immerhin mindestens einer Million Menschen das Leben gekostet hat[23], vor allem ausserhalb der Landesgrenzen. Bis zum heutigen Tag haben sich die meisten Italiener nie intensiv mit dem Problem befasst, wer denn die Menschen waren, die den »Duce« zwanzig Jahre an der Macht hielten und seiner aggressiven Expansionspolitik, die schliesslich in der militärischen Niederlage von 1943 endete, lange Beifall zollten. Noch im Juni 1940 liessen sich die meisten Italiener von Mussolinis Kriegserklärung an Frankreich und Grossbritannien berauschen. Und selbst die Teilnahme an Hitlers Vernichtungskrieg gegen die Sowjetunion erschien vielen als alternativlose Notwendigkeit, um Europa endlich vom »Übel des Bolschewismus« zu befreien.

Im Kalten Krieg dachten die meisten Italiener, dass sie gleichsam zwei Leben gelebt hätten: das erste, aber uneigentliche zu Zeiten Mussolinis, das einfach nur ihre wirkliche, aus dem Geist der Resistenza geborene Existenz in der Republik vorweggenommen habe. Abgesehen von den Neofaschisten, die stolz auf ihre Geschichte im Faschismus waren, spielten die meisten Bürger ihre Vergangenheit, wenn sie überhaupt je unter Rechtfertigungsdruck kamen, als lässliche »Jugendsünde« herunter. Die Generation der zwischen 1910 und 1920 geborenen Italiener entschuldigte sich selber damit, dass sie unfreiwillig in die Diktatur verstrickt war.[24] Im Gegensatz dazu gehen zahlreiche Wissenschaftler heute davon aus, dass die überwiegende Mehrheit der Italiener nach 1945 »gegenüber dem Faschismus im Allgemeinen und Mussolini im Besonderen einen entschiedenen Akt der Verdrängung, der Verzerrung und des Vergessens« vollzogen habe, »dessen verstecktes Ziel darin bestand, das schlechte Gewissen eines Volkes zu beruhigen, das in seiner Mehrheit Mussolini mit Überzeugung gefolgt war«[25]. Neben dem einsetzenden Kalten Krieg und der vom kommunistischen Justizminister Palmiro Togliatti 1946 vorschnell verfügten Generalamnestie für rechtskräftig verurteilte Faschisten war es insbesondere der von den neuen republikanischen Eliten breitenwirksam popularisierte Resistenza-Mythos, der selbstkritische Fragen nach dem Verhalten der Italiener unter dem faschistischen Regime unterdrückte.[26]

Schon vor Jahren hielt der ehemalige Widerstandskämpfer Vittorio Foa fest, dass die Deutschen in hohem Masse dazu beitrugen, dass die Italiener ein ruhiges Gewissen haben.[27] Der Zeithistoriker Enzo Collotti sah im Allianzwechsel von 1943 nicht nur ein grosses Alibi für italienische Kriegsverbrecher, sondern auch ein Schlüsselereignis der kollektiven Amnesie.[28] Die während der deutschen Okkupation an der Zivilbevölkerung Nord- und Mittelitaliens verübten Kriegsverbrechen, die Massaker von Marzabotto, den Fosse Ardeatine und von Sant'Anna di Stazzema[29] insbesondere, haben in der kollektiven Erinnerung die faschistische Schuld gleichsam getilgt. In der von der Resistenza-Erfahrung dominierten Erinnerungskultur war der Gegensatz zwischen dem »guten Italiener (»bravo italiano«) und dem »bösen Deutschen« (»cattivo tedesco«), dem von aussen einfallenden Barbaren aus dem Norden, von zentraler Bedeutung.[30] Kurzum: Der Resistenza-Mythos stützte über Jahrzehnte liebgewordene Selbstbilder auch zu einem Zeitpunkt noch, als die historische Forschung längst beunruhigende Sachverhalte zur faschistischen Vergangenheit des Landes belegt hatte, etwa die Tatsache, dass Mussolinis Legionäre in Libyen, Äthiopien und auf dem Balkan schwere Kriegs- und Besatzungsverbrechen verübt hatten.

Seit Mitte der achtziger Jahre verlor der Resistenza-Mythos zusehends an gesellschaftlicher Verbindlichkeit. Dass dieser auf den Prüfstand kam, dafür gab es verschiedene Gründe.[31] Altersbedingt traten immer mehr Angehörige aus der Generation der Republikgründer von der Bühne ab, darunter antifaschistische Symbolfiguren wie Luigi Longo, Giorgio Amendola, Ugo La Malfa, Italo Calvino, Giuseppe Saragat, Sandro Pertini, Leo Valiani, Carlo Levi, Norberto Bobbio, Alessandro Galante Garrone, Arrigo Boldrini und Vittorio Foa. Die Politikergeneration, zu der Silvio Berlusconi (*1936), Umberto Bossi (*1941) und Gianfranco Fini (*1952) gehören, war schon biographisch nicht mehr direkt durch Faschismus und Weltkrieg geprägt. Für ihr mentales Rüstzeug wurde die bipolare Blockkonfrontation bestimmend. Silvio Berlusconi gehörte der dubiosen Geheimloge P2 von Licio Gelli auch deshalb an, um Italien vor der angeblichen Gefahr einer kommunistischen Machtübernahme zu bewahren. Gianfranco Fini trat dem MSI als Anti-68er bei, nachdem ihn Linksaktivisten 1969 daran hinderten, sich im Kino den Vietnamfilm »The Green Berets« anzusehen; einen Streifen, der das militärische Engagement der USA in Südostasien im Stil eines Western verherrlicht.[32] Diese aufstrebende Politikergeneration sah im traditionellen Antifaschismus nur noch das Trojanische Pferd des Kommunismus.

Natürlich veränderte die weltgeschichtliche Zäsur von 1989 das mentale Koordinatensystem vieler Italiener. Traditionelle Bezugspunkte des Denkens schwächten sich ab, ja lösten sich vollständig auf.[33] Für viele jüngere Leute gehörte der Befreiungskrieg immer mehr einer grauen Vorzeit an, von der sie Welten trennte. Immer mehr Bürger machten die aus dem Widerstand geborene Republik für Parteienherrschaft, Korruption und politisches Malaise verantwortlich.[34] Die ersten, die zum Angriff auf die antifaschistische Meistererzählung bliesen und sie in ihrer zivilreligiösen Bedeutung zu entzaubern trachteten, waren konservative Historiker und Publizisten. Seit Mitte der achtziger Jahre stieg ihr Einfluss auf die öffentliche Meinung mit jedem Jahr. Darunter waren Renzo De Felice, Ernesto Galli della Loggia und Indro Montanelli die wichtigsten.

Stichwortgeber des Revisionismus

In Italien ist die universitäre Geschichtsschreibung traditionell stark politisiert. Fast alle Historiker organisieren die Vergangenheit des Landes hier mehr oder minder offen in Funktion von politischen Gegenwartsbedürfnissen.[35] Viele Fachvertreter betreiben ihr Metier, um einer Ideologie explizit zu dienen: der katholischen Sache, dem Laizismus, dem liberalen Sozialismus, dem Eurokommunismus und jüngst auch rechtsnationalen Positionen. Selbst bei Historikern, die für sich in Anspruch nehmen, nichts als der reinen historischen Wahrheit verpflichtet zu sein, ist diese Tendenz mit Händen zu greifen. Renzo De Felice, der sich selber als unbestechlicher Wissenschaftler ohne jede politische Ambition sah, gab dem Geschichtsrevisionismus seit den späten achtziger Jahren die Stichworte in die Hand. Seine Stimme hatte in Italien Gewicht und fand über die Massenmedien breites Gehör. Kein Historiker verfügte von 1975 bis 1996 über eine ähnlich hohe Medienpräsenz.

Die Geburt des Revisionismus fällt in die achtziger Jahre. In der Zeit, als der Sozialist Bettino Craxi an der Spitze einer Fünf-Parteien-Koalition stand, zeigten sich im antifaschistischen Grundkonsens erste Risse. Unscheinbar deutete sich ein neuer gesellschaftlicher Umgang mit dem Neofaschismus an. Als designierter Premier zog Craxi den MSI 1983 erstmals in die Konsultationen bei einer Regierungsbildung ein.[36] Wenige Tage nach der Amtsübernahme sprach sich Craxi gegen eine weitere Ghettoisierung des MSI aus.[37] Im Juni 1984 erwies der Neofaschistenchef Giorgio Almirante Enrico Berlinguer, dem verstorbenen Generalsekretär des PCI, im Parteissitz »Botteghe Oscure« die letzte Ehre. Eine solche Geste wäre zur Zeit der »Strategie der Spannung«, während dem die extreme Rechte die Grundfesten der Nachkriegsrepublik mit terroristischen Mitteln zu erschüttern versuchte, undenkbar gewesen.[38] Erstmals entsandten die DC und die Liberalen Beobachter an die MSI-Parteitage.[39] Im Mai 1985 tauschte sich Sandro Pertini als erster Staatspräsident mit Almirante über die aktuelle politische Lage aus.[40] Am 22. Dezember 1987 traf sich Craxi mit Gianfranco Fini zu einem Meinungsaustausch über institutionelle Reformen, obwohl der neue Chef der Neofaschisten gegenüber Journalisten keinen Zweifel daran liess, dass der MSI nach wie vor eine Antisystem-Linie verfolge.[41] 1988 übertrug das Staatsfernsehen Rai die Trauerfeierlichkeiten für den ehemaligen Chef der Neofaschisten, was einer Hommage für den lange Jahrzehnte Verfemten gleichkam.[42]

Der tiefe Graben zwischen Antifaschisten und Neofaschisten erwies sich nicht mehr als völlig unüberwindbar. In den letzten Jahren, bevor die

Teilung Europas zu Ende ging, kamen sich insbesondere Sozialisten und »Missini« politisch näher. Begünstigt wurden die Kontakte durch die gemeinsam verfolgte Idee eines »trikoloren Sozialismus« (»socialismo tricolore«), was auch immer diese bedeuten mochte. Es war Premierminister Bettino Craxi, der im Hinblick auf eine »neue Republik« und eine breite Machtbasis eine punktuelle Zusammenarbeit mit den Neofaschisten suchte. So diskutierte er 1985 mit Almirante auch über die Wahl des neuen Staatspräsidenten. Craxi befreite den MSI, der seit 1946 ein Schattendasein als »ausgeschlossener Pol« (Piero Ignazi) geführt hatte, vom Geruch des Extremismus.[43] Für einige prominente Mitglieder der politischen Klasse galt die Organisation der Mussolini-Nostalgiker fast schon als »normale Partei«. Es darf angenommen werden, dass das auch für den Mailänder Bau- und Medienunternehmer Silvio Berlusconi galt, der zu Craxis Entourage zählte.[44]

Dieser innenpolitische Klimawandel blieb nicht ohne Auswirkungen auf die Erinnerungskultur. Trotz lauter Proteste entschloss sich die kleine Gemeinde Frosinone in der Provinz Latium 1986 dazu, Marschall Rodolfo Graziani (1882-1955) ein Museum zu errichten, um damit den Tourismus anzukurbeln, wie MSI-Bürgermeister Romano Misserville ernsthaft glauben machen wollte.[45] Graziani war im besetzten Libyen und Äthiopien für den Tod von Tausenden Afrikanern verantwortlich gewesen, und als Verteidigungsminister der RSI hatte er sich der Kollaboration mit NS-Deutschland schuldig gemacht. Dass ein mutmasslicher Kriegsverbrecher[46] sein eigenes Museum erhielt, war kein Einzelfall mehr. Der Vorfall reihte sich in eine breitere gesellschaftliche Strömung ein. Rund um den 100. Geburtstag von Benito Mussolini (1983) stieg das öffentliche Interesse an ehemaligen faschistischen Würdenträgern stark an. Nicht nur der frühere Diktator stiess in den Massenmedien auf ein vergleichsweise breites Interesse, sondern auch einige seiner Paladine. In kurzer Folge erschienen über Giuseppe Bottai, Italo Balbo, Galeazzo Ciano, Luigi Bolla, Alessandro Pavolini, Achille Starace und die »Kinder des Duce« populärwissenschaftliche Biographien, die sich sehr gut verkauften. Die Autoren dieser viel gelesenen Lebensbeschreibungen hiessen Giordano Bruno Guerri, Antonio Spinosa und Arrigo Petacco.[47]

Das wachsende Interesse an den einstigen Parteigrössen bediente auch das staatliche Fernsehen. 1982 strahlte Rai Due eine mehrteilige Dokumentarreihe »Tutti gli uomini del Duce« aus, in der faschistische Würdenträger wie Galeazzo Ciano, Italo Balbo und Dino Grandi als Menschen wie du und ich porträtiert wurden.[48] Nach dem erfolgreichen Auftakt folgten bald schon weitere Folgen, etwa zu den Quadrumviri des »Marschs auf Rom«, später auch zu Adolf Hitler.[49] Regisseur Nicola Caracciolo stützte sich bei allen Filmen vorwiegend auf audiovisuelles Material aus dem »Luce«-Archiv.[50] Schon dadurch reproduzierte er die faschistische Regimesicht. Mussolini näherte sich die Reihe, indem sie ihn vor allem als Ehemann, liebenden Familienvater und Privatmann ins Bild setzte. Für ein Millionenpublikum erzählten des Diktators Kinder Vittorio und Edda von den gemeinsam verbrachten Jahren in der »Villa Torlonia«. Bald erschien auch ein Bildband zu Caracciolos Geschichtsfernsehen, das der wissenschaftlichen Bedeutung des Themas nicht gerecht wurde.[51]

Nach ähnlichem Muster verfuhr die internationale Fernsehproduktion »Io e il Duce« von Alberto Negrin, die im Frühjahr 1985 auf Rai Uno lief. Erneut standen die Mussolinis im Zentrum. Auf einem Drehbuch von Nicola Badalucco und Giordano Bruno Guerri beruhend, unternahm die Grossproduktion den Versuch, die Geschichte der Diktatur aus der Perspektive des Edelfaschisten Galeazzo Ciano zu erzählen. Ciano war seit 1930 mit Mussolinis Lieblingstochter Edda verheiratet gewesen. Bezeichnenderweise begann der vierstündige Film mit Bob Hoskins, Susan Sarandon und Anthony Hopkins mit deren Heirat.[52] Liebe und Hass, Verzweiflung und Hoffnung in Cianos Leben, der Mussolinis Aussenminister war und 1944 in Verona wegen seines »Verrats« hingerichtet wurde, werden mit der Tragödie Italiens verwoben. Negrins Spielfilm setzte vorwiegend die innerfamiliären Konflikte ins Bild und bediente damit ein billiges Zuschauerinteresse an der Welt der Mächtigen.[53] Das war das Geheimnis seines Erfolgs. In Italien stiess die TV-Produktion auf eine starke Zuschauerresonanz. Bei ihrer Erstausstrahlung mehrheitlich positiv aufgenommen flimmerte die Produktion im Sommer 1991 ein zweites Mal über die Bildschirme.[54]

Die Tendenz, den Faschismus über die Darstellung tragischer Einzelschicksale zu vermenschlichen, erreichte in den achtziger Jahren auch das Kino. Im Spielfilm »Claretta« stellt Regisseur Pasquale Squitieri 1984 Mussolinis Geliebte Claretta Petacci und ihre »fanatische Liebe« in den Mittelpunkt. Der Film erzählt die Geschichte einer zarten, von Claudia Cardinale verkörperten Bürgerstochter, die ihrem viel älteren Geliebten bis in den Tod folgt. In diesem schwülstigen Melodram wird der Faschismus in seiner menschlichen Seite gezeigt. Als infam erscheint das Partisanenkommando, das den Diktator in Dongo am Comersee wegen seiner zwanzigjährigen Gewaltherrschaft standrechtlich exekutiert und dabei Claretta nicht verschont. An den Filmfestspielen von Venedig provozierte Squitieris Rührstück einen handfesten Skandal. Vier Jurymitglied, darunter die Dichter Günter Grass, Jewgenij Jewtuschenko und Rafael Alberti, warfen dem Streifen »sentimentale Demagogie« und eine »philofaschistische Tendenz« vor.[55] Tatsächlich wollte der Film, als dessen historischer

Berater Arrigo Petacco fungierte, provozieren. »Mein Film will zeigen, was viele Leute einfach nicht wahrhaben wollen«, so Paquale Squitieri, »dass nämlich auch im Antifaschismus faschistische Elemente stecken können und dass Grösse manchmal auch in einem Faschisten wohnt.«[56]

Das menschlich abgemilderte Bild, das diese Filme von der faschistischen Diktatur entwarfen, hatte freilich wenig mit dem von der kritischen Forschung erarbeiteten Kenntnisstand zu tun. Ihrem öffentlichen Erfolg tat dies im sich ändernden kulturellen Klima keinen Abbruch. Dass Caracciolo ausgerechnet den Römer Geschichtsprofessor Renzo De Felice (1929-1996), den international bekannten Mussolini-Biographen, als wissenschaftlichen Hauptberater für seine Serie hatte gewinnen können, erstaunt nur auf den ersten Blick. Zwar hatte sich De Felice in- und ausserhalb Italiens als führender Faschismusexperte einen Namen gemacht. Doch immer stärker trat er öffentlich mit seiner ganzen wissenschaftlichen Autorität als Anwalt revisionistischer Thesen in Erscheinung, anfänglich noch zurückhaltend und mit Argumenten, die wissenschaftlich diskutier- und vertretbar blieben. Anders als die meisten seiner damaligen Fachkollegen nutzte er für die Verbreitung seiner Ansichten die Massenmedien geschickt.

In einem berühmt gewordenen Interview über den Faschismus hatte Renzo De Felice, der mit seiner Tausende von Seiten umfassenden Mussolini-Biographie zum international bekanntesten italienischen Zeithistoriker aufstieg, schon 1975 apodiktisch behauptet, dass die Unterschiede zwischen nationalsozialistischem Deutschland und faschistischem Italien »enorm gross« gewesen seien und die beiden Regime deshalb nicht sinnvoll miteinander verglichen werden können: »Es handelt sich um zwei Welten, zwei Traditionen, zwei Nationalgeschichten, die sich so stark unterscheiden, dass es ausserordentlich schwierig ist, sie unter einem gemeinsamen Blickwinkel zu vereinen.«[57] So habe es im faschistischen Italien keine autochthone Rassenideologie gegeben und auch keine systematische Massengewalt gegen Oppositionelle, die den Vergleich mit dem nationalsozialistischen Terrorregime aushalte. Die 1938 in Italien erlassenen »Rassengesetze« seien ganz im Kontext der aussenpolitischen Annäherung an das nationalsozialistische Deutschland zu sehen, keinesfalls aber einer originären rassistischen Grundhaltung des italienischen Faschismus entsprungen.[58] Die absolute Zentralität von Auschwitz für die Interpretation des nationalsozialistischen Deutschlands verbiete es, Unvergleichbares im gleichen Atemzug zu nennen. Für De Felice stand das faschistische Italien, dem Völkermord vollkommen fremd gewesen sei, gänzlich »ausserhalb des Lichtkegels des Holocausts«[59].

Der in Turin lehrende Zeithistoriker Brunello Mantelli beschrieb De Felices revisionistische Argumentationsstrategie einmal als »Abmildern durch Vergleichen«[60]. In seinen Werken zeichnete De Felice Mussolinis Diktatur als autoritäres, wenig gewalttätiges, ja paternalistisches Regime, nicht aber als totalitäres und damit dem nationalsozialistischen Deutschland vergleichbare Diktatur. De Felice mass weder Mussolinis brutalen Eroberungskriegen noch den blutigen Besatzungsherrschaften in Libyen, Äthiopien und auf dem Balkan eine entscheidende Bedeutung für die Faschismusdeutung bei. Dass Italien aus weltanschaulicher Affinität heraus zum engsten Verbündeten des Deutschen Reiches aufstieg, spielte keine Rolle. Selbst das Faktum, dass die RSI seit Herbst 1943 Helfersdienste für die Shoah leistete und innerhalb weniger Monate gegen 8.500 Juden zur Vernichtung in den Todesfabriken an die Deutschen auslieferte, hielt er für unbedeutend. Ihm ging es darum, Mussolinis Regime von jeder Mitverantwortung für die Megaverbrechen des nationalsozialistischen Deutschland zu entlasten und dieses als vergleichsweise moderate Diktatur erscheinen zu lassen.[61]

Zum ersten Mal nach dem Krieg rehabilitierte ein als seriös geltender Geschichtsprofessor, der keinen neofaschistischen Hintergrund hatte und bis zum Ungarnaufstand von 1956 sogar Mitglied der Kommunistischen Partei gewesen war, den Faschismus in Teilen. Dies blieb der extremen Rechten nicht verborgen, die De Felices Interview mit »grossem Enthusiasmus« aufnahm, wie Maurizio Gasparri von der Alleanza Nazionale (AN) Jahre später einräumte. »Es war das erste Mal, dass ein nichtfaschistischer Gelehrter sagte, dass im Grunde nicht alles am Faschismus zum Wegwerfen war.«[62] Mittelfristig wirkten sich De Felices als wissenschaftlich approbiert geltende Thesen wie ein Dammbruch aus. Wenn der führende Faschismusexperte des Landes aufgrund intensiver Archivstudien zu solchen Ansichten kam, dann musste man das Mussolini-Regime nicht mehr – wie die doktrinären Antifaschisten – in Bausch und Bogen verdammen.

De Felice, der sich selber stets als unbestechlichen, nur den Quellen verpflichteten Historiker darstellte, mischte sich andauernd in die Tagespolitik ein. Mit Argumenten aus dem Steinbruch der Geschichte warnte er beispielsweise vor einer Regierungsbeteiligung der Kommunisten und gab sich als Gegner des »compremesso storico« zu erkennen.[63] Überzeugt davon, dass der Faschismus mittlerweile ganz der Geschichte angehöre und von ihm keine Gefahr mehr für die italienische Demokratie ausgehe, hätte der Antifaschismus jeden Sinn verloren. In zwei Interviews, die Giuliano Ferrara vom »Corriere della Sera« mit ihm führte, setzte sich De Felice an der Jahreswende 1987/88 für eine »Normalisierung«[64] im Umgang mit dem MSI ein. Wie Bettino Craxi, den er mit seinen Ideen auf dem rechten Weg wähnte, beschwor er das Ideal einer neuen Republik, die sich von allen Vorurteilen frei mache.[65] Zu diesen Vorurteilen zählte für De Felice auch die antifaschistische Staatsideologie. In einem Interview stellte er den Sinn der antifaschistischen Verfassungsbestimmungen, die ohnehin stets nur lasch angewendet worden seien, radikal in Frage. Sie muteten nur schon deshalb grotesk an, weil die Kontinuitäten zwischen faschistischer und republikanischer Gesellschaft weit grösser seien, als die Antifaschisten glauben machen wollten.[66] Mit der Forderung, die antifaschistischen Normen der Verfassung und das faschistische Parteiverbot zu streichen, stellte der politisierende Historiker einen Eckpfeiler der republikanischen Grundordnung in Frage.

Freilich löste der einflussreiche Römer Geschichtsprofessor mit diesen politischen Positionsbezügen eine hitzige Debatte aus. Während ihm Vertreter der Linken vorwarfen, den Faschismus rehabilitieren zu wollen, fand sein Vorschlag bei der Rechten eine wohlwollende Aufnahme. Neofaschistenchef Fini meinte, nun sei die Nachkriegszeit endlich zu Ende. Das künftige Italien werde nicht mehr in »gute« und »böse Bürger« geteilt sein, nach Massgabe von Lagerentscheidungen, die ihre Väter oder Grossväter im Bürgerkrieg getroffen hatten.[67] Gefragt, ob es denn heute nichts mehr bedeute, Faschist zu sein, antwortete der neue Chef des MSI vielsagend: »Einen Augenblick. Ich finde den römischen Gruss pathetisch; mir gefällt das Wort ›Kamerad‹ nicht und ich gebrauche es nicht; ich habe nie schwarze Hemden besessen und ich lasse mir keinen Bürstenschnitt schneiden. Aber ich glaube an eine ethische Konzeption des Lebens genau wie viele Katholiken.«[68] Dem smarten Politiker aus Bologna stand der Sinn nicht danach, irgendetwas zu bereuen. Zunächst noch ganz auf der Linie der alten Kameraden, seit Herbst 1994 dann als selbsternannter »Postfaschist«, der sich zur Enttäuschung des harten Parteikerns immer stärker von Mussolinis politischem Erbe distanzierte, spielte Fini in den Faschismusdebatten der letzten zwanzig Jahre eine zentrale Rolle.

Die Metamorphosen des Gianfranco Fini

Auf ihrem Parteitag in Sorrent wählte im Dezember 1987 eine knappe Mehrheit der MSI-Delegierten den erst 35 Jahre alten Abgeordneten Gianfranco Fini zum Nachfolger des langjährigen Parteichefs Giorgio Almirante. Fini war der Kronprinz des Parteipatriarchen. Dem MSI bereits mit 17 Jahren beigetreten, wäre er ohne Almirantes Förderung kaum zum

Parteichef aufgestiegen. Als junger Militanter hatte er sich an Strassenkämpfen mit der Linken beteiligt. »Ich war selbst ein Schläger und habe nichts zu verleugnen«, erinnerte er sich nur wenige Wochen nach seiner Wahl an seine politischen Anfänge. »Ich habe ausgeteilt und eingesteckt, wie alle, die in den siebziger Jahren mit Stöcken und Ketten Politik machten.«[69] Mit Finis Wahl wurde innerhalb des MSI ein Generationenwechsel eingeläutet.

Der MSI war 1946 als faschistische Veteranenbruderschaft gegründet worden, mit dem einzigen Zweck, den Verlierern des Bürgerkriegs von 1943 bis 1945 eine politische Heimat in feindlichem Umfeld zu schaffen.[70] Anders als die bisherigen MSI-Granden Almirante, Pino Romualdi, Cesco Giulio Baghino und Mirko Tremaglia hatte der 1952 in eine istrische Flüchtlingsfamilie hinein geborene Fini keine direkten Wurzeln im »Ventennio nero« mehr. Allerdings hinderte die Gnade der späten Geburt den promovierten Pädagogen vorerst nicht daran, am alten Parteikurs festzuhalten. »Wir werden die Linie der Systemalternative fortsetzen«, diktierte er einem Journalisten kurz nach seiner Wahl ins Mikrophon. »Wir werden versuchen, unseren Traum zu aktualisieren, in dem wir beweisen, dass im Faschismus sehr gültige Elemente [»elementi validissimi«] für die italienische Gesellschaft existieren.«[71]

In den ersten Jahren seiner Präsidentschaft bekannte sich Fini, der seit 1977 die parteieigene Jugendorganisation (»Fronte della Gioventù«) geleitet hatte, uneingeschränkt zum faschistischen Erbe des MSI. Der »römische Gruss« und die alte Anrede »camerata« empörten ihn ebenso wenig wie der in der Partei gepflegte Mussolini-Kult. Schliesslich bezog sich der Parteiname nicht nur direkt auf die Repubblica Sociale Italiana. Beim harten Kern der Nostalgiker stand MSI auch für »Mussolini sempre immortale« (»Mussolini für ewig unsterblich«).[72] Noch 1992 feierte der junge Neofaschistenchef den Jahrestag der faschistischen Machtergreifung unter dem Spruchband »70 Jahre Geschichte, Kampf, Träume: Es lebe der 28. Oktober, es lebe die faschistische Revolution«.[73] Unter Fini pflegte der MSI enge Kontakte zum Front National von Jean-Marie Le Pen. Nach den Wahlen zum Europaparlament bildeten die französischen und italienischen Rechtsextremisten im Sommer 1989 die Fraktion der Eurorechten. Der MSI verliess diese allerdings bald wieder, als Le Pen die deutschen Republikaner von Franz Schönhuber in diese aufnahm. Fini und seine Leute fanden es unerträglich, dass die Republikaner auf dem deutschen Charakter von Südtirol bestanden und damit die Brennergrenze in Frage stellten.

Als Antisystempartei pflegte die Organisation der Mussolini-Nostalgiker zunächst auch unter dem neuen Chef einen typischen Mix aus ultranationalistischen, antikommunistischen, antiamerikanischen, fremdenfeindlichen, sozialrevolutionären und konservativen Positionen.[74] So polemisierte die Partei gegen das bestehende »Regime der Korrupten« und trat für eine harte Hand im Kampf gegen die Mafia ein. Der MSI propagierte einen Law and Order-Staat, in dem Sicherheit hoch geschrieben wird, und die Wiedereinführung der Todesstrafe für Schwerverbrecher. Im Nahostkonflikt unterstützten die Neofaschisten die palästinensische Sache. Der MSI machte sich für eine neue Präsidialrepublik mit einem mächtigen Staatspräsidenten stark. Die selbstherrliche Amtsführung des Christdemokraten Francesco Cossiga (1985-1992) schien ihnen in die gewünschte Richtung zu weisen. Dem demokratischen System und seinen Werten traditionell fernstehend, stellte die Partei mit ihrem Traum von einem Präsidialsystem einen Pfeiler der bisherigen Grundordnung in Frage.

Gerade unter den Parteikadern, ganz gleich ob diese bereits in der Mussolini-Diktatur aktiv gewesen oder erst während der Studentenproteste von 1968 sozialisiert worden waren, hielten sich autoritäre, militaristische und zum Teil auch gewaltbereite Einstellungen bis weit in die 1990er Jahre hinein.[75] Von Benito Mussolini abgesehen lasen die »Missini«, wie die Parteimitglieder genannt wurden, bevorzugt Denker wie Giovanni Gentile, Julius Evola, Georges Sorel und Ugo Spirito, den Theoretiker des faschistischen Korporativismus. In ihrem intellektuellen Pantheon nahmen aber auch Louis-Ferdinand Céline, Pierre Drieu La Rochelle, Ezra Pound, Carl Schmitt, Martin Heidegger, Ernst Jünger und selbst Adolf Hitler einen Platz ein.[76] Im Frühling 1991 wies eine Befragung unter den Mitgliedern der »Fronte della Gioventù« nach, dass unter den Jungen die neofaschistischen Orientierungen weit militanter ausgeprägt waren als bei den älteren Parteimitgliedern. So befürwortete ein Drittel von ihnen den bewaffneten Kampf, um die »Dinge zu ändern«. Fast 60 Prozent lehnten Toleranz als Grundwert ab. Nur 13 Prozent der jungen MSI-Mitglieder definierten sich als demokratisch. 50 Prozent hielten die Demokratie für eine Lüge. 92 Prozent der Jungen stellten in Abrede, dass alle Menschen gleich seien. 64 Prozent definierten sich als antizionistisch, ein Viertel als antisemitisch. Viele bestritten das Existenzrecht Israels. Und für 88 Prozent war der Faschismus mehr als eine Angelegenheit reiner Nostalgie.[77] Dass das Fundament der faschistischen Ideologie im MSI nach dem Ende des Kalten Kriegs nach wie vor stark war, zeigte sich von 1991 bis 1994 unter anderem auch in revanchistischen Träumen.

Als Jugoslawien 1991 zerfiel, forderte der MSI die Rückgabe von Istrien, Fiume und der dalmatinischen Adria-Küste. Viele der Parteiexponenten hielten die durch Mussolinis Angriffskriege verspielten Territorien nach wie vor für »italienische Erde« und damit für widerrechtlich besetzte Gebiete. In einer provokativen Aktion zog der Triester MSI-Aktivist Roberto Menia 1991 an einem Palazzo im slowenischen Koper, dem ehemaligen Capodistria, die italienische Trikolore auf. Anfang November 1992 setzte der MSI-Chef in der Bucht von Buccari von einem Segelschiff aus 250mal die Botschaft »Wir werden zurückkehren« als Flaschenpost aus – all dies im Namen von Gabriele D'Annunzio, der Fiume (Rijeka) 1919 für Italien handstreichartig in Besitz genommen hatte.[78] Fini trat 1992 an vorderster Front für eine Revision der Ostgrenze und ein »italienisches Istrien« ein, nicht ohne der in Rom amtierenden Regierung eine feige Verzichtspolitik vorzuwerfen.[79] Denn 350.000 aus Tito-Jugoslawien vertriebene Italiener würden nach wie vor Gerechtigkeit erwarten.

Kurz nachdem die Neofaschisten in Berlusconis erste Regierung aufgenommen wurden, sorgte Parteiexponent Mirko Tremaglia, der als Freiwilliger für die RSI gekämpft hatte, mit revanchistischen Forderungen für internationale Irritationen. Da Jugoslawien als Staat nicht mehr existiere, sei Italien auch nicht mehr an den Vertrag von Osimo (1975) gebunden, der mit Titos kommunistischem Regime geschlossen worden sei, argumentierte Tremaglia. Der Grenzverlauf mit Slowenien und Kroatien müsse neu verhandelt werden, weil einige jenseits der aktuellen Grenze liegende Gebiete historisch italienisch seien. Fini sprang dem Parteiveteranen, der nach dem rechten Wahlsieg zum Vorsitzenden des aussenpolitischen Parlamentsausschusses aufstieg, bei. Wie der alte Kämpfer beschuldigte auch dieser Kroatien und Slowenien, die dort lebenden italienischen Minderheiten zu diskriminieren.[80]

An der programmatischen Grundausrichtung der Neofaschisten änderte ihr Eintritt in die erste Regierung Silvio Berlusconis vorerst nichts. Kurz nach dem Wahlsieg des Mailänder Grossunternehmers sorgte Gianfranco Fini durch die Behauptung, Mussolini sei der »grösste Staatsmann des 20. Jahrhunderts«[81] gewesen, bei der Opposition für heftigen Unmut. In der Parlamentsdebatte, die der Vertrauensabstimmung für die Regierung Berlusconi vorausging, hatte der Neofaschistenchef wenige Tage später zwar den bemerkenswerten Satz formuliert: »Ich habe keinen Grund, abzustreiten, dass der Antifaschismus historisch der entscheidende Moment gewesen ist, durch den in Italien die Werte der Demokratie zurückgekehrt sind.«[82] Doch die Aussage musste man nicht unbedingt als neues Glaubensbekenntnis auffassen, sondern konnte man auch als schlichte Tatsachenbeschreibung verstehen. Denn Mussolinis Polizeistaat war eine totalitäre Diktatur gewesen – und damit die Negation von Demokratie, Freiheitsrechten und Rechtsstaatlichkeit.

Berlusconis rechtsgerichtetem Kabinett selbst nicht angehörend, löste der Chef der Neofaschisten kurz vor den 50-Jahrfeiern des D-Day mit schönfärberischen Aussagen zur Mussolini-Diktatur einen neuerlichen Sturm der Entrüstung aus. In einem Interview mit der Turiner Tageszeitung »La Stampa« gab Fini am 3. Juni 1994 zu Protokoll, dass es für Nachkriegsitalien gut gewesen sei, eine politische Formation besessen zu haben, die gegen die reflexhafte Dämonisierung der faschistischen Diktatur aufgetreten sei – eine Sicht der Dinge, die die wissenschaftlichen Arbeiten Renzo De Felices nun breit bestätigen würden.[83] Darauf angesprochen, ob ihn die infamen »Rassengesetze« von 1938, welche die im 19. Jahrhundert erkämpfte Gleichstellung der Juden rückgängig gemacht hatten, nie innerlich aufgewühlt hätten, gab Fini zur Antwort: »Sicher hat mich das bewegt und es ist ganz klar, dass ich nie in Apologie der Konzentrationslager gemacht habe.«[84]

Trotz dieser Distanzierung fiel Finis Urteil über Mussolinis Diktatur über weite Strecken positiv aus. »Bis 1938, also bis eine Minute vor der Unterzeichnung der Rassengesetze, glaube ich, ist es sehr schwierig, den Faschismus in einer vollständig negativen Weise zu beurteilen.«[85] Was den »sozialen Fortschritt« betrifft, sei Italien 1938 jedenfalls weit besser dagestanden als 1922. Und in der Geschichte gäbe es Zeiten, in der die Freiheit als Wert nicht alles bedeute. Vor diesem Hintergrund malte er die alliierte Invasion vom Juni 1944 nicht bloss in einem hellen Licht. Natürlich hätte die anglo-amerikanische Landung bei Anzio, so Fini, Italien die demokratische Freiheit gebracht, aber auch eine problematische Hegemonie des amerikanischen Gesellschaftsmodells. Denn mit der Invasion hätte Europa einen Teil seiner kulturellen Identität verloren, für die sich – so konnte man das Gesagte deuten – auch die Diktatur Mussolinis geschlagen hätte.[86]

Finis Ansichten über den »guten Faschismus« lösten in Italien, aber auch in Westeuropa Empörung aus; sie wurden zumeist scharf verurteilt. Niemand nahm ihm ab, dass er als »Postfaschist«[87] gesprochen hatte, wie er sich im Interview selbst darstellte. Achille Occhetto, der Chef der Linksdemokraten, wertete Finis Aussagen als Ungeheuerlichkeit und forderte den Premier auf, seinen Koalitionspartner künftig besser im Zaum zu halten. Der Republikaner Ugo La Malfa gab zu Protokoll, dass der MSI-Chef Besorgnis erregende Positionen vertrete, während die Christdemokratin Rosa Russo Jervolino den »illiberalen Virus« kritisierte, der in Fini stecke.[88] Verärgert über die Äusserungen seines Juniorpartners zeigte sich für einmal auch Silvio Berlusconi, der durch sie in diplomatische Erklärungsnöte geriet. Fast zur selben Zeit begleitete er den US-Präsidenten Bill Clinton nach Anzio, wo dieser der alliierten Invasion von 1944 und der Gefallenen gedachte, die für die Befreiung Europas gestorben waren.[89] EU-Kommissionspräsident Jacques Delors und andere Spitzenpolitiker äusserten sich ernsthaft beunruhigt über Finis offenen Revisionismus. Ungeschminkt forderten sie die Europäer zu erhöhter Wachsamkeit gegenüber der in Italien regierenden Rechten auf.[90] In den gleichen Wochen weigerte sich Elio Di Rupo, Belgiens sozialistischer Vizeministerpräsident, dem MSI-Minister Pinuccio Tatarella die Hand zu schütteln, als dieser in einer EU-Angelegenheit in Brüssel weilte.[91]

Das »Stampa«-Interview liess nicht daran zweifeln, dass Gianfranco Fini nach wie vor stark durch die neofaschistische Kultur[92] geprägt war. Für Hardliner wie Mirko Tremaglia, Pino Rauti und Alessandra Mussolini, die Enkelin des »Duce«, galt dies noch weit mehr. Auf die besorgte Nachfrage, weshalb bekennende Faschisten denn weiterhin in der AN geduldet würden, antwortete Fini findig: »Nur Diktatoren jagen Leute fort, aber ich bin kein Diktator.«[93] Dennoch zeigten sich im »Stampa«-Interview, das so viel zu reden gab, erste Anzeichen einer intellektuellen Absetzbewegung. Mit dem Hinweis auf das Schwarz-Weiss-Denken des Kalten Kriegs verwedelte Fini geschickt, was es bedeutet hatte, vor der weltgeschichtlichen Zäsur von 1989 ein militantes MSI-Mitglied gewesen zu sein. »Ich war Faschist in einer Zeit, in der man von jedem, der rechts stand, sagte, er sei Faschist.«[94] – betonte er. Kein Zweifel, das war eine weitere Verharmlosung und auch ein Indiz dafür, dass der geschmeidige Taktiker nicht mehr als Extremist erscheinen, sondern als geläuterter Rechter wahrgenommen werden wollte. Macht- und karrierebewusst zugleich war ihm nur allzu bewusst, dass im Europa der neunziger Jahre mit extremistischen Positionen keine »bella figura« mehr zu machen war.

Wie sein rechter Gegenspieler Silvio Berlusconi gab sich Gianfranco Fini in dieser Zeit der Hoffnung hin, eine reiche politische Ernte einfahren zu können. Gewieft hatte der MSI während des beispiellosen Tangentopoli-Skandals, der die im Land politisch bisher tonangebenden Kräfte in den Abgrund riss, das Image einer sauberen Partei gepflegt, deren Repräsentanten wussten, was sich gehört und was nicht. Berlusconis öffentliche Unterstützung für den MSI-Spitzenkandidaten im Kampf um das Römer Kapitol legitimierte die Neofaschisten und machte sie erstmals für weite bürgerliche Kreise wählbar.[95] Auf der kommunalen Ebene konnte der MSI diese neue Ausgangslage im Herbst 1993 in beachtliche Wahlerfolge ummünzen. Niemals seit 1945 schnitten neofaschistische Spitzenpolitiker in Metropolen so erfolgreich ab wie Gianfranco Fini und Alessandra Mussolini in den Bürgermeisterwahlen von Rom und Neapel. Beiden wurden zwar schliesslich von Kandidaten des Mitte-Links-Lagers geschlagen, erzielten aber mit weit mehr als 40 Prozent der Stimmen Achtungserfolge.

Schon im August 1993 hatten die beiden Parlamentskammern als direkte Konsequenz aus dem Korruptionsskandal ein neues nationales Wahlrecht beschlossen. Wie in Grossbritannien sollten künftig drei Viertel der Abgeordneten und Senatoren in Einerwahlkreisen mit relativer Mehrheit gewählt werden. Nolens volens stellte sich für den MSI, wenn er weiterhin auf den politischen Alleingang setzte, die Existenzfrage.[96] Als kühler Rechner erkannte Fini, dass künftig zwei konkurrierende Blöcke und nicht mehr einzelne Parteien die politische Landschaft bestimmen würden. Aus vorab taktischen Gründen lancierte die Führungsspitze des MSI die Idee einer breit abgestützten rechten Sammlungsbewegung, die auch für rechtsnationale und konservative Wähler attraktiv sein sollte.

Anfänglich ergänzte man den alten Parteinamen einfach um das Kürzel AN, was für Alleanza Nazionale stand. Dann trat das neue Wahlsignet immer stärker in den Vordergrund. Zu den Parlamentswahlen vom März 1994 trat der MSI in der von ihm dominierten Plattform AN an, die in den Wahlkreisen des Mezzogiorno zudem ein Bündnis mit Forza Italia (FI) einging. Dieser taktisch geschickte Schachzug brachte die von Berlusconi angeführte Rechte an die Macht und liess die Neofaschisten ihr bestes Wahlergebnis seit 1946 erzielen. Mit 13,5 Prozent der Stimmen konnten sie ihre Vertretung in der Deputiertenkammer von 34 auf 109 erhöhen, in den Senat zogen sie mit einer 48 Leute starken Fraktion ein.[97] Erstmals in der Geschichte der antifaschistischen Republik überhaupt stellten sie Minister in einer nationalen Regierung – gleich fünf an der Zahl. Trotz dieses Durchbruchs stellte die AN im Sommer 1994 nichts mehr als ein leerer Container ohne autonome Strukturen, eigenes Führungspersonal und wirkliche Programmatik dar.[98] Personell, organisatorisch und ideologisch war die AN mit dem MSI noch weitgehend identisch.[99]

Durch die Wahlerfolge innerparteilich gestärkt, wagte sich Gianfranco Fini seit dem Sommer 1994 an die Aufgabe heran, eine neue Rechte für die Zweite Republik aufzubauen, die, wie sich über Jahre und nach vielen internen Querelen zeigen sollte, immer stärker vom Neofaschismus abrückte, ohne jedoch das Erbe der Mussolini-Zeit je völlig zu verabschieden. Die Transformation zur Alleanza Nazionale erwies sich als ein langwieriger und kontroverser Prozess, der nicht ohne Rückschläge, parteiinterne Enttäuschungen und Abspaltungen verlief. Die Verwandlung in eine demokratische Rechtspartei begann bereits Monate vor dem Parteitag in Fiuggi, auf dem sich der MSI im Januar 1995 selbst auflöste, und war mit dem Wendeparteitag keinesfalls beendet. Fini, der mit einem Fuss selbst noch in der neofaschistischen Kultur stand, schlüpfte in die Rolle des Lokomotivführers. Die Einstellungen der einfachen Mitglieder änderten sich nicht von einem Tag auf den anderen.[100] Denn der MSI war nicht nur eine eigene, sondern auch eine geschlossene Welt gewesen.

Am 11. Dezember 1993 suchte Fini erstmals die Fosse Ardeatine in Rom auf, in denen die SS im März 1944 335 italienische Zivilisten massakriert hatte, und legte zum Gedenken an die Opfer einen Kranz mit weissen Blumen nieder.[101] Finis Besuch stellte eine symbolische Geste dar, galten die Fosse Ardeatine nach dem Krieg doch als ein zentraler Gedenkort der antifaschistischen Erinnerungskultur. Allerdings erwies er damit nicht dem Antifaschismus seine Reverenz. Schliesslich waren die Täter Deutsche gewesen und die Opfer Italiener, so dass die vom Faschismus verübten Gräueltaten nicht direkt zur Diskussion standen. Viele Opfer der Mussolini-Diktatur, insbesondere die Römer Juden, aber auch die Linksdemokraten sahen in Finis Besuch nichts anderes als einen propagandistischen Schachzug.[102] Dem harten Kern der Neofaschisten stiess Finis Symbolpolitik sauer auf. Der ehemalige MSI-Senator Giorgio Pisanò warf Fini vor, damit den Faschismus verraten zu haben.[103] Punkten konnte der agile Politiker aus Bologna mit seiner Aktion einzig in bürgerlich-konservativen Kreisen – und eben darauf kam es ihm an.

Zur selben Zeit kreierte Parteichef Fini die Formel »Wir sind weder Faschisten noch Antifaschisten. Wir sind einfach Postfaschisten«[104]. Mit der Postfaschismus-Behauptung erklärte Fini die Epoche von Faschismus und Antifaschismus für beendet und die darauf bauende Differenzbestimmung für obsolet. Ohne sich vorerst wirklich vom faschistischen Erbe verabschieden zu müssen, konnte er damit gegenüber dem harten Parteikern die Notwendigkeit begründen, weshalb die Zweite Republik eine neue Rechte brauche. Gleichzeitig skizzierte er damit die Umrisse einer neuen Erinnerungskultur, welche beide ehemaligen Bürgerkriegsparteien einschloss.[105] Bald sollte Fini auf dieser Grundlage zur »nationalen Versöhnung« aufrufen und die Forderung erheben, die Faschisten als Akteure der Geschichte endlich anzuerkennen und ihnen im Pantheon der Nationalgeschichte einen gleichberechtigten Platz neben ihren historischen Gegnern einzuräumen.

Seit dem Sommer 1994 beschleunigte Parteichef Fini den im Gang befindlichen Transformationsprozess. In einem Interviewbuch mit dem Titel »La mia destra« skizzierte er seine politischen Ideen. Zur Überraschung vieler stellte er sich darin als geläuterten Konservativen dar. Nach wie vor sprach er sich für einen starken Staat aus, dessen unwiderrufliches Fundament jedoch Demokratie und Freiheit bilden müssten. Den Rassismus verurteilte er ohne Wenn und Aber. Erstmals anerkannte er die Linke als demokratische Mitkonkurrenten an. Selbst die Aussicht einer linken Regierung in Italien nahm er gelassen hin. Zudem bekannte er sich zu christlichen Familienwerten, zur sozialen Marktwirtschaft und zum Kampf gegen die organisierte Kriminalität. Die Gesellschaft, die die Rechte wolle, sei eine von freien Bürgern, die in Sicherheit leben können. Zum Faschismus bemerkte er nur, dass dieser viele Irrtümer begangen habe, aber auch einige Verdienste besessen habe.[106] Hinter seinem Bekenntnis zur Demokratie wurde in »La mia destra« eine andere Seite sichtbar: das Misstrauen gegenüber einem ungezähmten Kapitalismus und den multinationalen Konzernen, die Skepsis gegenüber der amerikanischen Hegemonie und der »Kultur des Hedonismus«.[107] Immer vehementer propagierte der kühle Rechner, der das grosse katholische Wählerpotential für seine Rechte im Auge hatte, den Bruch mit der faschistischen Vergangenheit. »Meine Rechte«, liess Fini Ende 1994 in der »Financial Times« verlauten, »wird keine Bindungen zum Faschismus haben.«[108]

Auf dem Parteikongress von Fiuggi, der vom 27. bis 29. Januar 1995 stattfand, setzte sich Fini mit der Neuausrichtung durch. Unter Tränen und zum Teil heftigen Protesten beschlossen die Delegierten die Auflösung des MSI und seine Umgründung in der AN. Einige alte Kameraden wie Pino Rauti, Teodoro Buontempo und Enzo Erra kämpften bis zum Schluss gegen den Kurswechsel, den sie als Verrat an der faschistischen Sache empfanden.[109] Heftig wurden die von der Parteileitung vorgelegten Thesen zu Faschismus und Antifaschismus debattiert. Besonders umstritten war der Kernsatz des neuen Statuts: »Der Antifaschismus war der historisch wesentliche Moment für die Rückkehr demokratischer Werte, die der Faschismus unterdrückt hatte.«[110] Den alten Mitgliedern für ihre Treue dankend, sprach Fini die geschickten Sätze: »Ich weiss, was es Euch kostet, das Haus des Vaters zu verlassen, das für uns eine Schule der Sittlichkeit (»palestra di moralità«) gewesen ist. Ich weiss, wie viel Schmerz, das Euch verursacht. Ich weiss, dass ich viel von Euch verlange.«[111] Nach erbitterten Wortgefechten stellte sich eine deutliche Mehrheit der Delegierten hinter diese Entschliessung und bestätigte den neuen Kurs. Cesco Giulio Baghino, Ehrenpräsident des MSI und Vorsitzender der Salò-Freiwilligen, jedoch verabschiedete sich mit einem symbolischen »saluto romano« vom Plenum, den einige Dutzend Delegierten gerührt erwiderten.[112] Nur wenig später gründeten die von Pino Rauti angeführten Gegner des Kurswechsels den Movimento sociale – Fiamma tricolore neu, ohne mit der Formation allerdings künftig mehr als ein politisches Schattendasein führen zu können.

Auf dem Papier entstand in Fiuggi eine rechtsnationale Partei, die sich zu Demokratie und Freiheit bekannte, jede Form von Totalitarismus, Rassismus, Antisemitismus verurteilte und Mussolinis Rassengesetze von 1938 als »Schande« bezeichnete. Anders als die Parteistrategen gegen aussen glauben machen wollten, kam die Wende von Fiuggi jedoch keinem radikalen Bruch gleich. Fiuggi führte zu einem Namenswechsel[113] und bewirkte eine taktisch motivierte Anpassung an die nach dem Zusammenbruch der »Schmiergeldrepublik« entstandenen Verhältnisse. Der Bruch fiel schon deswegen nicht total aus, weil Mitglieder und Funktionäre die gleichen blieben. Trotz Finis Argument, dass das Ende der Nachkriegszeit eine neue demokratische Rechtspartei erfordere und das Zeitalter der Ideologien nach 1989 endgültig zu Ende sei, hatten sich die Einstellungen der Parteimitglieder nicht plötzlich von Grund auf geändert. Einer wirklichen Verurteilung wurde der (Neo-) Faschismus in Fiuggi nicht unterzogen und auf der persönlichen Erfahrungsebene von den meisten nicht ernsthaft problematisiert.[114] Bezeichnenderweise erklärten noch 1998 über 60 Prozent der mittleren Parteikader von AN, dass der Faschismus – abgesehen von einzelnen Entscheidungen – ein gutes Regime gewesen sei. 3 Prozent hielten ihn sogar für das bestmögliche System überhaupt und nur 0,3 Prozent sahen in ihm eine brutale Diktatur.[115] Dass Fiuggi faschistische Nostalgie keineswegs radikal beseitigt hatte, zeigte sich auch während des Parteitags von Bologna: 2003 fuhren immerhin 200 Delegierte nach Predappio in die Romagna, um dort dem »Duce« an seiner letzten Ruhestätte die Ehre zu erweisen.[116]

Genau besehen begab sich die AN 1995 erst auf den Weg, eine moderne Rechtspartei zu werden. Viele Mitglieder, Funktionäre und Mandatsträger machten die von oben verordnete Wende bloss oberflächlich mit. Mit der Transformation zur AN gaben Finis Leute zwar den Faschismus als offiziellen Bezugspunkt ihrer Politik auf. Doch zahlreiche AN-Mitglieder kultivierten das (neo-) faschistische Erbe unkritisch als Teil ihrer persönlichen Vergangenheit und kulturellen Identität weiter.[117] Emblematisch dafür ist, dass das MSI-Logo, das eine züngelnde Flamme über Mussolinis Sarkophag zeigt, trotz Fiuggi keineswegs verschwand. Das alte neofaschistische Symbol wurde einfach ins Emblem der AN integriert, so dass es als Hinweis auf die Wurzeln der neuen Bewegung gelesen werden konnte. Noch im November 2003 meinte der alte Kämpfer Mirko Tremaglia, inzwischen zum Minister für die Auslandsitaliener aufgestiegen, dass die Flamme nicht aus dem Parteiemblem der AN getilgt werden dürfe, weil sie die Verbindung zum MSI ist: »Wer den MSI angreift, dem liefere ich eine Schlacht.«[118]

Die ungenügende Distanzierung von der schwarzen Vergangenheit blieb, wie zu zeigen bleibt, nicht folgenlos auf die Erinnerungspolitik der Partei. Jetzt, da sich die AN politisch vom Neofaschismus losgesagt hatte, setzten sich zahlreiche ihrer Mandatsträger – so eine Hauptthese dieser Studie – umso mehr dafür ein, dass der Mussolini-Zeit wenigstens als Teil der nationalen Geschichte »Gerechtigkeit« widerfährt. Nach dem zweiten Wahlsieg des Berlusconi-Bündnisses 2001 zeigte sich dies ungeschminkt.[119] Trotz der »Wende von Fiuggi« waren Zweifel an der AN im In- und Ausland weit verbreitet. Schliesslich gehörten zu ihrem Führungspersonal rechtsgerichtete Politiker wie Ignazio La Russa, Maurizio Gasparri, Francesco Storace, Adolfo Urso und Gianni Alemanno, die ihre Karriere als militante MSI-Mitglieder und teilweise gar als gewalttätige Strassenkämpfer begonnen hatten.[120] Wie bei vielen Parteisoldaten war ihre Konversion vom Saulus zum Paulus sehr abrupt und allzu flüchtig erfolgt. Der Verdacht blieb.

Sich dessen nur zu bewusst, suchte der Parteivorsitzende Gianfranco Fini geradezu nach Unbedenklichkeitsbescheinigungen. Seiner grossen Ambitionen willen musste er noch mehr öffentliche Respektabilität gewinnen. So distanzierte er sich wiederholt von Jean-Marie Le Pen und Jörg Haider. Bald schon bemühte er sich um einen Israel-Besuch. Zielstrebig arbeitete er seit Fiuggi auf einen solchen hin, wollte er dadurch doch beweisen, dass sich die AN ohne Wenn und Aber von ihrer faschistischen Vergangenheit gelöst hatte. 1998 betonte er auf dem Parteitag von Verona, dass es richtig sei, Schmerzen und Tragödie vieler Italiener nicht zu vergessen, die seit Herbst 1943 nur deshalb deportiert wurden, weil sie Juden waren.[121] Wenn er 1943 ein Zwanzigjähriger gewesen wäre, hätte er sich der RSI nicht angeschlossen.[122] Im Rahmen einer Polenreise besuchte Fini im Februar 1999, auf Schritt und Tritt von einem Medienpulk beobachtet, das ehemalige deutsche Vernichtungslager Auschwitz-Birkenau. Vom Ort beeindruckt, schrieb er die Sätze in das Besucherbuch: »Der Mensch fühlt sich unendlich klein, weil keine Tragödie grösser sein kann als die Ausrottung und der Holocaust. Es liegt nicht in der Möglichkeit des Menschen das Paradies auf Erden zu schaffen; gewiss schuf er hier die Hölle.«[123] In diesen Tagen las er den Auschwitz-Roman »Ist das ein Mensch?« von Primo Levi. Mit seinem Besuch in Auschwitz, der in Italien kontroverse Reaktionen auslöste, anerkannte Fini die Singularität der Shoah an und gleichzeitig einen Imperativ des westlichen Selbstverständnisses. Gleichmütig nahm er es hin, dass ihn linke Studenten, die ihn der Heuchelei ziehen, nach dem Verlassen des grössten Friedhofs der Welt mit Eiern bewarfen.

Konsequent ging Fini den eingeschlagenen Weg weiter. Im Juni 2001 besuchte er das ehemalige deutsche Konzentrationslager Risiera di San Saba in Triest, in dem seit Herbst 1943 Tausende von Antifaschisten, Partisanen und Juden umgebracht worden waren. Anfang 2002 nahm er seine umstrittene Einschätzung, Mussolini sei der grösste Staatsmann des 20. Jahrhunderts gewesen, explizit zurück. Am 12. September 2002 entschuldigte er sich für die Verbrechen, die die Diktatur durch die »Rassengesetze« an den jüdischen Italienern begangen hatte. »Die Italiener tragen die Verantwortung für all das, was nach 1938 geschehen ist«, erklärte er nun als Vizeministerpräsident.[124] Immer mehr nahmen es ihm die Menschen ab, dass er persönlich mit seiner neofaschistischen Vergangenheit gebrochen hatte. In der eigenen Partei war dies nicht nur gern gesehen. Wenn Fini so weiterfahre, giftete Alessandra Mussolini, werde er von den männlichen Parteimitgliedern nächstens auch noch verlangen, sich beschneiden zu lassen.[125]

Die letzten Zweifel an seiner persönlichen Läuterung räumte Gianfranco Fini im Herbst 2003 aus. Nach langem Warten lud ihn Premier Ariel Sharon zum lange erwarteten Besuch in Israel ein. Die Begegnungen mit Staatspräsident Moshe Katsav, Premier Sharon und Oppositionsführer Shimon Peres bedeuteten für den stellvertretenden italienischen Ministerpräsidenten die internationale Anerkennung.[126] Dazu trug nicht nur bei, dass Fini für die im Bau befindliche Sperranlage, die Israel künftig hermetisch vom Westjordanland abriegeln sollte, Verständnis zeigte und als guter Freund Israels den Antizionismus brandmarkte.[127] Von Amos Luzzatti, dem Vorsitzenden der jüdischen Gemeinden in Italien, begleitet, nutzte Fini die Reise zu einer scharfen Abrechnung mit der faschistischen Vergangenheit seines Landes. So unmissverständlich wie im Heiligen Land hatte er sich bislang noch nie von der Mussolini-Diktatur losgesagt. Mit einer Kippa auf dem Haupt kniete er in der Holocaust-Gedenkstätte Yad Vashem hin, um vor der ewigen Flamme einen Kranz zum Gedenken an die 6 Millionen ermordeten Juden niederzulegen. An diesem symbolischen Ort bezeichnete er den Faschismus als »Teil des absolut Bösen« und die Repubblica Sociale Italiana als ein »schändliches Kapitel der italienischen Geschichte«. Erneut verurteilte er die »infamen, vom Faschismus gewollten Rassengesetze«, erstmals räumte er mit all dem die Komplizenschaft des Mussolini-Faschismus bei der Ermordung des europäischen Judentums explizit ein.[128]

Gianfranco Finis Israel-Visite löste überwiegend positive Reaktionen aus, selbst bei politischen Gegnern und in jüdischen Kreisen.[129] Kammerpräsident Pier Ferdinando Casini bescheinigte dem AN-Chef intellektuelle Redlichkeit, während der Linksdemokrat Massimo D'Alema von einer »positiven Tatsache« sprach. Allerdings forderten führende Politiker der Mitte-Links-Opposition, dass Fini nun dafür sorgen müsse, dass die über dem symbolischen Sarkophag Mussolinis brennende Flamme aus dem Parteiemblem verschwinde.[130] Indirekt warfen sie damit die Frage auf, wie es die AN-Mitglieder mit Finis Reuebekenntnissen hielten. Innerhalb der Partei waren die Meinungen darüber geteilt. Für Alessandra Mussolini und Donna Assunta Almirante, die einflussreiche Witwe des früheren MSI-Chefs, brachten Finis Jerusalemer Schuldeingeständnisse das Fass zum Überlaufen. Sie verliessen die Partei, die nicht mehr die ihre sei.[131] Wie viele ältere Mitglieder äusserte Mirko Tremaglia deutlich vernehmbar seinen Unmut über die Verurteilung der RSI – ziemlich undiplomatisch für den amtierenden Minister für die Auslandsitaliener.

Zwar biss der Grossteil der Parteielite die Zähne zusammen und stellte sich hinter Fini. Doch auch Gefolgsleute wie Francesco Storace, Präsident der Region Latium, und Telekommunikationsminister Maurizio Gasparri brachten zum Ausdruck, dass es nun mit den ewigen Gewissensprüfungen reiche.[132] Deutlich zeigte sich nun, dass nicht wenige AN-Mitglieder ihrem stets elegant und eloquent auftretenden Vorsitzenden grollten, weil er mit und seit Fiuggi die Seele der Partei verkauft hatte.[133] Schliesslich stammten viele Aktivisten aus faschistischen Familien oder waren vor Jahrzehnten selbst noch aktive Mussolini-Anhänger gewesen.[134] »Den Faschismus zu verurteilen, heisst auch eine ganze Generation von Italienern zu verurteilen«, empörte sich der sizilianische Regionalpolitiker Nello Musumeci.[135] Und ein anderer zürnte, dass Fini in Jerusalem das Kleid der Erstkommunion fortgeworfen habe. Denn: »Der Faschismus bleibt nach dem Risorgimento die einzige italienische Erfindung, die eine Vertiefung verdient.«[136]

Finis persönliche Läuterung darf nicht darüber hinwegtäuschen, dass viele einfache, aber auch einige prominente AN-Mitglieder zunehmend Mühe mit der Erinnerungspolitik ihres Vorsitzenden bekundeten. In der Provinz machten die Mitglieder den Wandel nicht oder weit langsamer mit als ihr Römer Chef.[137] Nach der Israel-Reise verblieben viele in der Partei, um zu zeigen, dass sie an der Basis nicht so dachten wie dieser. Mario De Cristofaro zum Beispiel, Präsident des Regionalrats von Apulien, outete sich stolz als Faschist, weil er nichts zu bereuen hätte. Mussolini sei ein »grosser Staatsmann« gewesen, der die Geschichte des 20. Jahrhunderts geprägt habe, meinte er im Januar 2002.[138] Den jährlich erscheinenden Mussolini-Kalender mit seinen Parolen (wie »Vincere e vinceremo«; »Taci il nemico ti ascolta«) verschenke er gerne an Kameraden und Freunde, damit diese das Jahr auf faschistische Weise erleben können.[139] Der bekannte Filmregisseur Pasquale Squitieri, der seit 1994 für die AN im Senat sass, kommentierte die Bedeutung der »Rassengesetze« im Sommer 2003 mit den uninformierten Worten: »Wenn ein Jude die italienische Staatsbürgerschaft besass, war er im Grunde keiner Verfolgung ausgesetzt. Diese beständigen Angriffe gegen Mussolini und unser Land kann ich nicht mehr ertragen.«[140] Wenige Tage vor Finis Israel-Reise verschenkte der Abgeordnete Antonio Serena eine Videobiografie von Erich Priebke an seine Kollegen in der AN-Fraktion im Palazzo Montecitorio.[141] Der ehemalige SS-Offizier Priebke war für das Massaker an den Fosse Ardeatine mit verantwortlich gewesen und dafür 1998 von einem italienischen Gericht als Kriegsverbrecher zu lebenslanger Haft verurteilt worden. Auf Finis Antrag wurde Antonio Serena daraufhin aus Fraktion und Partei ausgeschlossen. Sich mit einem verurteilten NS-Täter zu solidarisieren, der Hunderte Zivilisten auf dem Gewissen hatte, ging selbst vielen in der AN zu weit.

Seit seinen politischen Anfängen brachte Gianfranco Fini einen weiten Weg hinter sich: Vom militanten Neofaschisten mauserte er sich zum »Postfaschisten« und entwickelte sich seit seiner Israel-Visite schliesslich zu einem konservativen Antifaschisten weiter.[142] Innerhalb der italienischen Rechten macht ihn dies zu einer Ausnahmeerscheinung. Vielen in der Partei galt Fini als zu links, zu verfassungstreu und zu abgehoben, ja als ein Verräter an der eigenen Sache. Auf dem Jugendfestival seiner Partei klagte er im September 2008 ein, dass sich die AN endlich vorbehaltlos mit dem Antifaschismus identifizieren müsse. Denn die Resistenza-Kämpfer seien im Bürgerkrieg von 1943 bis 1945 auf der »richtigen Seite« gestanden und die Kämpfer von Salò auf der »falschen«, meinte er an die Adresse von Verteidigungsminister Ignazio La Russa und von Roms Bürgermeister Gianni Alemanno, die diese Lektion der Geschichte öffentlich in Frage gestellt hatten.[143] Um die Vergangenheit zu überwinden, führe kein Weg an der einfachen Wahrheit vorbei: »Die italienische Rechte – und vornweg die Jugendlichen – müssen ohne jede Zweideutigkeit aussprechen, dass sie sich mit den Werten unserer Verfassung identifizieren: Freiheit, Gleichheit, soziale Gerechtigkeit. Werte, die rundum antifaschistisch sind.«[144]

Für eine demokratische Rechtspartei hatte Fini eigentlich nur eine Selbstverständlichkeit in Erinnerung gerufen. Allerdings protestierten gegen die Klarstellung nicht nur die rechtsextremen Splitterformationen MSI-Fiamma tricolore, Alternativa Sociale und La Destra, die sich zwischen 1995 und 2007 von der AN abgespaltet hatten, sowie Forza nuova und die Nationale Union der Kämpfer der Repubblica Sociale Italiana (UNCRSI).[145] Rebellisch liess auch der Jugendverband der AN verlauten: »Wir werden niemals Anti-Faschisten sein.«[146] Das war symptomatisch für die Beharrungskraft überwunden geglaubter Orientierungen. Bis zu ihrer Selbstauflösung am 22. März 2009, als die AN in Berlusconis neue Sammelpartei »Popolo della Libertà« (PdL) aufging, verzichtete die Formation nicht auf die alte MSI-Flamme in ihrem Wappen. Dieser letzte Akt der Selbstreinigung blieb bis zum Schluss nicht nur bei älteren Parteimitgliedern undurchsetzbar.

Berlusconis kalkulierte Tabubrüche

»Es gibt doch gar keine Faschisten in meiner Regierung«[147], meinte Silvio Berlusconi im Juni 1994, wenige Wochen nachdem er Finis Neofaschisten und die separatistische Lega Nord von Umberto Bossi erstmals zu Regierungsparteien gemacht hatte. In dieser Reaktion des neuen Premiers zeigte sich ein Grundmuster, das für seinen Umgang mit brisanten erinnerungskulturellen Fragen typisch ist. Die Kritik besorgter Demokraten, dass er mit seiner rechten Regierungskoalition erstmals den antifaschistischen Grundkonsens im Nachkriegseuropa durchbrochen habe, wischte er als unbegründet vom Tisch. Selbst kein »klassischer Faschist«[148] und auch nicht in einem neofaschistischen Milieu sozialisiert, trat Berlusconi in den Erinnerungsdebatten, die auf eine revisionistische Umdeutung der jüngeren Geschichte zielten, nie als treibende Kraft auf. Diesen Part übernahmen meistens die Parteigänger der AN, dabei nicht selten tatkräftig von FI-Exponenten sekundiert. Doch als Ministerpräsident, der eine solche Re-Interpretation politisch erst möglich machte, war die Rolle des »Cavaliere« entscheidend. Berlusconi liess die Revisionisten gewähren, wo er sie hätte zurückbinden müssen; und er redete deren Ansichten schön oder hüllte sich da in Schweigen, wo er sich deutlich vernehmbar hätte distanzieren müssen. Ohne jeden Skrupel agierte er letztlich auch auf diesem Politikfeld, weil dieses für seinen Machterwerb und später für seinen Machterhalt nicht unwichtig war.[149]

Wenn man Berlusconis politischer Verantwortung auf dem Feld der Erinnerungspolitik wissenschaftlich gerecht werden will, muss man nicht nur analysieren, was er über die faschistische Diktatur öffentlich verbreitete. Weit entscheidender ist, dass er als mächtigster Mann Italiens nie Berührungsängste gegenüber Mussolinis Erben an den Tag legte und diese regelrecht hofierte. Stets vermittelte er den Eindruck, dass es sich bei diesen um ganz normale Politiker mit vernünftigen Ansichten handle, auch und gerade, was ihre Deutungen des Faschismus betrifft. Schon in den 1970er Jahren war der aufstrebende Unternehmer Mitglied der Geheimloge P2 gewesen, an deren Spitze der notorische Faschist und ehemalige SS-Mann Licio Gelli stand. Die Logenbrüder unterwanderten Politik, Wirtschaft, Medien und Bürokratie; sie arbeiteten mit der Mafia, der Generalität, Geheimdienstleuten und Rechtsterroristen zusammen, die Putschpläne schmiedeten. Es ging ihnen darum, das Land in ein autoritäres Fahrwasser zu steuern.[150] Immerhin wurde die P2 1982 als »umstürzlerische Organisation« verboten. Mit einigem Grund vermuten gute Kenner des Landes, dass Berlusconi diese Ziele noch heute verfolgt, jetzt aber durch eine Verfassungsänderung zu erreichen versucht, die ihm zu mehr Macht als künftigem Staatspräsidenten verhelfen soll.[151]

Fehlende Berührungsängste gegenüber der extremen Rechten charakterisiert Berlusconis ganze Karriere, nicht nur deren Beginn, als er die Lega Nord und den MSI – immerhin die grösste neofaschistische Partei in Westeuropa – salonfähig machte. Seit seinem zweiten Wahlsieg von 2001 bemühte er sich stets auch um gute Beziehungen zu jenen rechtsextremen Gruppierungen, die sich von der AN abgespaltet hatten. Eine freundschaftliche Beziehung pflegt der Regierungschef seit Jahren zu Alessandra Mussolini, einer Vertreterin der harten Rechten. Nach Finis Israel-Reise hatte sie die ultrarechte Splitterpartei Alternativa Sociale ins Leben gerufen. Ohne alle historische Sensibilität erkundete sich Berlusconi Anfang 2005 ernsthaft bei der rechtsextremen Politikerin, ob diese ein Interesse an der Präsidentschaft der Region Kampanien hätte. Dabei liess er sich vom Kalkül leiten, dass Kampanien der Linken im Schulterschluss mit der Rechtsaussenpartei entrissen werden könne.[152] Selbst für die Republik Italien handelte es sich um einen unerhörten Vorgang. Um des reinen Machterwerbs willen war Berlusconi bereit, an der Spitze eines grossen Rechtsbündnisses eine bekennende Faschistin zu akzeptieren – ganz im Gegensatz zu seinen Koalitionspartnern Gianfranco Fini und dem Christdemokraten Pier Ferdinando Casini. Alessandra Mussolini dankte des Premiers politische Avancen damit, dass sie diesen als wahren »Leader« lobte.[153] Heute ist die Diktatorenenkelin Mitglied von Berlusconis Sammlungspartei Popolo della Libertà.

Während des Wahlkampfes 2006 kam es bei Berlusconis Auftritten auf den Piazze vor, dass Zuhörer aus Begeisterung in »Duce-, Duce«-Rufe fielen und ihm gar mit gerecktem Arm die Ehre erwiesen. Das war etwa in Neapel, aber auch früher schon der Fall.[154] Bezeichnenderweise trat er solchem Treiben nie entgegen und sah darin nie ein Problem. Nicht genug damit schloss der Führer der Rechtskoalition »Casa delle Libertà« (»Haus der Freiheiten«) vor den Parlamentswahlen ein paar zusätzlicher Prozentpunkte wegen sogar Bündnisse mit Parteien am neofaschistischen Rand des politischen Spektrums: mit der Alternativa Sociale von Alessandra Mussolini (»Besser Faschistin als schwul!«) und der MSI-Fiamma tricolore von Luca Romagnoli (»Man kann nicht einfach behaupten, der Faschismus sei das absolute Übel gewesen.«).[155] Dass ein konservativer Spitzenpolitiker in einem westeuropäischen Land mit ultrarechten Bewegungen paktiert, ist eine Eigentümlichkeit der besonderen Art. So lehnten es die französischen Gaullisten stets ab, mit Le Pens Front National ein Wahlbündnis einzugehen. Schlicht undenkbar ist, dass sich in der Bundesrepublik Deutschland ein christdemokratischer Regierungschef nur schon auf Landesebene mit der Nationaldemokratischen Partei Deutschlands (NPD) oder der Deutschen Volksunion (DVU) einlässt.

Seit seinem Einstieg in die Politik verwischte Berlusconi die Grenzen zwischen bürgerlich-konservativer und neofaschistischer Rechter systematisch. Nicht nur selbst zu Tabubrüchen jeder Art bereit, tolerierte er solche auch wortlos. Als Oppositionsführer beehrte er im November 2007 den Gründungsparteitag der neofaschistischen Partei La Destra mit seiner Anwesenheit. Die Versammlung fand in symbolträchtigem Ambiente statt: in einem Palazzo des EUR-Viertels in Rom, das Benito Mussolini einst zur höheren Ehre des Imperiums hatte erbauen lassen. Berlusconi liess sich dort von den Delegierten nicht nur mit römischen Grüssen und »Duce«-Rufen feiern, sondern rief dem begeisterten Auditorium auch zu: »Mein Herz schlägt für euch«. Selbst als Francesco Storace, der Präsident von La Destra, erklärte, dass es für die neue Partei nicht in Frage käme, den Faschismus zu verdammen, irritierte dies den Stargast nicht. Vielmehr lud er Storaces Neofaschisten dazu ein, vor den nächsten Wahlen seinem Rechtsbündnis beizutreten.[156] Wiederum fand er es unnötig, sich von den faschistischen Bekenntnissen der anwesenden Politiker zu distanzieren.

Für die Parlamentswahlen vom Frühjahr 2008 kandidierten einige Faschismus-Bewunderer für das von Berlusconi angeführte Rechtsbündnis »Popolo della Libertà« (»Volk der Freiheit«): Alessandra Mussolini für das Abgeordnetenhaus und der Verleger Giuseppe Ciarrapico für den Senat der Republik. Bezeichnenderweise forderte der »Cavaliere«, nachdem die Kandidaturen bekannt wurden, seine politischen Freunde nicht zum Verzicht auf. Der Fall des Verlegers Ciarrapico war besonders brisant, weil dieser nicht für eine Rechtsaussenpartei kandidierte, sondern für FI. In einem Interview mit dem »Corriere della Sera« meinte Berlusconi über seinen faschistischen Parteifreund bloss: »Wir sind mitten im Wahlkampf und haben die Aufgabe zu gewinnen. Der Verleger Ciarrapico besitzt Zeitungen, die uns nicht feindlich gesonnen sind. Es ist absolut wichtig, dass sich das nicht ändert, weil alle anderen grossen Zeitungen gegen uns sind.«[157] Trotz der Empörung darüber, dass Berlusconi wiederum mit Faschisten auf Stimmenfang ging, wurde Giuseppe Ciarrapico in den Senat gewählt und Alessandra Mussolini in die Kammer. Nicht genug damit blieb Wahlsieger Berlusconi, der gerade mit der Bildung seiner vierten Regierung beschäftigt war, am 25. April 2008 dem Staatsakt zum »Befreiungstag« fern – wie immer seit seinem Einstieg in die Politik.[158] In einer Geste von hoher Symbolkraft empfing er am Nationalfeiertag lieber Senator Ciarrapico zu einer Unterredung.[159] Der starke Mann Italiens zeigte sich nicht nur in seinen Kontakten zur extremen Rechten erstaunlich inkorrekt. Immer wieder glitt er auch auf dem glatten Parkett unbewältigter Vergangenheit aus, wenn er seine laienhaften, aber stets populären Ansichten zur Geschichte des 20. Jahrhunderts öffentlich kundtat.

In Berlusconis revisionistischem Geschichtsbild ist die Behauptung zentral, dass nicht der Nationalsozialismus, sondern der Kommunismus das »unmenschlichste Unternehmen der Geschichte«[160] war. Historisch nicht sonderlich bewandert, vertritt er seit Jahrzehnten eine krude Variante der Totalitarismustheorie, die direkt aus der Asservatenkammer des Kalten Kriegs entnommen scheint. Als »Antikommunist ohne Komplexe«, wie er sich selbst einmal bezeichnete, betrachtet er es als seine moralische Pflicht, zunächst und vor allem die Erinnerung an die Gewaltverbrechen der kommunistischen Megatötungsregime wachzuhalten.[161] Am 27. Januar 2006, dem Gedenktag für die Opfer der Shoah, bezeichnete Berlusconi den Massenmord am europäischen Judentum zwar als »Wahnsinn« (»follia«). Doch neben dem Nazismus habe es einen kommunistischen Totalitarismus gegeben, der weit mehr Opfer auf dem Gewissen habe als Hitlers Deutschland.[162] Dadurch liess er den Eindruck entstehen, dass der »Rassenmord« des NS-Regimes weniger schlimm gewesen sei als der kommunistische »Klassenmord«. Dies war keine einmalige Unbedachtsamkeit, hält der grosse Vereinfacher den Kommunismus doch für die mit Abstand schrecklichste Tragödie des 20. Jahrhunderts.[163]

In dieser Einschätzung fühlt er sich durch das »Schwarzbuch des Kommunismus«, 1997 in Frankreich vom Historiker Stéphane Courtois herausgegeben, vollkommen bestätigt. Für ihn gehört dieses kontrovers diskutierte Werk, in dessen Vorwort eine neue Verbrechensbilanz für das 20. Jahrhundert aufgetan wird, indem die Shoah vom »Sockel der negativen Singularität«[164] gestossen wird, zu den wichtigsten Publikationen der Gegenwart überhaupt. In der Bibliothek jedes Italieners müsse es gleich neben der Bibel einen Vorzugsplatz einnehmen. Freilich begreift es Berlusconi als eine seiner Aufgaben, die im »Schwarzbuch des Kommunismus« dargelegten Fakten unter den Italienern bekannt zu machen, da das Land eines der letzten Residuen der extremen Linken sei. Rasch brachte der zu seinem Medienimperium gehörende Mondadori-Verlag das Werk in einer Grossauflage auf Italienisch heraus. Bald zirkulierte es unter den Mitgliedern von FI. Ungefragt verschenkte Berlusconi das »Schwarzbuch« an die 5.000 Delegierten des AN-Parteitags von Verona, von denen er annahm, dass sie mit ihm eine antikommunistische Kultur teilten. Allerdings kam das Geschenk bei seinen treuesten Verbündeten nicht sonderlich an. Es mache keinen Sinn, meinte Gianfranco Fini abgeklärt, die antikommunistische Karte gegen einen Feind auszuspielen, der gar nicht mehr existiert.[165]

Dass er auf seinem antikommunistischen Kreuzzug gegen eine Fata Morgana kämpft, focht Berlusconi jedoch nicht weiter an. Seit er sich in die politische Arena begab, hämmerte er seinen Landsleuten ein, dass die Gefahr einer kommunistischen Machtübernahme in Italien nicht gebannt sei. Die Lage präsentiere sich noch immer wie 1948, als sich anlässlich der Parlamentswahlen vom 18. April eine linke Volksfront und das Freiheitslager gegenüber standen.[166] Wenn die Linke hierzulande in die Regierungsverantwortung zurückkehre, orakelte er im Januar 2005, wäre das gleichbedeutend mit »Elend, Tod und Terror« – wie überall, wo der Kommunismus regierte.[167] Das war reine Panikmache, die vollends von der Tatsache abstrahierte, dass Italien weder vor noch im Kalten Krieg eine kommunistische Diktatur gekannt hatte. Lange Jahre zeigte sich der FI-Chef geradezu besessen von der Vorstellung, dass es unter seinen Gegnern nur so von erklärten oder verkappten Kommunisten wimmle, ganz gleich, ob es sich um Politiker, Intellektuelle, Medienleute, Komiker oder »rote Richter« handelt. Hemmungslos verunglimpfte er selbst Christdemokraten wie seinen langjährigen Widersacher Romano Prodi als »kathokommunistische Leader«, welche in ihrer grenzenlosen Naivität der extremen Linken in die Hände spielen würden.[168] Wer nicht für ihn ist, der kann gar nichts anderes sein als ein Kommunist oder ein »fellow traveller«.

Auf dem antikommunistischen Schlachtross sitzend, spaltete Berlusconi das Italien der Zweiten Republik in Gut und Böse und stellte der postfaschistischen Rechten damit einen Unbedenklichkeitsschein aus. Schliesslich teilte diese mit den Leuten von FI eine »antikommunistische Kultur« (Gianfranco Fini) und den Widerwillen gegen den antifaschistischen Gründungsmythos der Republik. Wie andere Politiker, Publizisten und Historiker rückte auch der »Cavaliere« den bewaffneten Widerstandskampf in die Nähe eines kommunistischen Machtergreifungsversuchs. Das revolutionäre Modell, das die italienischen Kommunisten während der Resistenza inspiriert habe, sei eine Vorstufe zu einer »bolschewistischen Revolution« nach sowjetischem Muster gewesen. Eine moderne demokratische Nation könne sich jedoch nur dann wirklich antitotalitär nennen, wenn sie sich zur selben Zeit antifaschistischen und antikommunistischen Werten verpflichtet wisse, wurde Berlusconis Revisionismus in einer Internetzeitung von FI publikumswirksam umschrieben.[169]

Für Silvio Berlusconi, der doch ein antitotalitäres Bekenntnis vor sich her trägt, stellt das faschistische Gesellschaftsexperiment keine grundsätzlich verdammungswürdige Diktatur dar. Von der »Washington Post« im Mai 1994 gefragt, was er denn von den apologetischen Äusserungen seines Juniorpartners Gianfranco Fini halte, meinte der Premier: »Für eine gewisse Zeit hat Mussolini gute Dinge in Italien getan – das ist eine durch die Geschichte belegte Tatsache.«[170] Freilich sei das Endresultat der faschistischen Diktatur letztlich negativ, weil sie Italien der Freiheit beraubt und das Land in den Zweiten Weltkrieg geführt habe.[171] Für die italienischen Revisionisten hörte sich dies wie Balsam an. Berlusconi gab damit zu verstehen, dass der Mussolini-Faschismus erst unter dem Einfluss des nationalsozialistischen Deutschland aus dem Ruder gelaufen sei. Dieses weit verbreitete Vorurteil, das die Geschichtsforschung längst widerlegt hat, bediente er in seiner Regierungszeit wiederholt.

Im Spätsommer 2003 bezeichnete Italiens Premierminister die faschistische Diktatur sogar als »gutartig« und behauptete gegen alle historischen Fakten, dass der »Duce« und seine Schergen nie gemordet und die Antifaschisten bloss auf Inseln wie Ponza und Ventotene in den Urlaub geschickt hätten.[172] Als bei der Opposition und im Ausland daraufhin ein Sturm der Entrüstung losbrach, verteidigte sich Berlusconi damit, dass er als italienischer »Patriot« Mussolini lediglich vor einem unangemessenen Vergleich mit dem Massenmörder Saddam Hussein habe in Schutz nehmen wollen.[173] Dass es sich dabei nicht um einen einmaligen Ausrutscher handelte, bewies der Herr der Peinlichkeiten im Dezember 2005, nur wenige Monate vor dem Ablauf der Legislaturperiode. Während eines Pressegesprächs gab Berlusconi vor einer Vielzahl von Journalisten zu Protokoll, dass der Faschismus nie »kriminell« gewesen sei: »Es gab die fürchterlichen Rassengesetze, weil man den Krieg zusammen mit Hitler gewinnen wollte. Der Faschismus in Italien besitzt einige Makel, aber nichts dem Nazismus oder Kommunismus Vergleichbares.«[174]

Von einem Journalisten bei gleicher Gelegenheit auf Paolo Di Canio, den Kapitän des Fussballvereins Lazio Rom angesprochen, der die rechtsextremen Anhänger seines Vereins wenige Tage zuvor in einem Spiel gegen Juventus Turin zum dritten Mal innerhalb eines Jahres mit dem »römischen Gruss« entzückt hatte, stritt Berlusconi ab, dass dieser eindeutigen Geste irgendeine Bedeutung zukomme. »Di Canio ist ein guter Junge, kein Faschist«, nahm er den Stürmer in Schutz. »Er macht das nur der Tifosi wegen, nicht aus Bosheit«. Er ist ein »guter Junge«, »aber ein bisschen ein Exhibitionist.«[175] Die Äusserung des Premierministers war umso unverständlicher, als es sich bei Di Canio um einen notorischen Mussolini-Verehrer handelt, der das Bekenntnis »Dux« tätowiert auf seinem rechten Unterarm trägt.[176] In vielen anderen Demokratien Europas hätte Berlusconi dieser skandalösen Aussagen wegen zurücktreten müssen.

Nach dem Kollaps der Ersten Republik öffnete Silvio Berlusconi einer Faschismusapologie die Schleusen, die ein Klima der Unversöhnlichkeit in Italiens Erinnerungsdebatten hineintrug. Bereits 1994 hielt es sein Rechtsbündnis für »inopportun«, am 70. Todestag des von einem Killerkommando ermordeten Antifaschisten Giacomo Matteotti eine Gedenkfeier auszurichten, die hundert Abgeordnete der Opposition angeregt hatten.[177] Die Geringschätzung für die antifaschistische Kultur durchzieht Berlusconis Politkarriere wie ein roter Faden. Sie macht selbst vor der seit dem 1. Januar 1948 geltenden Verfassung nicht halt, die für ihn ein »sowjetisches Gepräge«[178] besitzt.

Auf dem Feld der Geschichtspolitik richtete Berlusconi eine babylonische Sprachverwirrung an und ermöglichte insbesondere eine schleichende Umwertung der Werte. In der Zweiten Republik müssen sich tendenziell die Antifaschisten für ihre Haltung rechtfertigen, weil diese im Ruch des Kommunismus steht – ganz anders als zu Zeiten der bipolaren Blockkonfrontation. Der grosse Schleusenöffner liess es geschehen, dass heute nicht nur Rechtsextremisten die angeblich positiven Seiten der faschistischen Diktatur und der Kollaboration mit Nazi-Deutschland hervorheben können. Innerhalb von Westeuropa schlug Italien mit seiner Teilrehabilitierung des Faschismus einen Sonderweg ein. Dies blieb nicht folgenlos für die politische Kultur. »Es tut mir weh«, kommentierte die Christdemokratin Tina Anselmi, die als junge Frau dem antifaschistischen Widerstand angehört hatte, die Veränderung unlängst bitter, »dass man heute in Italien wieder Faschist sein kann, ohne dass sich jemad daran stört.«[179]

1 Festa della Liberazione in Como, 25. April 2009.
Foto: Aram Mattioli

2 Partisanengalerie mit Inschrift für einen gefallenen Resistenza-Kämpfer, Trient, 28. September 2009. Foto: Aram Mattioli

3 Relikt aus dem Ventennio Nero: Caffe' Impero in Brescia, 13. Juni 2008. Foto: Aram Mattioli

4 Wandbild zur Feier des Impero in der Altstadt von Trient, 28. September 2009. Foto: Aram Mattioli

5 Weinladen in Bibbione bei Venedig, Flaschen mit Duce- und Führer-Etiketten, 12. September 2003.
Foto: Giuseppe Cacace / Getty Images

6 Souvenirstand beim Vittoriale degli Italiani in Gardone Riviera, 14. Juni 2008.
Foto: Aram Mattioli

7 Trödelmarkt in Desenzano am Gardasee, 4. Oktober 2009.
Foto: Felix Rauh

8 Stahlhelme und Uniformen, Desenzano, 4. Oktober 2009. Foto: Felix Rauh

9 Mussolini-Schürze an einem Souvenirstand in Gardone Riviera, 14. Juni 2008. Foto: Aram Mattioli

10 Monatsblatt aus dem Mussolini-Kalender 2007. Foto: Raphael Fischer

11 Waldstück mit DUX-Inschrift am Monte Giano bei Antrodoco, wiederhergestellt 2003.

12 Parteiemblem der Alleanza Nazionale (1995-2009) mit dem alten MSI-Signet.

13 Tourismusministerin Michela Vittoria Brambilla bei einem Carabinieri-Fest in Lecco, 29. Mai 2009. Videostill aus einem Kurzfilm, http://espresso.repubblica.it/multimedia/6507362

14 Historischer Staatsbesuch von Muammar al-Gaddafi in Rom, 10. Juni 2009. Foto: Christophe Simon / afp

3. ELEMENTE DES REVISIONISTISCHEN ERINNERUNGSDISKURSES

Die Rosenwasserdiktatur, die auch gute Dinge tat

»Im offiziellen Sprachgebrauch der Mitte-Rechts-Parteien«, stellte der Politologe Paul Ginsborg vor nicht allzu langer Zeit fest, gilt der Faschismus »als nicht gar so schlimm, Mussolini sei durch Hitler vom Wege abgekommen, und erst nach der Einführung der berüchtigten Rassengesetze 1938 sei das Regime entgleist.«[1] Tatsächlich betrachten zahlreiche Exponenten und die meisten Wähler des Berlusconi-Bündnisses den Faschismus als ein wenig blutrünstiges Operettenregime, das Welten von Hitlers oder Stalins totalitären Verbrecherstaaten getrennt habe. In einer repräsentativen Erhebung von 2001 gaben nur 38,1 Prozent der befragten Italiener an, dass der Mussolini-Faschismus eine brutale Diktatur gewesen sei. 5 Prozent bezeichneten ihn als unvermeidliche Antwort auf die kommunistische Gefahr und 22,4 Prozent reihten ihn unter die autoritären Regime ein. Abgesehen von ein paar fragwürdigen Entscheidungen hielten ihn 13 Prozent für ein gutes und 1,7 Prozent sogar für das beste Regime überhaupt. 19,8 Prozent wussten nichts zum Charakter der Mussolini-Diktatur zu sagen.[2]

Nur knapp 40 Prozent der Befragten argumentierten damit 2001 auf der Höhe des wissenschaftlichen Forschungsstandes. Zwar hielten die faschistische Diktatur auch nur knapp 15 Prozent des repräsentativen Samples für ein gutes oder gar für das beste Regime. Doch weitere 5 Prozent sahen in ihr eine historisch notwendige Antwort auf bolschewistische Umsturzpläne und weitere 22 Prozent verkannten den wahren Charakter des Regimes, indem sie die Mussolini-Diktatur als autoritär einstuften. Diese Zahlen belegen, dass die historischen Kenntnisse zahlreicher Italiener zu wünschen übrig lassen; sie lassen keinen Zweifel daran, dass verharmlosende Haltungen gegenüber der faschistischen Diktatur vergleichsweise verbreitet sind: am stärksten bei den Neofaschisten[3] und den »Postfaschisten«, aber selbstredend auch bei vielen Anhängern des berlusconianischen Bündnisses. In diesem bedeutenden Segment der Gesellschaft erregte der Premier 2003 mit seinen Worten über die »sanftmütige Diktatur«, die nie jemanden ermordet habe, 2003 kaum Empörung, sondern bekräftigte damit lediglich eine verbreitete Meinung.

Erst heute wird deutlich, dass sich der Mailänder Populist mit diesem als skandalös kritisierten Urteil im Rahmen stereotyper Bilder bewegte, die seit dem Ende des Zweiten Weltkriegs in bürgerlichen Kreisen zirkulierten. Im gemässigten Meinungsspektrum wurde dem Faschismus zwar keine Träne nachgeweint, aber doch ein stark gesüsstes Bild der Diktatur kultiviert. Cristina Baldassini umschrieb diesen Gedächtnistyp als »nachsichtige Erinnerung« (»memoria indulgente«).[4] Schon in »Buonuomo Mussolini« (1947) hatte der Publizist Indro Montanelli den faschistischen Polizeistaat zu einer Art Rosenwasserdiktatur verniedlicht, die nichts Schlimmeres verbrochen habe, als in zwanzig Jahren einige Hundert Antifaschisten zu verbannen.[5] Damit prägte Montanelli eine Denkfigur, die fortan zum festen Inventar bürgerlicher Faschismusdeutungen gehörte. In den fünfziger Jahren sorgten populäre Familienzeitschriften wie »Gente« und »Oggi« dafür, dass sich das Bild von der sanften Diktatur in Teilen der Gesellschaft ablagern konnte.[6] Über einen oberflächlichen Vergleich mit Hitlers Verbrecherstaat blendete man den repressiven, gewalttätigen und rassistischen Charakter der faschistischen Diktatur einfach aus.

Die nachsichtige Erinnerung wirft bis heute lange schwarze Schatten. Besonders Indro Montanelli, einer ihrer prominentesten Stimmen, hielt ein Leben lang an der Überzeugung fest, dass es im faschistischen Italien im Grunde nichts gegeben habe, wofür sich die Italiener nachträglich schämen müssten. Mit dieser Ansicht stand er nicht allein. In seinem Moskauer Exil hatte selbst der kommunistische Parteichef Palmiro Togliatti die Ansicht vertreten, dass es der Faschismus nicht vermocht habe, in die Seelen der Italiener einzudringen und diese zu korrumpieren, weil diese Diktatur im Widerspruch zu den tief verwurzelten Traditionen der italienischen Zivilisation stehe.[7] Dass Italien wider seine eigentliche Natur faschistisch war, vertrat kurz nach 1945 auch der liberale Philosoph Benedetto Croce, der Mussolinis Diktatur zu einem Betriebsunfall der italienischen Geschichte stilisierte, ja zu einem bedauerlichen Zwischenspiel erklärte.[8]

Mit der nachsichtigen Erinnerung entstand nach 1945 eine Erinnerungstradition, die das Spiel der Revisionisten bis heute erleichtert. In den klassischen Totalitarismustheorien trat sie in leicht abgewandelter Form auf.[9] In ihrem Buch »Elemente und Ursprünge totalitärer Herrschaft«, das 1951 erstmals erschien, nahm selbst Hannah Arendt den Faschismus bis zum Erlass der »Rassengesetze« (1938) von jedem Totalitarismusverdacht aus. Die deutsch-jüdische Philosophin vertrat die Ansicht, dass Mussolinis Italien, solange es aussenpolitisch einen eigenständigen Kurs fuhr, »noch keine eigentlich totalitären Züge« besessen habe.[10] Das Fehlen von Terror und Massenvernichtung, die einen Vergleich mit dem nationalsozialistischen Deutschland oder der stalinistischen Sowjetunion aushalten, mache es zu einer gewöhnlichen nationalistischen Diktatur. Letztlich sei das faschistische Italien mit den autoritären Regimen in Portugal, Ungarn und Spanien in eine Reihe zu stellen.[11] Den in der unmittelbaren Nachkriegszeit gelegten Fusstapfen folgten schliesslich die Pioniere der italienischen Faschismusforschung: Historiker wie Renzo De Felice, Alberto Aquarone und Piero Melograni, die das historische Bild der Diktatur lange zu prägen vermochten.

In dieser Tradition dachten in den letzten zwei Jahrzehnten zahlreiche Intellektuelle, Wissenschaftler und Publizisten, als sie die These vom »Fascismo bonario« (»gutmütigen Faschismus«) propagierten. Nach seiner jugendlichen Mitarbeit in der von Giuseppe Bottai geleiteten Kulturzeitschrift »Primato« befragt, charakterisierte der Lyriker Mario Luzi Mussolinis Diktatur etwa als »ziemlich unbeholfen« und »gutmütig«.[12] Umgehend sprang der Historiker Piero Melograni dem alten Dichter bei. »Ungeachtet dessen, dass der Faschismus zutiefst illiberal war«, so führte Melograni mit seiner wissenschaftlichen Autorität aus, »kann man ihn weder mit dem Nazismus noch dem sowjetischen System vergleichen, die sehr viel repressiver und blutiger waren. In Italien herrschte ein Klima der relativen Toleranz: man räumte den Bürgern das Recht ein, sich zu beklagen (...), und viele Gegner zogen es vor, nicht ausser Landes zu gehen.«[13] Der Alltag unter der Diktatur war gar nicht so schlimm und ihr illiberaler Charakter lange kaum spürbar – so kann man die Haltung umschreiben, die in bürgerlichen Kreisen breit geteilt wird.[14] Ende Oktober 2002, am 80. Jahrestag der faschistischen Machtergreifung, beharrte Domenico Fisichella (AN) als Vizepräsident des Senats darauf, dass der Faschismus eine autoritäre und gerade keine totalitäre Diktatur gewesen sei. Dem Regime hätten die »Kategorie des objektiven Feindes«, aber auch das Lageruniversum und der Staatsterrorismus gefehlt, behauptete er unter direktem Bezug auf De Felice Faschismusstudien.[15] Im gleichen Sinn äusserte sich wenige Wochen vor seiner historischen Israel-Reise auch Vizeministerpräsident Gianfranco Fini. Da der Faschismus, um den Konsens der Italiener zu erhalten, keinen Massenterror anwenden musste, sei dieser zu den autoritären Diktaturen im damaligen Europa zu zählen.[16]

Irritieren müssen diese Einschätzungen, weil die jüngste Faschismusforschung im In- und Ausland zu wesentlich anderen Befunden kam. Einige Historiker betonen, dass die Unterschiede zum NS-Regime nicht kategorialer, sondern nur gradueller Natur waren, weil der Faschismus weit gewalttätiger und rassistischer agierte, als Renzo De Felice und seine Epigonen glauben machten.[17] Genauso wie die historische Bedeutung des nationalsozialistischen Deutschland verfehlt würde, wenn man die ausserhalb der Grenzen von 1937 begangenen Verbrechen nicht einbezieht, darf der Blick über die Staatsgrenzen von 1919 hinaus auch beim faschistischen Italien nicht fehlen. Denn das faschistische Italien zeigte seine totalitäre Fratze nirgends ungeschminkter wie als Aggressor und Besatzungsmacht in Afrika und auf der Balkanhalbinsel. Mussolinis brutal geführte Expansionskriege und die von willigen Generälen befohlenen Okkupationsverbrechen lassen keinen Zweifel daran, dass auch das faschistische Italien systematischen Terror, Konzentrationslager und Massenvernichtung kannte. Der Historiker Nicola Labanca hat die von den italienischen Streitkräften in der Cyrenaika begangenen Gewaltexzesse, zu denen unter anderem Massaker, die Deportation ganzer Stämme und die Einrichtung von lebensfeindlichen Wüstenlagern gehörten, als »Genozid«[18] interpretiert. Um seine imperialen Ziele zu verwirklichen, brachten Mussolinis Legionäre allein in Libyen und am Horn von Afrika eine halbe Million Menschen um, im besetzten Jugoslawien und Griechenland zwischen 1941 und 1943 noch einmal geschätzte 400.000.[19] Verschleppung Tausender Zivilisten, Geisselerschiessungen und eine systematische Politik des Hungers prägten auch Italiens Okkupationsregime auf der Balkanhalbinsel, wo es bekanntlich als Juniorpartner an der Seite des deutschen Aggressors operierte.

Angesichts dieser beunruhigenden Befunde hielt Emilio Gentile 2002 fest, dass die revisionistischen Meinungsführer einer rückwirkenden »Entfaschisierung des Faschismus« das Wort redeten, indem sie die Eigenschaften ausblenden, die für Mussolinis Diktatur charakteristisch waren.[20] Die Tendenz, den Faschismus seiner eigentlichen Substanz zu berauben, ist auch im neueren Filmschaffen Italiens mit Händen zu greifen.[21] Tiefgründige Auseinandersetzungen mit Mussolinis totalitärem Gesellschaftsprojekt, wie sie etwa Bernardo Bertolucci mit »Novecento« (»1900«, 1976), Ettore Scola mit »Una giornata particolare« (»Ein besonderer Tag«, 1977) oder Giuliano Montaldo mit »Gli occhiali d'oro« (»Brille mit Goldrand«, 1987) realisierten, sind im jüngeren Filmschaffen selten. Zwar wurden nach 1994 eine beachtliche Anzahl von Fernseh- und Kinofilmen gedreht, die im faschistischen Italien spielen oder ihre Geschichten vor diesem historischen Hintergrund erzählen. Doch subtile Faschismusstudien entstanden in den letzten Jahren lediglich über die Verfolgung, Deportation und Ermordung jüdischer Italiener: so etwa »La vita è bella« (»Das Leben ist schön«, 1997) von Roberto Benigni und »Concorrenza sleale« (»Unlauterer Wettbewerb«, 2001) von Altmeister Ettore Scola. In jüngster Zeit kam »Hotel Meina«, ein eindrücklicher Kinofilm von Carlo Lizzani hinzu, der die Geschehnisse rund um ein von der 1. SS-Panzerdivision an Juden verübtes Massaker am Lago Maggiore thematisiert.[22] Meistens liegt der inhaltliche Schwerpunkt dieser Filme auf der Zeit der deutschen Besatzung und damit auf der von den Deutschen zu verantwortenden Shoah. Typisch für diese Fokussierung ist der Fernsehzweiteiler »La fuga degli innocenti« (»Die Flucht der Unschuldigen«, 2004), der sich wie »Hotel Meina« an eine wahre Begebenheit anlehnt.

In diesem von der Rai ausgestrahlten Melodram wird gezeigt, wie eine Gruppe jüdischer Kinder vor den nationalsozialistischen Häschern durch halb Mitteleuropa fliehen muss. Unter der Führung eines selbstlosen Lehrers schlagen sie sich über Wien und Zagreb bis nach Nonantola bei Modena durch. Mutige Italiener beschützen die Kleinen, deren Eltern in Vernichtungslager deportiert wurden, auf ihrer Irrfahrt und halten die Waisen in der »Villa Emma« vor der Besatzungsmacht versteckt, bis ihnen schliesslich die Flucht in die Schweiz gelingt.[23] Erneut bedient die Dramaturgie das bekannte Muster: Das Unmenschliche verkörpern ein deutscher SS-Offizier und seine Einheit, die Italiener dagegen zeichnen sich fast ausnahmslos als »gute Menschen« und als Judenretter aus. Vor den geladenen Gästen einer Vorpremiere meinte Regisseur Leone Pompucci vordergründig kritisch: »Im Film wird die doppelte Seele Italiens dargestellt, das mit dem nazistischen Deutschland Abkommen trifft, Slowenen massakriert, aber den Juden hilft: zum Glück waren wir eine ineffiziente Kriegsmaschine, auch wenn wir die »Rassengesetze« unterzeichneten. Ich habe mich gefragt, ob diese Kinder, als sie herangewachsen waren, nicht die Sharons und Begins wurden, und ob diese nicht neue gigantische Leiden verursacht haben.«[24]

Pompuccis irrwitzige Spekulation könnte unter dem Titel »Der Fluch der guten Tat« firmieren. Für ihn verwandeln sich die Kinder von Nonantola in ein Sinnbild für jene Überlebenden des Holocausts, die das moderne Israel aufbauten und mit den Palästinensern bis heute nicht in Frieden leben können, weil sie von den Nazis für immer und ewig traumatisiert wurden. Das ist historisch uninformiert und politisch inkorrekt. Gerade die von der Shoah geprägte Gründergeneration Israels hatte wenig mit Menachem Begins und Ariel Sharons Likud zu tun, der die Regierungsverantwortung 1977 übernahm. Ausserdem vermittelte Pompuccis Film der Fernsehnation kein getreues Abbild der historischen Verhältnisse. Schliesslich mussten die jüdischen Kinder auf ihrer Flucht nicht nur vor den Nazis, sondern auch vor deren faschistischen Helfershelfern beschützt werden. Pompuccis Film übergeht schlicht die Tatsache, dass die antisemitische Repubblica Sociale Italiana tatkräftig dabei mithalf, Juden nach Auschwitz zu deportieren.[25]

Bislang existiert auch kein von einem italienischen Regisseur realisierter Spielfilm, der die Gräuel von Mussolinis Legionären in Afrika oder dem Balkan selbst nur ansatzweise thematisiert, wie das zum Beispiel der Blockbuster »Stalingrad« von Joseph Vilsmaier 1993 für die deutschen Kriegs- und Besatzungsverbrechen in der Sowjetunion unternahm.[26] Wenn Soldaten des königlichen Heeres in Spielfilmen überhaupt vorkommen, dann gleichen die Kriegseinsätze oft unfreiwilligen Abenteuerurlauben. Entlarvend ist in dieser Hinsicht der Oscar-prämierte Streifen »Mediterraneo«, den Gabriele Salvatores 1991 drehte. Nachdem ein kleiner Trupp italienischer Soldaten auf der Ägäisinsel Syrna gelandet ist, beginnt diese rasch mit der griechischen Dorfbevölkerung zu fraternisieren. Der feinsinnige Leutnant Raffaele Montini, der das Kommando hat, malt für die Dorfkirche ein neues Fresko, während der Rest des Trupps der verführerischen Prostituierten Vassilissa aus reinem Anstand Arbeit verschafft, bis sich ein Soldat unsterblich in sie verliebt. Die Besatzungszeit verbringen Montinis Leute mit allerlei Freizeitbeschäftigungen. So spielen sie am Stand Fussball und kippen im Dorf auch immer mal wieder einen Ouzo.

Das populäre Stereotyp von den »Italiani – brava gente«, die auch in Uniform keiner Fliege etwas zuleide tun können, wird etwa auch in Riccardo Milanis zweiteiliger, auf Rai Uno ausgestrahlter Miniserie »Cefalonia« (2005) und in der internationalen Grossproduktion »Corellis Mandoline« (2001) in Szene gesetzt. In John Maddens bittersüssem Melodram mit Nicolas Cage und Penélope Cruz in den Hauptrollen werden die von Hauptmann Antonio Corelli befehligten Besatzer als herzensgute Menschen dargestellt, die von den Bewohnern der griechischen Insel Kephalloniá nicht gerade geliebt, aber doch geschätzt und selbst von den Partisanen geachtet werden. Das Böse kommt auch hier erst mit der deutschen Wehrmacht in die Welt. Im September 1943 massakrierte die 1. Gebirgs-Division »Edelweiss« ihre ehemaligen Bündnispartner auf Kephalloniá zu Tausenden. General Antonio Gandin von der Division »Acqui« und viele seiner Verbände hatten sich nach dem Waffenstillstand vom 8. September 1943 geweigert, ihre Waffen an die Deutschen zu übergeben.[27] Die Tatsache, dass auf Kephalloniá eine ganze Division des königlichen Heeres Opfer eines schweren Wehrmachtsverbrechens wurde, unterdrückte Fragen nach dem eigenen Verhalten im besetzten Griechenland erfolgreich.

Für die Rolle des faschistischen Italien in Afrika gilt Ähnliches. In »Le rose del deserto« (»Die Rosen der Wüste«, 2002), einem Film von Mario Monicelli, der während des Zweiten Weltkriegs in der libyschen Wüste spielt, schlagen italienische Lazarettoffiziere die Zeit mit gänzlich unkriegerischen Dingen tot. Fernab vom Kriegsgeschehen schreiben sie Liebesbriefe, lichten die atemberaubende Wüstenlandschaft ab und lassen sich von nordafrikanischen Notabeln zu Festessen einladen. Ein gutmütiger

Major äussert sein tiefes Bedauern darüber, dass der »Duce« Griechenland hat angreifen lassen. Mit dem Eintreffen des deutschen Afrikakorps endet das schöne Leben. Das Verhalten der guten Italiener wird mit jenem ihrer deutschen Bündnispartner kontrastiert. Von nun an versucht ein stereotyp gezeichneter Oberst von Erwin Rommels Afrikakorps, die Italiener zu mehr kriegerischem Eifer anzustacheln – ziemlich erfolglos, weil gegen deren angeborene Humanität selbst deutscher Fanatismus nichts auszurichten vermag. An dieser Grundkonstellation ändert auch ein durch und durch faschistischer General nichts. Auf einem Panzer stehend, die Fäuste in die Hüfte gestemmt, plappert er vor den angetretenen Soldaten Mussolinis Propagandaphrasen nach, die diese jedoch nicht interessieren. Des Generals grösste Sorge besteht darin, für seine Männer einen richtigen Friedhof zu bekommen, am liebsten einen in einer alten römischen Nekropole, weil es sich da am besten liegt. Bezeichnenderweise wird dieser Faschist als lächerliche Figur präsentiert, die niemand wirklich ernst nimmt.

Die Frage, was die italienischen Streitkräfte an der Seite des deutschen Afrikakorps eigentlich in Ägypten zu suchen hatten, wird auch im Kriegsfilm »El Alamein. La linea del fuoco« (2002) von Enzo Monteleone nicht aufgeworfen. In diesem Streifen müssen schlecht ausgerüstete, nur unzureichend versorgte Infanteristen bei El Alamein schwere Kämpfe gegen die Briten bestehen. Nur im Besitz von fauligem Trinkwasser und ständig mit Hunger ringend, bringen es die braven Soldaten nicht über das Herz, einen prächtigen Hengst, der für die geplante Siegesparade des »Duce« an die Front geschickt wird, zu schlachten. Trotz letztem Einsatz werden die Italiener von den überlegenen britischen Kräften schliesslich fast vollständig aufgerieben. Monteleone zeichnet die italienischen Soldaten als heldenmütige Jungs, die ihr Bestes geben, obwohl sie vom Regime schmählich im Stich gelassen werden – immerhin ein Anflug von leiser Kritik. Diese Filme vermitteln allesamt keinen realistischen Eindruck von Mussolinis Expansionskriegen und ihren tragischen Auswirkungen, bleiben doch die eigentlichen Opfer meist vollkommen unsichtbar: die unterworfenen Menschen auf dem Balkan und in Afrika. Für einmal setzte Staatspräsident Carlo Azeglio Ciampi, der Filmprojekte wie »Corellis Mandoline« und »El Alamein« im Frühjahr 2001 explizit lobte, weil diese die Erinnerung an die Vergangenheit wach hielten, deshalb ein falsches Zeichen.[28]

In jüngster Zeit hielten sogar »lustige« und »gute Faschisten« in den nationalen Bildkosmos Einzug. In der missglückten Komödie »Fascisti su Marte« (»Faschisten auf dem Mars«) liess Corrado Guzzanti 2006 eine Gruppe dämlicher Schwarzhemden, die den Mars erobern, allerlei Slapstick-Einlagen und Klamaukszenen vollführen. Guzzanti nimmt zwar auch die faschistische Rhetorik (»O Marte o morte« oder »Respirate, è un ordine!«[29]) aufs Korn. Doch zur historischen Aufklärung trägt der Streifen, der bei jungen Italienern inzwischen Kultcharakter hat, nichts bei. Er dient der reinen Unterhaltung und suggeriert, dass es sich bei den Anhängern Mussolinis um letztlich harmlose, wenn auch etwas verhaltensauffällige Schwachköpfe handelte.[30] In seinem Spielfilm »Il papà di Giovanna« brachte Pupi Avati 2008 einen sympathischen Faschisten auf die Leinwand. Aus purer Freundschaft hilft der in Bologna arbeitende Polizist seiner Nachbarsfamilie selbstlos, als diese durch ein von der psychisch labilen Tochter verursachtes Eifersuchtsdrama in Teufelsküche gerät und ihre bürgerliche Existenz verliert. Als Verkörperung des Bösen erscheinen in Avatis fiktiver Filmgeschichte die kommunistischen Partisanen, die wirkliche oder angebliche Faschisten nach der »Befreiung« in Schnellprozessen summarisch aburteilen und sie gleich danach hinrichten.[31] Ohne das revisionistische Klima wären Filme wie diese kaum denkbar.

In rechten Kreisen tritt das Bild von der »Rosenwasserdiktatur« häufig zusammen mit dem Topos auf, das Regime hätte entscheidend zur Modernisierung Italiens beigetragen. Als Maurizio Gasparri, ein Spitzenmann der Alleanza Nazionale, der von 2001 bis 2005 als Kommunikationsminister wirkte, gefragt wurde, was vom italienischen Faschismus heute bleibe, antwortete er: sehr viel, insbesondere ein »modernisierender Aspekt« und der »Wille, eine Entwicklung in das Leben des Volkes zu tragen«. Beides manifestiere sich bis heute unter anderem in zahlreichen Bauwerken, angefangen bei Strassen und Brücken über sanierte Altstädte bis hin zum EUR-Viertel in Rom und den Neugründungsstädten in den trocken gelegten Pontinischen Sümpfen.[32] Ähnlich äusserte sich der AN-Politiker Gianni Alemanno im Mai 2008 nach seiner Wahl zum Bürgermeister von Rom. Auf die Frage, ob er heute noch irgendetwas Positives am Faschismus erkenne, gab dieser unumwunden zur Antwort: »Also, was positiv ist, von einem historischen Standpunkt aus, ist der Prozess der Modernisierung. Der Faschismus war fundamental für die Modernisierung Italiens. Das Regime legte die Sümpfe trocken; es schuf die Infrastruktur des Landes.«[33] Ein Augeschein im monumentalen EUR-Viertel von Rom, das Mussolini im Hinblick auf die geplante, aber nie durchgeführte Weltausstellung von 1942 hatte errichten lassen, würde dies jedem augenblicklich klar machen. Dieses Quartier mit seinen Palästen, Paradeachsen und grosszügigen Plätzen sei ein »Beispiel für eine Architektur, die der kulturellen Identität Italiens Bedeutung« gab.[34]

Dass der Faschismus in vielen Lebensbereichen modernisierend gewirkt habe, konnte man in Italien seit dem Ende des Kalten Krieges oft vernehmen. Im Oktober 2008 fand in Rom ein semiwissenschaftlicher Kongress statt, auf dem ernsthaft über die Zukunft »begründenden Werte« (»valori fondanti«) der faschistischen Architektur diskutiert wurde. Bei der Medienpräsentation vor der Veranstaltung bezeichnete Giano Accame, ein »maitre à penser« der italienischen Rechten, das frühere »Foro Mussolini« im Norden der Hauptstadt als »architektonisches Meisterwerk«. Der Monumentalkomplex, zu dem das »Stadio dei Marmi« mit seinen sechzig Athletenstatuen und der allabendlich angestrahlte, zu Ehren des »Duce« errichtete Obelisk, aber auch das heutige Aussenministerium der Republik Italien sowie Turn- und Schwimmhallen gehören, müsse im Hinblick auf die Tatsache, dass der Faschismus den Sport der Massen erfunden und die »Gleichstellung« von turnenden Knaben und Mädchen ermöglicht habe, einer positiven Neubewertung unterzogen werden. Schliesslich hätten die »piccole italiane« bei den sportiven Übungen zum ersten Mal nackte Waden gezeigt – und für dies müssten sie dem »Duce« doch dankbar sein.[35] Dass der architektonische Komplex unterhalb des Monte Mario Stein gewordener Ausdruck des Faschismus ist, irritierte die Kongressteilnehmer ebenso wenig wie die Fans der beiden grossen Römer Fussballclubs und Sportbegeisterte aus aller Welt. Dabei war das »Foro Mussolini« das Vorzeigeareal des Regimes, das Staatsgästen wie Adolf Hitler gerne gezeigt wurde.[36]

Selbst unter linken Intellektuellen kann man zuweilen die Ansicht hören, dass die faschistische Diktatur auch »gute Dinge« getan habe. Im September 2007 bestand der linke Filmemacher Carlo Lizzani darauf, dass die Gleichsetzung des Faschismus mit blosser Reaktion falsch sei, da dieser »modernisierende Prozesse« in Gang gesetzt habe. Freimütig erkannte Lizzani in einem Interview mit der Turiner »Stampa« die »guten Dinge« an, die Mussolinis Regime realisiert habe. Die »Littoriali« zum Beispiel, jene nationalen Kultur-, Kunst- und Sportwettbewerbe, hätten es der Jugend des Landes erstmals erlaubt, zu reisen und sich frei gegenüber ihrem Herkunftsmilieu zu fühlen. Der Faschismus sei eine »reaktionäre, aber modernisierende Massenbewegung« mit einem gewissen emanzipatorischen Potential gewesen, nicht zu vergleichen mit militärischer Unterdrückung, wie sie im Europa des späten 19. Jahrhunderts verbreitet war. Immerhin habe er die Lebensweise der Italiener auf den neuesten Stand der Kulturentwicklung gebracht: mit dem Städtebau, dem Kino, dem Radio und der von ihm gegründeten Accademia d'Italia.[37]

Freilich suggerieren schönfärberische Einschätzungen wie diese, dass der Faschismus eine historisch notwendige Zwischenstufe im Modernisierungsprozess gewesen sei, ohne die Italien nach 1950 nicht so schnell zu einer der führenden Industrienationen der Welt hätte aufsteigen können.

Hier geraten die Dinge endgültig durcheinander. Nach der grossen Weltwirtschaftskrise beschleunigte sich der an die industrielle Entwicklung gekoppelte Modernisierungsprozess in ganz Westeuropa.[38] Vieles von dem, was dem faschistischen Regime heute in apologetischer Absicht gut geschrieben wird, wäre unter jedem anderen Regime auch realisiert worden: die Verbreitung des Radios und Kinos, aber auch der Ausbau der Infrastruktur und der sich leicht hebende Lebensstandard. Aller gegenteiligen Behauptungen zum Trotz muss man für die faschistische Diktatur freilich von einer Moderne ohne wirkliche Modernität ausgehen oder besser noch von einer vorgetäuschten Modernität sprechen.[39] Denn Mussolinis Politik zielte weder auf mehr Selbstbestimmung für die Jugend noch auf die Emanzipation der Mädchen. Selbst der Infrastrukturausbau war nicht zwecklos, sondern ein Herrschaftsinstrument. Durch Städtebau und Architektur sollte die faschistische Gesellschaftsutopie Gestalt annehmen und der »neue Mensch« mitgeformt werden.[40] Kurz, das Individuum zählte auf dem »italienischen Weg in den Totalitarismus« (Emilio Gentile) rein gar nichts und damit fehlte in diesem Regime alles, was die Moderne in der Aufklärungstradition ausmacht.

Onkel Mussolini oder das zweite Leben des »Duce«

Benito Mussolini ist seit dem 28. April 1945 tot. Doch genau besehen ist der aus der Provinz Forlì stammende Sohn eines Schmieds gar nie gestorben.[41] Denn im kollektiven Gedächtnis der Italiener ist der frühere Diktator geradezu obsessiv gegenwärtig. Mussolini ist nicht nur die zentrale Bezugsfigur der jüngeren Geschichte des Landes geblieben. In der Zweiten Republik begegnet man dem »Duce« beinahe auf Schritt und Tritt.[42] In Souvenirgeschäften und neuerdings auch im Internethandel wird der »Duce« in allen nur erdenklichen Ausführungen feilgeboten: als Büste, Statue und gerahmtes Porträtbild. Aufgedruckt kann man dessen Konterfei auch auf Alltagsgegenständen wie Kochschürzen, Turnhosen, T-Shirts, Kaffeetassen, Parfumflaschen, Feuerzeugen und Fahnen erstehen.[43] Keineswegs nur unter den Theken schummriger Militarialäden werden Tonträger mit »Duce«-Reden angeboten. Renner sind Rotweine mit Mussolini-Etiketten, die man in Autobahnraststätten und Lebensmittelgeschäften angeboten findet, und die alljährlich erscheinenden Mussolini-Kalender. Dazu gesellt sich eine Riesenauswahl von mehr oder minder seriösen und auch von dubiosen Biographien und Filmen, die mitunter dazu dienen, Mitglieder neofaschistischer

Parteien anzuwerben. Der einstige Potentat ist ein beliebtes Sujet der Populärkultur, mit dem sich klingende Münze machen und aus dem sich noch immer etwas politisches Kapital schlagen lässt.

Wer mit offenen Augen durch die Städte und Dörfer des »Bel Paese« streift, dem werden die Relikte des historischen Mussolini-Kultes nicht verborgen bleiben. Im Unterschied zum Mezzogiorno betrieben die Antifaschisten nach 1943 in Nord- und Mittelitalien zwar eine aktive Damnatio memoriae. Bedeutende Teile der bildlichen, figürlichen und ornamentalen Mussolini-Darstellungen wurden getilgt, Fresken und Mauersprüche übertüncht und zahlreiche Statuen und Büsten von öffentlichen Plätzen entfernt.[44] Doch selbst in Nord- und Mittelitalien wurde das grosse Reinemachen nie systematisch durchgeführt. Inmitten eines riesigen Reliefs aus Travertin ist der »Duce« hoch zu Ross sitzend, die Rechte stolz zum römischen Gruss gereckt, auch am Finanzamt der Stadt Bozen bis heute zu sehen.[45] In den ehemaligen faschistischen Sportstätten Roms blieb der zu Ehren Mussolinis aufgestellte Obelisk unbehelligt. Dieser wird allabendlich angestrahlt, trotz seiner Inschrift: »MUSSOLINI DUX«. Das italienische Olympische Komitee liess den Obelisken im Sommer 2006 renovieren.[46] An der Kirche Santissima Annunziata in Sabaudia findet sich noch immer ein Mosaik, auf dem ein arbeitender Mussolini während der »Getreideschlacht« abgebildet ist.

Anders als in Österreich und der Bundesrepublik Deutschland, wo ein Hitler-Mausoleum in Braunau, Nürnberg oder Berlin undenkbar ist, liegt Mussolini seit 1957 – öffentlich zugänglich – in Predappio begraben. Seit langem hat sich die von einer Mitte-Links-Koalition regierte Kleinstadt, in deren Nähe Mussolini 1883 als Sohn einfacher Leute geboren wurde, zu einer Pilgerstätte für Alt- und Neofaschisten aus Italien und Europa verwandelt. Schätzungsweise über 100.000 Menschen besuchen jedes Jahr die Familiengruft der Mussolinis auf dem Friedhof von San Cassiano. Am 29. Juli und am 28. April, zum Geburts- und Todestag ihres Idols, fallen sie jeweils wie Heuschreckenschwärme über den ruhigen Ort in der Romagna her, der in der faschistischen Ära zum Musterstädtchen umgebaut wurde. Allein am 28. April 2002 nahmen über 5.000 Nostalgiker, manche von ihnen in schwarze Hemden gekleidet, an einer Gedenkmesse für den Diktator teil.[47] Etliche der schwarzen Pilger und beileibe nicht nur die älteren sehnen sich nach der Zeit zurück, als Italien noch von »richtigen Männern« regiert wurde. Manche von ihnen sehen den »Duce« als »Pater patriae« und als eine Art Ersatzgott. Um höheren Beistand bittend, notierte einer seiner Jünger 2005 jedenfalls in das in der Gruft aufgelegte Gästebuch: »Glorreicher Duce, mach, dass unsere Regierung das dreckige Pack von Niggern, rumänischen Huren und albanischen Gaunern vernichtet, die sich über die offenen Grenzen in unser schönes Land stehlen und es zugrunde richten.«[48]

Wer in Predappio Mussolini und seiner faschistischen Diktatur nachtrauern möchte, bleibt dabei ungestört. Mindestens am Geburts- und Todestag platzt die kleine Kirche von San Cassiano aus allen Nähten. Bis vor wenigen Jahren reihten sich auch prominente Mitglieder der »Casa Mussolini«, darunter die »Duce«-Söhne Vittorio und Romano, unter die seltsamen Trauergäste. Nur wenige Schritte davon entfernt halten in der stickigen Gruft zuweilen zwei Männer vor Mussolinis Steinsarkophag Ehrenwache.[49] In einer Art Reliquienschrein sind die Stiefel und die Hose ausgestellt, die dieser am Tag seiner Hinrichtung trug. Am Geburts- und Todestag zieht jeweils ein langer Aufmarsch an den sterblichen Überresten des toten Diktators vorbei. Die meisten erweisen dem »grossen Mann« mit dem »römischen Gruss« die Ehre. Öffentlich wird hier ein faschistischer Totenkult zelebriert, ohne dass sich die Polizei zum Einschreiten genötigt sähe. Auf den ersten Blick ist dies erstaunlich. Denn öffentliche »Apologie des Faschismus« ist ein Straftatbestand – allerdings wird dieser seit Jahren kaum mehr juristisch geahndet.

Nicht der Aufklärung, sondern dem Kult allein dient auch die ehemalige Sommervilla der Mussolinis, die im Örtchen Carpena unweit von Predappio liegt. Geldnot zwang die Familie zwar, das Anwesen zu verkaufen. Doch der neue Eigentümer Domenico Morosini, ein reicher Pelzhändler, richtete in der Villa, in der bis 1979 die Witwe des Diktators und nach deren Tod Sohn Vittorio lebte, eine Gedenkstätte ein.[50] Das Museum, das inmitten einer gepflegten Parkanlage mit lauter Mussolini-Statuen liegt, besitzt eine umfangreiche Sammlung von Alltagsobjekten und Erinnerungsstücken, angefangen bei Kochtöpfen über Rasiermesser bis hin zu Uniformen und Fotografien. Er habe die Verpflichtung verspürt, so Morosini, seinem Idol eine Gedenkstätte zu errichten. Denn er hätte schon immer eine Leidenschaft für die Grossen dieser Welt an den Tag gelegt: »Die Wichtigsten, die überhaupt Grossartigsten, das sind nur drei: Jesus Christus, Caesar und der Duce.«[51] Bezeichnenderweise ist auch Mussolinis Geburtshaus 1999 zu einem auf das frühe 20. Jahrhundert spezialisierten Kunstmuseum umfunktioniert worden. In den vergangenen Jahren veranstaltete das kleine Museum Ausstellungen über die rationalistische Architektur, über futuristische Maler wie Mario Sironi und Giacomo Balla, die Erfindung des Fliegens, Bildpostkarten und das Kino in seiner Pionierzeit.[52]

Mussolini wird aber nicht nur in Predappio gehuldigt. So kann man an einem Bergrücken bei Antrodoco in der Provinz Rieti von der Staatsstrasse 4 aus leicht einen überdimensionierten, von einer Waldpflanzung erzeugten Schriftzug »DUX« ausmachen, der 1938/39 angelegt worden ist. Finanziert durch die Region Latium wurde diese Hommage an den Diktator 2003 durch Zurückschneiden wieder in den Ursprungszustand zurückversetzt, weil es sich angeblich um ein erhaltenswertes historisches Monument handle.[53] Anfang 2004 erwogen Lokalpolitiker der Alleanza Nazionale die 1936 in Fels gemeisselten Gesichtszüge Mussolinis bei der Furlo-Schlucht nahe von Urbino wieder herrichten zu lassen, um damit angeblich mehr Touristen in die Gegend zu locken. Nach dem 8. September 1943 war das »Duce«-Profil von einem Partisanenkommando gesprengt worden. Es war gut sichtbar an der Strasse postiert, die Mussolini jeweils nehmen musste, wenn er von Rom in seinen Geburtsort heimkehrte.[54]

Damit nicht genug wurde im privaten Kunstmuseum von Pieve di Cento bei Bologna am 18. April 2009 eine dem »Wiedergefundenen Mussolini« (»Mussolini ritrovato«) gewidmete Dauerausstellung eröffnet.[55] Die Schau lässt durch ihre 300 Objekte den überwunden geglaubten »Duce«-Kult wiedererstehen. Vollends unkritisch werden die Regimekunst und ihre zweitklassige Handwerksproduktion präsentiert: scheinbar so kostbare Devotionalien wie Statuen, Büsten, Karikaturen, Fotografien und Porträts des verblichenen Diktators, aber auch Uhren, Korkenzieher, Schlüsselanhänger und Aschenbecher im faschistischen Stil.[56] Um das Publikum anzulocken, wirbt das vom Unternehmer Giulio Bargellini gegründete Museum gar damit, eine »verbotene Sammlung« erstmals zu zeigen, was so nicht zutrifft.[57] Bislang kam einfach nur niemand auf die Idee, mit diesen verräterischen Exponaten wieder an die Öffentlichkeit zu treten. Nicht nur Partisanenverbände und linke Politiker empfanden die Ausstellung, die ihre Tore nur einige Tage vor dem im antifaschistischen Geist begangenen »Befreiungstag« öffnete, als Affront. Selbst die Standortgemeinde ging auf Distanz, trete in der Ausstellung doch unverkennbar eine »preisende Absicht einer Epoche und der Figur, die sie verkörperte«, hervor.[58]

Wie viele Deutsche, Schweizer und Franzosen von den europäischen Königshäusern fasziniert sind, schlagen die Mussolinis heute zahlreiche Italiener in ihren Bann. Sensationslüstern wird jede »Enthüllung« registriert, die deren Privatleben betrifft. Über Galeazzo Ciano und seine nicht nur glückliche Ehe mit Edda Mussolini existiert eine Unzahl von Biographien, Fotobänden und Filmen. Als Homestories aus der »Casa Mussolini« aufgemacht, flimmern letztere in der Zweiten Republik zu den besten Sendezeiten über die Bildschirme, und zwar nicht nur auf Privatkanälen. So strahlte Rai Uno im Frühjahr 2005 die Seifenoper »Edda Ciano Mussolini« aus. In diesem Spielfilm von Giorgio Capitani wird Edda als tragische Heldin und starke Frau gezeichnet, die, so »emanzipiert« sie Hosen tragend, rauchend und Auto steuernd auch sein mochte, ein Leben im Schatten ihres Vaters und ungetreuen Ehemanns führen musste.

In Capitanis romantisierter Geschichte des Faschismus tritt Mussolini als liebevoller Papa auf, der seiner Lieblingstochter fast keinen Wunsch abschlagen kann. Früh schon gibt er die Maxime mit auf den Lebensweg: »Nicht weinen, Edda. Erinnere Dich stets daran, dass eine Mussolini nie weint.«[59] Selbst der Lebemann Galeazzo Ciano, der Italiens Expansionskurs als Propaganda- und dann als Aussenminister entscheidend mittrug, erscheint nicht gänzlich unsympathisch. In der Sitzung des Faschistischen Grossen Rates, die am 25. Juli 1943 mit dem Sturz des »Duce« endet, wird dieser fast zum Widerstandskämpfer stilisiert. Dabei hatte sich Ciano erst im Moment als alles verloren war, gegen seinen Schwiegervater gestellt. Allerdings handelte es sich in den Augen der RSI um Hochverrat. Spätestens als Mussolini, subtil gedrängt von SS-General Karl Wolff, der verzweifelten Edda den Wunsch abschlagen muss, dem aufgegriffenen Ciano die Hinrichtung zu ersparen, muss die historisch uninformierte Fernsehnation Mitleid mit der jungen Witwe und ihren kleinen Kindern bekommen. Capitanis Schmonzette reiht sich in einen breiten Erinnerungsstrom ein, durch den die Diktatur in den Massenmedien und insbesondere im Film banalisiert wird.

In rechtsgerichteten Kreisen wird der Diktator heute vor allem deshalb geachtet, weil er Italien angeblich Respekt in der Welt verschaffte, im Land selber mit harter Hand für Ordnung sorgte und dieses an die industrielle Moderne heranführte. Zuweilen meinen selbst Spitzenpolitiker, an dessen angeblich staatsmännische Verdienste erinnern zu müssen. 1999 führte die Nachrichtenagentur Adnkronos unter Politikern eine Umfrage durch, wen sie für die bedeutendste politische Persönlichkeit halten, die im 20. Jahrhundert in Italien wirkte. Mussolini wurde immerhin fünfmal genannt, und zwar ausser vom Neofaschisten Pino Rauti auch von Francesco Cossiga, Umberto Bossi, Rocco Buttiglione und Armando Cossutta.[60] In einem Interview, in dem der frühere Staatspräsident Francesco Cossiga seinen Rückzug aus der Politik bekannt gab, liess sich dieser darüber aus, dass das geeinte Italien seit 1861 nur vier wirkliche Staatsmänner hervorgebracht habe: den Staatsgründer Camillo Cavour, den liberalen Reformer Giovanni Giolitti in der Epoche des Ersten Weltkrieges, den DC-Politiker Alcide De Gasperi, der Italien nach dem Zweiten Weltkrieg als demokratische Republik wieder begründete, und abgesehen vom Zerstörerischen in seinem Charakter und seinem Grössenwahn auch Benito Mussolini, weil dieser das Land in seiner Regierungszeit modernisiert habe.[61] Angesichts der Tatsache, dass Mussolini Italien ohne Not in die mit Abstand grösste politische Katastrophe seiner jüngeren Geschichte stürzte, kann man sich über die Urteilskraft mancher etablierter Politiker nur irritiert zeigen. Mit ihrer Einschätzung stehen sie in Italien aber keineswegs allein.

In einer Umfrage vom April 1994 erklärten 8,6 Prozent der Italiener Mussolini zum grössten Staatsmann Italiens. Sie setzten ihn damit auf den 5. Platz nach Sandro Pertini, Aldo Moro, Alcide De Gasperi und Luigi Einaudi und sorgten dafür, dass der Diktator weit besser abschnitt als demokratische Spitzenpolitiker wie Giovanni Giolitti, Francesco Cossiga und Giulio Andreotti.[62] Selbst bei der Jugend erreicht der »Duce« vergleichsweise gute Sympathiewerte. Über Adolf Hitler äusserten sich 2002 96 Prozent der befragten italienischen Jugendlichen negativ. Markant anders fielen die Werte für Mussolini aus. Immerhin 25 Prozent der jungen Italiener bewerten den früheren Diktator positiv.[63] Bei solchen Beliebtheitswerten erstaunt es nicht, dass Mussolini nach wie vor Ehrenbürger einiger Kommunen, etwa von Anzio, ist. Selbst da, wo ihm die Ehrenbürgerschaft wie jüngst im Falle von Florenz aberkannt wurde, geschieht dies längst nicht immer einvernehmlich. Während die Politiker des Mitte-Links-Lagers dem Antrag im Stadtrat von Florenz geschlossen zustimmten, stemmte sich die Rechte 2009 noch immer dagegen.[64] Die »Duce«-Enkelin, neuerdings Mitglied von Berlusconis Popolo della Libertà, meinte darauf empört, dass sich in Florenz die Linken besser nicht mit Politik beschäftigen sollten, weil sich diese mit Vorliebe mit Dingen abgeben, die nicht prioritär seien.[65]

Mussolinis irritierende Gegenwärtigkeit erklärt sich damit, dass im heutigen Italien ein gar nicht so kleiner Teil der Öffentlichkeit ein nachsichtiges, von heimlicher Faszination geprägtes »Duce«-Bild pflegt, das sich als weitgehend immun gegen die von der historischen Forschung erarbeiteten Erkenntnisse zeigt.[66] Diese Nachsicht ist keine Erfindung der Zweiten Republik, wenngleich sich diese unter dem von Berlusconi geschaffenen Klima freilich intensivierte; sie knüpft an stereotype Bilder an, die eine Fülle literarischer Veröffentlichungen nach 1945 in Umlauf brachten. Nach dem Sturz des Faschismus versäumten es die linksorientierten Antifaschisten, Mussolini breitenwirksam als Chef einer menschenverachtenden Diktatur zu demaskieren. Mussolini blieb für sie zwar weiterhin eine politische Unfigur. Doch nach der Errichtung der Republik wurde er in ihrem Erinnerungsdiskurs immer mehr zu einem grotesken Hanswurst eingedampft, ja als »Cäsar aus Pappmaché« (Enrico Gianeri) verspottet, über den es sich nicht weiter nachzudenken lohnte.[67] Schliesslich hatten sich die Italiener in einem Volksaufstand ja selbst von diesem »Möchtegerntyrannen« mit seinen pseudoimperialen Phantastereien befreit. »Im ersten Jahrzehnt der italienischen Republik«, hielt Sergio Luzzatto vor nicht allzu langer Zeit fest, »zogen die Antifaschisten es vor, sich mit der ›traurigen Gestalt‹ Mussolinis nicht weiter abzugeben. So blieb es den Schriftstellern, die den Idealen der Resistenza eher fernstanden, überlassen, eine mehr oder weniger widerspruchsfreie Version des Lebens, des Todes und des Mysteriums des Duce zu entfalten.«[68]

Damit überliessen die Linksintellektuellen das Feld der Mussolini-Deutungen weitgehend den neofaschistischen Hagiografen auf der einen und bürgerlich orientierten Publizisten auf der anderen Seite. Bezeichnenderweise edierten die weit rechts stehenden Historiker Edoardo und Duilio Susmel seit 1951 eine 44-bändige Werkausgabe von Mussolinis Schriften und Reden, in der dessen Reden und Texte ohne kritische Situierungen so abgedruckt wurden, wie sie in der Zeit der Diktatur gehalten bzw. erschienen waren. Die »Opera omnia« verwandelten sich bald schon zu einem literarischen Monument für den Diktator. »Die antifaschistische Kultur«, so Jens Petersen, »hat sie an keiner Stelle rezensiert oder kritisiert.«[69] Eine kritische Textedition, die wissenschaftlichen Ansprüchen genügt, existiert bis heute nicht. Einen Beitrag zu einem entschärften Mussolini-Bild leisteten auch das Ausbleiben eines internationalen Tribunals gegen italienische Kriegsverbrecher und die vom linken Justizminister Palmiro Togliatti 1946 vorschnell verfügte Generalamnestie.[70] Unter den Ländern Europas, die im Zweiten Weltkrieg ein Kollaborationsregime hervorbrachten, war Italien das erste, das einen Generalpardon für politische Verbrechen erliess und damit den Prozess der gerichtlichen Aufarbeitungen abbrach.[71] Der zu rasch gezogene Schlussstrich verhinderte, dass ein wirkliches Schuldbewusstsein für Mussolinis Verbrechen entstehen konnte.[72]

Begünstigt durch diese »Erinnerungssünden« (Michele Battini) konnte der »Duce« als Protagonist eines gemeinsamen Abenteuers memoriert werden, das trotz der Niederlage nicht frei von »tragischer Grösse« war.[73] Schliesslich hätte er versucht, Italien zur Grossmacht zu machen und ihm einen »Platz an der Sonne« zu verschaffen. Selbst nach 1945 reflektierte Mussolinis Geschichte für manche Italiener ein Stück weit ihre eigene Geschichte. Noch immer eignete sich der Romagnole als Identifikationsfigur. Mussolinis bescheidenes Herkommen, sein Schicksal als Emigrant, sein unglaublicher gesellschaftlicher Aufstieg und selbst sein Scheitern schienen ihn zu einer Verkörperung der grossen Familie Italiens zu machen.[74] Mindestens vier Denkfiguren bilden den Kanon der Mussolini-Apologie. Fast vollständig vereint finden sie sich schon in Indro Montanellis Buch »Buonuomo Mussolini«, in dem der junge Autor 1947 sein zwischen Anpassung und Rebellion oszillierendes Leben im Faschismus literarisch verarbeitete. Die Topoi dieses Schlüsselwerks wirkten in bürgerlichen Kreisen denkstilbildend, weil Montanelli sie in führenden Zeitungen wie dem »Corriere della Sera« und dem »Giornale« mehr als fünfzig Jahre lang autoritativ propagieren und unter die Leute bringen konnte.[75]

Zum eisernen Bestand verharmlosender »Duce«-Bilder gehört erstens, dass der Mann aus Predappio ein »guter Mensch« war, ja ein »Erzitaliener« mit allen typischen, aber verzeihlichen Schwächen. Mussolini hätte, so die populäre Legende, einen butterweichen Kern besessen, über den auch seine raue Schale nicht hinwegtäuschen konnte. Der »Duce« sei Kinder liebend gewesen und schönen Frauen zugetan, aber trotz seiner zahlreichen Seitensprünge ein besorgter Familienvater, der selbst mit seinen politischen Gegnern handzahm umgesprungen sei. Dass er seine frühere Geliebte Ida Dalser und ihren gemeinsamen Sohn Benito Albino 1926 beziehungsweise 1935 für verrückt erklären und in Irrenhäuser sperren liess, wo sie jahrelang dahinvegetieren mussten, bevor sie davon schwer gezeichnet viel zu früh starben, nehmen zahlreiche Italiener noch heute nicht wahr.[76] Marco Bellocchios Spielfilm »Vincere« (»Siegen«) nahm sich des wie für das Kino geschaffenen Stoffes erst 2009 an. Es ist gut möglich, dass dieser Film über des Duces geheime Familie dem Mythos vom guten Menschen aus Predappio einige Kratzer versetzt.

Die Apologeten sind zweitens nicht von der Ansicht abzubringen, dass der gute Onkel Mussolini ein mildes Regime führte, ja mit Samthandschuhen regierte. Der »Duce« hätte nichts Schrecklicheres getan, als Grimassen zu schneiden, führte Montanelli 1947 allen Ernstes aus.[77] An dieser Grundeinschätzung hielt der Doyen des bürgerlichen Nachkriegsjournalismus ein Leben lang fest. Ein Leser des »Corriere della Sera«, der gerade die kritische Mussolini-Biographie des britischen Historikers Denis Mack Smith las, fragte Montanelli 1998 irritiert, was von derselbigen zu halten sei, weil in ihr die Politik des Diktators ganz anders als in Italien üblich beurteilt werde. Der Amateurhistoriker hielt kurzerhand fest, dass der renommierte Professor aus Oxford mit seinem Porträt des faschistischen Diktators völlig daneben läge. Wie schon während eines halben Jahrhunderts wiederholte Montanelli auch jetzt noch einmal, Mussolini sei kein blutrünstiger Despot gewesen, bloss ein »Demagoge und Scharlatan«. Gewiss hätte er für Italien letztlich ein Unglück (»disgrazia«) bedeutet. Doch ein Gewaltherrscher in der Art Stalins oder Hitlers sei der »Duce« niemals gewesen, weil er Massengewalt im Unterschied zu diesen nie als Herrschaftsmittel eingesetzt habe.[78] Die blutige Machtergreifung der Faschisten in Italien[79], ihr Wüten in den besetzten Gebieten und der von ihnen mit allen Mitteln geführte Bürgerkrieg von 1943 bis 1945 sprechen allerdings eine ganz andere Sprache.

Früh schon brachten die neofaschistischen und bürgerlichen Weisswäscher drittens die Idee unter die Leute, dass Mussolini ein Patriot war. Für Italien hätte dieser stets nur das Beste gewollt, insbesondere in der blutigen Schlussphase des Zweiten Weltkriegs. Wie die faschistische Memoirenliteratur rechtfertigte Montanelli dessen Entscheidung, die ihm von Hitler angetragene Führung der Republik von Salò zu übernehmen, 1947 mit patriotischem Pflichtgefühl. Mit seinem selbstlosen Schritt habe er das Ziel verfolgt, »zu retten, was im besetzten Italien zu retten war«, im vollen Wissen darum, dass ihn diese Haltung das Leben kosten könne.[80] Fast identisch argumentierte Renzo De Felice, der angesehene Mussolini-Biograph. In einer seiner letzten Publikationen vor seinem Tod stilisierte er den »Duce« 1995 zum guten Patrioten, der für Italien das höchste Opfer brachte. Krank und erschöpft wie er war, hätte er sich eigentlich auf seinen Landsitz in der Romagna zurückziehen wollen. Auf die Frage, warum Mussolini im Herbst 1943 Berlins Wunsch entsprochen habe, neuer Chef des in Nord- und Mittelitalien kreierten Vasallenstaates zu werden, behauptete er in »Rosso e nero«: »Ob es einem gefällt oder nicht, Mussolini akzeptierte das Projekt Hitlers aus einer patriotischen Motivation heraus: ein wahres und echtes ›Opfer‹ auf dem Altar der Verteidigung Italiens. Ihn leitete nicht der Wunsch nach Rache, da er kein blutrünstiger Diktator von der Art Stalins oder Hitlers war … Mussolini kehrte an die Macht zurück, um ›sich in den Dienst des Vaterlandes zu stellen‹, denn nur er konnte Hitler daran hindern, Italien zu einem zweiten Polen zu machen; er kehrte an die Macht zurück, um das Besatzungsregime weniger drückend und tragisch zu machen.«[81] Folglich müsse man in Mussolini einen tragischen Helden und gerade keinen Komplizen Hitlers sehen, als den ihn die neuere Forschung interpretiert.[82] Natürlich suggerierte De Felice mit diesem schiefen Argument, dass Mussolini und die Kämpfer der Republik von Salò die wahren Verteidiger des Vaterlands waren.[83]

In exkulpierender Absicht wird viertens ins Feld geführt, dass Mussolini politisch stets das Gute gewollt und Schlechtes gegen seine eigentliche Absicht bewirkt habe. De Felice beschrieb ihn als einen tragischen Politiker, den ungünstige Umstände mitunter zwangen, Entscheidungen gegen seine Überzeugungen zu treffen. Eigentlich hätte Mussolini Äthiopien friedlich erwerben und auch nicht im Spanischen Bürgerkrieg intervenieren wollen. Mit seiner Annäherung an Hitlers Deutschland, das er innerlich verabscheute, hätte er nur Druck auf England auszuüben versucht, um einen Ausgleich mit dem Vereinten Königreich zu erreichen. Selbst Mussolinis Entscheidung, an der Seite Deutschlands in den Zweiten Weltkrieg einzutreten, sei nur im Hinblick auf eine Friedenskonferenz erfolgt, an der er wie während der Münchner Konferenz vom September

1938 als Vermittler aufzutreten gedachte.[84] Obgleich er sich gleich nach der Palastrevolution, die zu seinem ersten Sturz führte, lieber zur Ruhe gesetzt hätte, gab er Hitlers Drängen im höheren Landesinteresse nach, an die Spitze der RSI zu treten. Gegen seine eigentliche Absicht wurde er so zum Knecht der Deutschen, die er als guter Patriot stets nur verabscheut habe.

Auf der rechten Seite des politischen Spektrums existiert ein verbreiteter Unwille, zu akzeptieren, dass das »Ventennio nero« mehr bedeutete als die Trockenlegung von Sümpfen, Neustädte, »Autostrade« und die Wohltätigkeiten der »befana fascista«, während der das Regime Geschenke wie Früchte, Süssigkeiten und Reis, aber auch Wollstrümpfe, Schuhe und Pullover an arme Leute und bedürftige Kinder verteilen liess. Die Revisionisten, die in Mussolini einen strengen, aber letztlich wohlmeinenden Onkel sehen, dem die Zeit übel mitspielte, verkennen das wahre Gesicht seiner Diktatur. Der Faschismus versuchte seine Gegner nicht zu überzeugen, sondern, wenn nichts anderes half, mit allen Mitteln zum Schweigen zu bringen. Mussolinis Herrschaft besass ein Doppelgesicht aus geschönter Wirklichkeit und kollektiver Gewaltausübung. »Mussolini gelang es nur«, hat es Wolfgang Schieder vor ein paar Jahren auf den Punkt gebracht, »sich mit einer Mischung von polizeistaatlicher Unterdrückung, sozialen Wohlfahrtsversprechen und einer imperialistischen Expansionspolitik (Abessinien, Spanien, Zweiter Weltkrieg) mehr als zwei Jahrzehnte an der Macht zu halten.«[85] Nach den revisionistischen Offensiven der letzten Jahre ist Italien – auf die Breite der Bevölkerung gesehen – weiter von dieser Einsicht entfernt denn je.

Kolonialismus mit menschlichem Antlitz

Mussolinis Traum von einem zweiten Imperium romanum kostete in Afrika gleich vielen Menschen das Leben wie der als besonders verlustreich bekannte Spanische Bürgerkrieg. Zweifelsohne gehören die faschistischen Kolonialverbrechen in Libyen und am Horn von Afrika zu den schwärzesten Seiten der italienischen Geschichte. Schliesslich gab es für Italien keine wirkliche Notwendigkeit, die freiheitsliebenden Menschen in den nordafrikanischen Besitzungen unter Roms Joch zu zwingen und das Kaiserreich Abessinien ab 1935 mit Feuer und Schwert zu überziehen.[86] Dennoch glauben viele über 40 Jahre alte Italiener bis heute, dass auch der faschistische Kolonialismus grundsätzlich anders und vor allem besser war als jener der anderen europäischen Staaten. Mussolinis »Lumpenkolonialismus« sei möglicherweise chaotischer und improvisierter gewesen, aber mit Sicherheit weniger rassistisch und weit menschlicher als der der anderen europäischen Kolonialmächte, lässt sich das populäre Selbstbild in Worte fassen.[87] Selbst der linke Publizist Giorgio Bocca gab noch 1995 Entwarnung: »Wenn man wirklich eine Bilanz des italienischen Kolonialismus ziehen würde, käme man schnell zu der Ansicht, dass wir den Kolonien mehr gegeben, als wir bekommen haben.«[88] Lange Zeit waren Kriegsveteranen, ehemalige Kolonialbeamte, Rückwanderer und auch ältere Bürger stolz auf die italienische »Zivilisierungsmission« in Afrika. Bis heute zeugen zahlreiche Gedenktafeln, Denkmäler und Strassennamen[89] von dieser unkritischen Haltung gegenüber der eigenen Tätervergangenheit. Letztlich geht die Legende vom angeblich menschlichen Kolonialismus auf klassische Rechtfertigungsmotive aus der Kolonialzeit selber zurück, die in den Geschichtsbüchern der fünfziger und sechziger Jahre ungebrochen tradiert wurden.[90]

Die Ignoranz in Sachen Kolonialgeschichte tritt oft im Gewand eines überwunden geglaubten Eurozentrismus auf, der nicht frei von kulturalistischen Überlegenheitsannahmen ist. Zuweilen bedienen diese Haltung selbst hohe Repräsentanten des Staates. Nach den fürchterlichen Terroranschlägen auf das World Trade Center glaubte sich Ministerpräsident Silvio Berlusconi zur Feststellung berechtigt: »Wir müssen uns der Überlegenheit unserer Zivilisation bewusst sein, eines Systems, das Wohlstand garantiert, die Wahrung der Menschenrechte und im Gegensatz zu islamischen Ländern die Respektierung religiöser und politischer Rechte.«[91] In neokolonialistischer Manier fügte er dem hinzu: Der Westen werde fortfahren, andere Völker zu besiegen, so wie er den Kommunismus besiegt habe. Dabei werde er auch der Konfrontation mit der islamischen Welt nicht ausweichen.[92] Selbst mit dieser Haltung stand Silvio Berlusconi in Italien nicht allein auf weiter Flur. Auf einer politischen Veranstaltung über Immigrationsprobleme bemerkte Exaussenminister Gianfranco Fini 2006: Europa sei in den Kolonien ein »grosses Element der Zivilisierung« gewesen und nicht alle Seiten des Kolonialismus seien negativ zu bewerten. Wenn man sich vor Augen führe, wie heruntergekommen Äthiopien, Somalia und Libyen heute seien und wie sich ihr Zustand unter italienischer Kolonialherrschaft präsentiert habe, müsste dies in diesen Ländern selber Anlass für eine Neubewertung der italienischen Rolle sein.[93] Die Nostalgiker im Publikum freuten sich über Finis Auslassungen.

Teile der Rechten argumentieren bis heute wie ewiggestrige Imperialisten, wenn sie behaupten, dass das Land in Übersee eine »Zivilisierungsmission« erfüllt habe, für die die afrikanischen Völker Italien letztlich

Dank schuldeten. Diese bizarren Ansichten erklären sich nicht damit, dass das Thema wissenschaftlich nicht aufgearbeitet worden wäre. Seit über 40 Jahren beschäftigen sich Historiker wie Angelo Del Boca, Giorgio Rochat und Eric Salerno intensiv mit dem faschistischen Kolonialismus. Die immer zahlreicher werdenden Studien belegen, dass sich das faschistische Italien in Afrika seit den späten 1920er Jahren zu einem Massentötungsregime entwickelte, immer auch begünstigt durch eine rassistische Grunddisposition, die sich gegenüber Afrikanern besonders ungeschminkt artikulierte.

Schon während der Wiedereroberung Libyens (1923-1932) erhielten die Generäle des »Duce« einen Freibrief. Unbemerkt von der Weltöffentlichkeit trugen sich im kolonialen Libyen Massenverbrechen von genozidalen Dimensionen zu. Die italienische Luftwaffe flog Angriffe gegen »Rebellen«, zuweilen auch auf Flüchtlingstrecks. Über Oasen warfen Mussolinis Kampfpiloten 1927/28 Giftgasbomben ab. Razzien, Massaker und Hinrichtungen gehörten zum Alltag der am Boden operierenden Kräfte. Um der von Omar al-Mukhtar angeführten Guerilla gegen die italienische Kolonialherrschaft das Wasser abzugraben, ließen Marschall Pietro Badoglio und General Rodolfo Graziani im Sommer 1930 100.000 Bewohner der Cyrenaika umsiedeln. Unter der sengenden Sonne überlebte ein Zehntel der Deportierten schon die Strapazen der langen Märsche nicht. Schließlich internierte man die erschöpften Zivilisten in Wüstenlagern. Im extremen Klima starben Tausende von ihnen an Hunger, Erschöpfung und Krankheiten. Als die Lager im September 1933 aufgehoben wurden, lebte nur noch etwa die Hälfte der Deportierten.[94]

Noch schlimmer wüteten die italienischen Streitkräfte in Abessinien, dem heutigen Äthiopien. Der am 3. Oktober 1935 ausgelöste Abessinienkrieg war die erste Aggression, die eine europäische Regierung in der Ära der kollektiven Sicherheit entfesselte; er war der erste Großkrieg, den eine faschistische Macht zur Gewinnung neuen Lebensraumes führte. Auf dem Höhepunkt der Kampfhandlungen setzte Italien 520.000 Soldaten ein, darunter 100.000 Militärarbeiter, die Pisten, Flughäfen und Brücken bauten, damit die Invasion überhaupt vorankam. Mit dem italienischen Empire building am Horn von Afrika wurde – und darin liegt seine historische Bedeutung – eine neue Stufe entfesselter Kriegsgewalt beschritten.[95] Nach Spanien in Marokko[96] war Italien die zweite Kolonialmacht, die auf afrikanischer Erde eine Massenvernichtungswaffe einsetzte. Allein an der Nordfront warf die italienische Luftwaffe von Weihnachten 1935 bis zum 29. März 1936 mindestens 972 Yperit-Bomben von 280 Kilogramm ab, die Tausenden von Menschen einen qualvollen Tod brachten. Der Einsatz von Senfgas erfolgte nicht nur in massiver und systematischer Weise, sondern war auch vom Diktator und seinem Oberkommandierenden Marschall Pietro Badoglio angeordnet. Die Italiener führten den Krieg ohne Rücksicht auf die zivile Bevölkerung. In einigen Kampfgebieten zerstörten sie deren Lebensgrundlagen bewusst, indem sie etwa Dörfer in Schutt und Asche legten, Viehherden niedermetzelten und Farmland abbrannten. Die Luftwaffe flog Terrorangriffe auf Städte. »Dies ist kein Krieg – es ist eine Metzelei – es ist die Folter von zehntausenden Männern, Frauen und Kindern, mit Bomben und Giftgas.«[97] – mit diesen Worten beschrieb der Leiter der britischen Rotkreuz-Einheiten das ostafrikanische Gewaltinferno.

Mit dem Einzug der Invasionstruppen in die Hauptstadt Addis Abeba ging im Mai 1936 lediglich der offizielle Krieg zu Ende. Denn den Italienern gelang es bis 1941 nie, das gesamte äthiopische Territorium unter Kontrolle zu bringen.[98] Das unwegsame Hochplateau eignete sich ideal für einen Guerillakrieg. Die ganze Zeit über fügten Partisanen der Besatzungsmacht Nadelstiche zu. Schon im Sommer 1936 befahl Mussolini seinem Vizekönig Rodolfo Graziani, eine »systematische Politik des Terrors und der Ausrottung gegen die Rebellen und die unterstützenden Komplizen aus der Bevölkerung«[99] einzuleiten. Graziani errichtete ein Schreckensregime. So setzte die italienische Luftwaffe auch nach dem Fall Addis Abebas weiterhin Giftgas gegen den Widerstand ein. Tausende Abessinier wurden in die Todeslager Nocra und Danane verschleppt oder gleich erschossen. Selbst vor den Mönchen des Klosters Debre Libanòs wurde nicht halt gemacht. In einem Massaker exekutierte die auf den Befehl von General Pietro Maletti hörende Truppe im Mai 1937 bis zu 1.600 Geistliche und Pilger. Noch im April 1939 fielen bei Debre Birhan etwa tausend Menschen, die sich in ein Höhlensystem gerettet hatten, einer blindwütigen Säuberungsaktion mit Giftgas und Massenerschiessungen zum Opfer, darunter viele Alte, Frauen und Kinder.[100] Heute steht fest, dass während des Besatzungsregimes zwischen Mai 1936 und der Befreiung des Landes 1941 durch britische Truppen und Widerstandskämpfer mehr Äthiopier einen gewaltsamen Tod starben, als in der ersten Kriegsphase von Oktober 1935 bis Mai 1936.

Nach 1945 musste sich keiner der großen und vielen kleinen Täter für die in Libyen und Äthiopien verübten Kriegs- und Besatzungsverbrechen vor einem Gericht verantworten. Die wieder eingesetzte Regierung von Kaiser Haile Selassie forderte jahrelang vergeblich ein internationales Tribunal nach Vorbild der Nürnberger Prozesse. Im Klima des beginnenden Kalten Krieges hielt das von Ernest Bevin geführte Foreign Office in London Äthiopien über Jahre hin, weil es den Zeitpunkt für ein solches Gerichtsverfahren für unpassend hielt. Italien durfte dem Westen nicht verloren gehen und schliesslich hatte auch das British Empire in seinen Kolonien keine blütenreine Weste. Dieser stille Generalpardon für Mussolinis blutige Veteranen prägte den späteren Umgang mit dem italienischen Kolonialismus entscheidend.[101] Er verhinderte nicht nur, dass den vielen tausend afrikanischen Opfern der faschistischen Gewaltherrschaft in Libyen und Ostafrika Gerechtigkeit und Genugtuung widerfuhr. Die Sabotage eines Tribunals in Afrika nach dem Vorbild von Nürnberg trug auch dazu bei, dass Mussolinis Diktatur nie als jenes Massentötungsregime in die europäische Erinnerung einging, das sie effektiv gewesen war.

Im Nachkriegsitalien fehlte der politische Wille, sich ernsthaft mit der kolonialen Vergangenheit des Landes auseinanderzusetzen. Die territorialen Bestimmungen des Pariser Friedensvertrages von 1947, durch die Italien alle faschistischen Eroberungen in Afrika und auf dem Balkan, aber auch den Dodekanes und Istrien verlor, wurden im Land fast einhellig als »Schmach« und ungerechtfertigtes »Diktat« empfunden. Die ersten Nachkriegsregierungen unter dem Christdemokraten Alcide De Gasperi erwiesen sich als unfähig, Abschied von den ehemaligen Kolonien zu nehmen. Verärgert und enttäuscht über den Friedensvertrag waren sie noch zu stark in kolonialen Denkkategorien verhaftet. So existierte das Afrika-Ministerium in Rom bis 1953 fort, obwohl man seit 1943 keine Kolonien mehr besass. Im Auftrag der Vereinten Nationen verwaltete Italien treuhänderisch einzig noch seine frühere Kolonie Somalia.[102]

In der Epoche des Ost-West-Konflikts pflegte die Mehrheit der Italiener einen selbstzufriedenen und teilweise sogar arglosen Umgang mit der jüngeren Geschichte des Landes. Die weit verbreitete Selbstabsolution verstellte auch den Blick auf die koloniale Vergangenheit. So blieb der Überfall auf Abessinien nicht seiner Brutalität wegen im Gedächtnis haften, sondern als »afrikanisches Abenteuer« und »idealer Krieg« mit wenig Toten und vielen Orden, für den man sich keineswegs zu schämen brauche.[103] Zahlreiche Denkmäler und Gedenktafeln, aber auch Straßennamen in Rom oder Bozen zeugen bis heute von dieser unkritischen Haltung gegenüber der eigenen Kolonialvergangenheit. Kriegsveteranen, ehemalige Kolonialbeamte und Rückkehrer legten nicht selten sogar offenen Stolz über die »zivilisatorischen Leistungen« Italiens in Afrika an den Tag. 1973 schrieb der ehemalige Kolonialminister Alessandro Lessona seinen Landsleuten zum Beispiel ins Stammbuch: »Die Eroberung des Imperiums bleibt in der Geschichte Italiens eine leuchtende Seite. Bei dieser Gelegenheit haben wir unsere militärischen Fähigkeiten unter Beweis gestellt und gezeigt, dass, wenn das italienische Volk mit Klugheit geführt wird … es einig handeln kann und sich für ein höheres Wohl zu opfern weiss.«[104]

Wie so oft bei historischen Tabuthemen war es ein kritischer Journalist, der sich ins wissenschaftliche Niemandsland vorwagte. Anlässlich des 30. Jahrestags des italienischen Überfalls veröffentlichte die Tageszeitung »Gazetta del Popolo« eine Artikelserie ihres Auslandkorrespondenten Angelo Del Boca. 1965 erschien sie bei Feltrinelli als Buch. Del Boca verarbeitete umfangreiches Quellenmaterial und griff auf äthiopische Augenzeugenberichte zurück. Er dokumentierte die Tatsache, dass die italienischen Streitkräfte am Horn von Afrika einen Eroberungskrieg geführt hatten, in dessen Verlauf die Luftwaffe systematisch Giftgas einsetzte. Trotz der Belege, die Del Bocas Deutung stützten, brach nach der Publikation ein Sturm der Entrüstung los. Am heftigsten fiel der Protest bei Altfaschisten, Kolonialnostalgikern und Kriegsveteranen aus, die dem der Sozialistischen Partei Italiens angehörenden Autor eine bewusste Verfälschung der Geschichte zu politischen Zwecken vorwarfen. Der neofaschistische »Secolo d'Italia« diffamierte Del Boca als »miserablen Kerl«, da er »mit vollen Händen Kot auf die Regierung von damals, unsere Soldaten« und die »Größe der Eroberung« geworfen habe. Selbst gutbürgerliche Kreise empfanden das Buch als Angriff auf die Streitkräfte, die in Ostafrika einen »sauberen Krieg« geführt hätten, und als Schändung des Andenkens der für das Vaterland gefallenen Soldaten. Als inakzeptabel betrachteten sie insbesondere den Nachweis des systematischen Giftgaseinsatzes. Del Boca galt seither als Nestbeschmutzer, ja als »antiitaliano«.[105]

Trotz der Angriffe auf seine Person setzte Del Boca die Aufklärungsarbeit fort, bald schon sekundiert von dem an der Universität Turin lehrenden Historiker Giorgio Rochat. 1979 bezeichnete Del Boca den Giftgaskrieg in einer großen Darstellung des Abessinienkriegs als das »vielleicht schwerste Verbrechen«[106] des Mussolini-Regimes überhaupt. Das stieß noch Jahre lang auf Abwehr: Starkolumnist Indro Montanelli hielt den Pionieren der Kolonialgeschichtsschreibung immer wieder vor, übertriebenen harte und, was den Giftgaseinsatz betrifft, auch falsche Urteile zu fällen. Stur hielt Montanelli in seinen vielgelesenen Kommentaren und Büchern daran fest, dass der italienische Kolonialismus vielmehr der »humanste von allen Imperialismen« gewesen sei. Als Offizier des Expeditionsheeres hätte er in Abessinien nie irgendwelche Spuren von Yperit-Einsätzen entdeckt, obwohl er dort mit seinen eritreischen Askaris (Söldnern) immer an vorderster Front gekämpft habe.[107] Was nicht sein durfte, das gab es für Montanelli und die von ihm angeführte »Front der Ehre« (Sergio Romano) nicht.

Die schmutzigen Seiten des italienischen Kolonialismus waren jahrzehntelang auch kein Thema des Filmschaffens. Giuliano Montaldos

Spielfilm »Tempo di uccidere« (»Zeit zu töten«, 1989), der auf dem gleichnamigen Roman von Ennio Flaiano aus dem Jahr 1947 basiert, stellte die grosse Ausnahme dar. Darin wird die italienische Aggression gegen Äthiopien metaphernreich, wenn auch nur sanft kritisiert. Ein Leutnant des italienischen Expeditionskorps, verkörpert von Nicolas Cage, lädt schwere Schuld auf sich. Nachdem er sich mit einer jungen Eingeborenen sexuell vergnügt hat, auf die er in einem abgeschiedenen Tal zufällig traf, tötet er diese, um sie von einer schweren Bauchverletzung zu erlösen. Durch den Schrei eines wilden Tieres vom Liebeslager aufgeschreckt, hatte er in der Dunkelheit der Nacht auf dieses gezielt und geschossen. Der Schuss prallte an einem Fels ab und traf die am Boden liegende Frau unglücklich. Freilich steht die getötete Afrikanerin für das brutal überfallene Äthiopien. Der ansprechende Film erreichte das Massenpublikum nicht und ist heute weitgehend vergessen.

Für die Tendenz zum systematischen Verdrängen der eigenen Tätervergangenheit ist der Umgang mit dem Spielfilm »The Lion of the Desert« weit bezeichnender. Der 1979 von Moustapha Akkad gedrehte Film, der die Brutalitäten der italienischen Konterguerilla in Libyen schonungslos demaskiert, wurde in den achtziger und neunziger Jahren weder vom staatlichen Fernsehsender Rai ausgestrahlt noch in den Kinos des Landes programmiert, weil er als politisch inopportun galt. 1982 drückte das italienische Aussenministerium Muammar al-Gaddafi vielmehr sein Missfallen über den mit Geldern der libyschen Regierung finanzierten »Propagandafilm« aus. Er weise eine stark antiitalienische Tendenz auf und klage den »italienischen Soldaten« ungerechtfertigt an. Das Ministerium erteilte dem Streifen keine Spielgenehmigung.[108] Bei dieser internationalen Grossproduktion mit Anthony Quinn, Oliver Reed und Rod Steiger in den Hauptrollen handelte sich um den ersten Spielfilm überhaupt, der sich mit den italienischen Kriegs- und Besatzungsverbrechen in den afrikanischen Kolonien auseinandersetzte – und noch dazu aus Sicht der libyschen Opfer.

Erst in der Zweiten Republik kam es in Italien erstmals zu einer breiteren Debatte über die Kolonialvergangenheit des Landes. Allerdings drehte sie sich nur um einen Teilaspekt des Problems: um den Giftgaseinsatz während des Abessinienkriegs.[109] Ausgelöst wurde die Diskussion durch eine Biographie über Kaiser Haile Selassie, die Del Boca 1995 über den letzten »König der Könige« vorlegte. Darin porträtierte er die Regierungszeit des letzten äthiopischen Kaisers (1931-1974) mit Respekt, wenn auch keineswegs unkritisch. Freilich kam darin auch der faschistische »Lebensraumkrieg« (»spazio vitale«) samt Giftgaseinsatz zur Sprache.[110] In einer im »Corriere della Sera« erschienenen Rezension würdigte Indro Montanelli das Buch zwar als die vollständigste und überzeugendste Studie, die er je über Haile Selassie gelesen habe. Doch gleichzeitig stellte er erneut in Abrede, dass die italienische Kolonialherrschaft besonders grausam war und stellte den Giftgaskrieg wiederum als freie Erfindung des Autors hin.[111]

Nun geschah etwas Unerwartetes, denn das Thema erreichte die Politik in Rom. In einem Aufruf forderten 30 Historiker die Regierung von Lamberto Dini auf, die »Giftgasfrage« in den Archiven des Außen- und Verteidigungsministeriums zu klären. In mehreren parlamentarischen Anfragen verlangten linke Abgeordnete und Senatoren eine seriöse Untersuchung des Problems, das von allen italienischen Regierungen seit der faschistischen Zeit totgeschwiegen worden war. Am 7. Februar 1996 räumte Verteidigungsminister Domenico Corcione schliesslich den massiven Einsatz von Giftgas in Äthiopien erstmals offiziell ein. Das Eingeständnis bedeutete indirekt auch, dass die italienischen Streitkräfte in Ostafrika keinen regulären Krieg geführt und die dafür Verantwortlichen ein schweres Verbrechen begangen hatten, war doch der Giftgaseinsatz durch das Genfer Protokoll von 1925 völkerrechtlich geächtet worden.[112]

Das war ein Durchbruch, der ersten Schuldeingeständnissen den Weg ebnete. Begünstigt wurde die neue Haltung durch den Wahlsieg des Mitte-Links-Bündnisses »Ulivo« unter Romano Prodi im April 1996. Als Präsident Oscar Luigi Scalfaro im November 1997 Äthiopien und Eritrea einen Staatsbesuch abstattete, verurteilte er den italienischen Kolonialismus wie kein italienischer Spitzenpolitiker vor ihm und entschuldigte sich für die Kriege, die Italien den Völkern Afrikas aufzwang. Vor versammeltem Parlament und in Anwesenheit seines Amtskollegen Negasso Gidada bekannte sich Scalfaro zu den blutigen Seiten des italienischen Angriffskrieges, nannte ihn einen »Fehler« und bat die Äthiopier, Italien für das ihnen zugefügte Unrecht zu verzeihen.[113] Als Geste der Wiedergutmachung kündigte Scalfaro die baldige Restitution des Obelisken von Aksum an. Diese 22 Meter hohe Stele aus der Krönungsstadt der äthiopischen Kaiser war 1937 als Siegestrophäe nach Rom gebracht und auf der Piazza di Porta Capena vor dem Kolonialministerium an der antiken »Via triumphalis« aufgestellt worden, um damit Macht und Größe des wieder auferstandenen Imperiums zu inszenieren. Schon der Friedensvertrag von 1947 hatte die Rückgabe der Stele verlangt. Doch selbst nach Scalfaros Schuldeingeständnis dauerte es noch einmal fast acht Jahre, bis die Stele 2005 endlich in ihre Heimat zurückkehrte – unter großer Anteilnahme der äthiopischen Bevölkerung, die ihr eine triumphale Heimkehr bescherte.[114]

Trotz dieser positiven Entwicklung ist die Aufarbeitung der kolonialen Vergangenheit in der breiten Bevölkerung bis heute nicht sehr weit gediehen. Heute wissen viele jüngere Italiener nicht einmal mehr, dass das Land einst Kolonien besass. Das ungenügende Wissen um die Gewaltgeschichte in den besetzten Gebieten erklärt sich auch damit, dass dem Thema im Staatsfernsehen nie ein grosser Stellenwert eingeräumt wurde – ganz im Gegensatz zu den öffentlich-rechtlichen Fernsehanstalten in der Bundesrepublik Deutschland, die seit Jahren kritisch über die Kriegs-, Besatzungs- und Menschheitsverbrechen des nationalsozialistischen Deutschland aufklären.[115] Bezeichnend dafür ist das Schicksal des Dokumentarfilms »Fascist Legacy«, bei dem Ken Kirby 1989 Regie führte. Die von der BBC produzierte Dokumentation behandelt die Massengewalt und Gräuel, die Einheiten der italienischen Streitkräfte zwischen 1935 und 1943 in Äthiopien und Jugoslawien verübten. Im zweiten Teil wirft sie die irritierende Frage auf, weshalb die Verantwortlichen für den Gaskrieg auf dem äthiopischen Hochland und die italienischen Kriegsverbrecher in Jugoslawien für ihre Untaten nie juristisch belangt wurden – auch im Ausland nicht.[116]

Schon die Ausstrahlung der englischen Originalfassung hatte in Grossbritannien eine Protestnote des italienischen Botschafters Boris Biancheri bewirkt und zu heftigen Diskussionen in Italien selber geführt.[117] Erstmals konnte ein kleines Publikum Kirbys Dokumentation 1990 beim Festival dei Popoli in Florenz sehen. Daraufhin erwarb die Rai die Übertragungsrechte. Der Regisseur Massimo Sani wurde beauftragt, unter dem Titel »50 anni fa: crimini di guerra fascisti« (»Vor 50 Jahren: Faschistische Kriegsverbrechen«), eine italienische Adaption zu realisieren. Sani führte den Auftrag 1992 in enger Zusammenarbeit mit Ken Kirby aus. Wegen des brisanten Stoffs bekamen die Programmmacher der Rai jedoch kalte Füsse und liessen die italienische Version im Archiv verschwinden, wo sie seither liegt, ohne das nationale Fernsehpublikum je erreicht zu haben.[118] Erst 2002 wurde Kirbys Dokumentation in Turin einmal im Cinema Massimo und dann im Politecno wieder gezeigt. Dann folgten auf private Initiative hin Aufführungen in weiteren Städten.[119] 2004 lief Kirbys Dokumentation dann erstmals im Fernsehen: im Spätprogramm des alternativen Privatsenders »La 7«, die das Massenpublikum natürlich nicht erreichte. Die verwickelte Geschichte um die Ausstrahlung von »Fascist Legacy« zeigt exemplarisch, wie schwer sich Italien mit der faschistischen Tätervergangenheit tat und noch immer tut.[120]

Tatsächlich spielen die scheusslichen Kriegs- und Besatzungsverbrechen, die das faschistische Italien in den Kolonien beging, bis heute keine zentrale Rolle in der öffentlichen Gedenkkultur. Bezeichnenderweise verhallte der dringende, seit 2002 mehrfach vorgetragene Appell des international angesehenen Kolonialhistorikers Angelo Del Boca, einen Gedenktag für die 500.000 Toten der italienischen Kolonialherrschaft einzurichten, ungehört.[121] Der kommunistische Abgeordnete Oliviero Diliberto reichte am 23. Oktober 2006 zwar einen Gesetzesantrag in der Abgeordnetenkammer ein, der vorsah, am 19. Februar jeweils einen Gedenktag für die 500.000 afrikanischen Opfer zu begehen, die die koloniale Besetzung Libyens, Eritreas, Somalias und Äthiopiens zwischen 1885 und 1943 kostete. Nach der vorzeitigen Parlamentsauflösung Anfang 2008 wurde der Gesetzesantrag hinfällig, noch bevor er die ersten parlamentarischen Hürden genommen hatte.

Die Schande: die Verfolgung der jüdischen Italiener

Die rassistische Barbarei des nationalsozialistischen »Megatötungsregimes« (Gunnar Heinsohn) vor Augen, erschien Mussolinis Italien vielen Überlebenden und Wissenschaftlern lange Zeit als ein lichter Sonderfall, weil es bis 1938 keine antisemitische Verfolgung gekannt habe und erst im Fahrwasser der politischen Annäherung an das »Dritte Reich« zur Diskriminierung der jüdischen Minderheit geschritten sei. Die »Rassengesetze« von 1938, die in Italien ein System des Staatsantisemitismus begründeten, seien in der gesamten Bevölkerung stets ausgesprochen unbeliebt gewesen, meinte der israelische Historiker Robert S. Wistrich beispielsweise.[122] Eine Existenz bedrohende Dimension hätten diese bis zu Mussolinis Sturz am 25. Juli 1943 nicht angenommen. Im besetzten Jugoslawien, in Griechenland und Südfrankreich hätten selbst italienische Militärs und Diplomaten 1942/43 aus reiner Menschlichkeit Widerstand gegen den Holocaust geleistet, indem sie Tausende von Juden vor der Deportation in die deutschen Vernichtungslager schützten, unterstrichen zahlreiche Historiker.[123]

Selbst nach der deutschen Besetzung des Landes hätten zahlreiche kleine Beamte, katholische Priester und einfache Bürger die von oben angeordnete Auslieferung der jüdischen Italiener an die Deutschen, wo immer es nur ging, sabotiert und damit vielen Verfolgten das Leben gerettet.[124] Dieses Verhalten könne, so Hannah Arendt in ihrem Buch »Eichmann in Jerusalem«, nur als »Ausfluss einer fast automatisch gewordenen, alle Schichten erfassenden Humanität eines alten und zivilisierten Volkes«[125] erklärt werden. Der in Cambridge lehrende Historiker Jonathan Steinberg sprach in diesem Kontext gar von einer »Banalität des Guten«, die so typisch für die wenig obrigkeitsgläubigen Italiener sei.[126] Kurz gesagt: In der internationalen Forschung besass die These, dass das faschistische Italien keinen genuinen Antisemitismus gekannt und die Italiener die »Rassengesetze« mannigfaltig unterlaufen, ja fast sabotiert haben, lange Zeit fast kanonische Gültigkeit.[127]

Freilich webten an der weit verbreiteten Legende von den Italienern als geborenen Anti-Antisemiten auch italienische Historiker und Publizisten mit. Wiederum spielten Renzo De Felice und Indro Montanelli eine zentrale Rolle. In einer Neuausgabe seiner vielfach aufgelegten Pionierstudie »Storia degli ebrei italiani sotto il fascismo« meinte De Felice 1993, der Faschismus könne weder als rassistisch noch als antisemitisch bezeichnet werden.[128] In seinen wissenschaftlichen Werken und intellektuellen Positionsbezügen liess De Felice die »Rassengesetze« als nicht wirklich ernst gemeinte Anpassung an deutsche Verhältnisse und eine Freundschaftsgeste Mussolinis an Hitler erscheinen, nicht ohne zu betonen, dass sie von den zuständigen Beamten und Ordnungskräften nur lasch befolgt worden seien.[129] Mit seiner ganzen wissenschaftlichen Autorität bestärkte er damit die im Lande weit verbreitete Ansicht, dass die »Rassengesetze« einen Bruch mit den Traditionen und der eigentlichen Mentalität des italienischen Volkes vollzogen.[130] Nach der Besetzung des Landes durch die Wehrmacht hätten allein die Deutschen die Juden verfolgt.[131] Deshalb sah De Felice das faschistische Italien 1987 vor der »Anklage des Genozids« geschützt und ganz ausserhalb des »Lichtkegels des Holocaust«[132] stehend. De Felices Befunde liefen darauf hinaus, dass sich die grosse Mehrheit der Italiener seit 1938 immun gegen das Virus des Antisemitismus erwiesen hätte. Eine italienische Mitverantwortung für die Shoah lehnte er kategorisch ab.

Ähnlich argumentierte auch Indro Montanelli. In einer seiner meinungsbildenden Kolumnen, die im hoch respektablen »Corriere della Sera« erschienen, behauptete er noch 1997: Solange der Faschismus ein rein italienisches Phänomen war, sei dieser gänzlich immun gegen rassistische Vorurteile gewesen. Selbst angesichts der faschistischen Judenverfolgung und der Beihilfe der Republik von Salò zum Völkermord erklärte er ein italienisches Auschwitz für schlicht undenkbar. Die angeborene Humanität der Italiener und ihre Unfähigkeit, eine »Horrormaschine« wie Auschwitz organisatorisch ins Werk zu setzen, hätten einem Judenmord grossen Stils in Italien entgegen gestanden.[133] Unter moralischen Gesichtspunkten kam all dies einem Freispruch gleich. Unter den Italienern, die Krieg und Besatzung erlebt haben, war diese Form der Selbstabsolution sehr verbreitet – unbesehen der erschütternden Zeugnisse von italienischen Holocaustüberlebenden.[134] Bezeichnenderweise weigerte sich Prinz Viktor Emanuel (* 1937) aus dem Hause Savoyen, noch im Mai

1997 sich für die von seinem Grossvater unterzeichneten »Rassengesetze« zu entschuldigen, weil diese gar »nicht so schrecklich« gewesen seien.[135]

Erst in jüngster Zeit sind diese unhaltbaren Einschätzungen wissenschaftlich falsifiziert worden. Seit 1988 wies eine stets steigende Zahl von Untersuchungen nach, dass die Politik des faschistischen Italien weit rassistischer war, als die ältere Geschichtsschreibung und die schönfärberische Publizistik glauben machen wollte.[136] Von Beginn an gehörten rassistische und auch antisemitische Übergriffe zum Alltag.[137] Nach der Eroberung Äthiopiens entwickelte sich Mussolinis Diktatur aus eigenem Antrieb zu einem »offen rassistischen Regime« (George M. Fredrickson), das seine slawischen, afrikanischen und jüdischen Untertanen zu einer menschenverachtenden Sonderexistenz am Rande der Gesellschaft verurteilte.[138] Nach der Verabschiedung der »Rassengesetze« erwuchs der schweren Diskriminierung der jüdischen Italiener in der öffentlichen Verwaltung kein Widerstand.[139] Als jüdische Kinder vom staatlichen Schulunterricht ausgeschlossen wurden, protestierten die katholischen Nachbarn nicht dagegen. Jüngst wurde gar nachgewiesen, dass sich Teile der Bevölkerung aktiv an der Denunziation und Verfolgung der jüdischen Italiener beteiligten und materiell davon profitierten, als ihre Nachbarn deportiert wurden.[140] Im Konzentrationslager Giado in Libyen starben innerhalb weniger Monate gegen 600 Juden an Misshandlungen, Mangelernährung und Seuchen.[141] Freilich besass der faschistische Rassismus ein spezifisches Gepräge. Anders als im »Dritten Reich« richtete er sich zunächst gegen Slawen und Afrikaner, bevor schliesslich auch Juden zu seinen Opfern wurden.

Was die »Rassengesetze« für die 47.000 jüdischen Italiener bedeutet hatten, war bis in die achtziger Jahre verdrängt und vergessen worden. Gerade bei den nachwachsenden Generationen waren sie gänzlich unbekannt.[142] Wenn Mussolinis Judenverfolgung in Film und Literatur überhaupt thematisiert wurde, dann meist nur als harmloser Auftakt zur Katastrophe, die den Juden in der Zeit der deutschen Besatzung widerfuhr. Im Angesicht von Deportation und tausendfachem Tod in deutschen Vernichtungslagern trat der Verrat, den die Mehrheitsbevölkerung 1938 beging, selbst in der jüdischen Opfererinnerung in den Hintergrund.[143] Eine Wende brachte der 50. Jahrestag der »Rassengesetze«. 1988 wurden erstmals Gedenkveranstaltungen und wissenschaftliche Tagungen zum Thema veranstaltet. Eine herausragende Bedeutung kam der Konferenz zu, die das Römer Abgeordnetenhaus durchführte. Über die Parteigrenzen hinweg wurde das System des faschistischen Staatsantisemitismus offiziell thematisiert und als dunkle Seite der jüngeren Geschichte anerkannt.[144] Damit war der Bann gebrochen.

Von diesem Zeitpunkt an erschien eine Fülle von literarischen Werken, Filmen und wissenschaftlichen Publikationen, die eine zunehmende gesellschaftliche Sensibilität für die Thematik schufen. Starke Emotionen weckte das von der Historikerin Liliana Picciotto Fargion zusammengestellte »Libro della memoria« (»Buch der Erinnerung«). In diesem Totenbuch stellte Picciotto Fargion 1991 die individuellen Verfolgungsgeschichten der rund 8.600 Juden zusammen, die von italienischem Boden aus in die Vernichtungslager der Nazis deportiert worden waren. Die 538 alphabetisch geordneten Seiten enthielten eine lange Reihe von Namen mit dazugehörigen Daten von Verhaftung, Deportation und Ermordung. Das Buchcover zeigte eine Fotografie der zweijährigen Fiorella Anticoli, die zusammen mit ihrer Familie von der SS am 16. Oktober 1943 von Rom aus auf den Weg nach Auschwitz geschickt wurde. Durch das »Libro della memoria«, das in der Folge mehrfach neu aufgelegt wurde, bekam das Grauen für viele Italiener erstmals ein menschliches Antlitz und die jüdischen Opfer konkrete Namen.[145]

Für ein noch stärkeres Aufsehen sorgte der Fall eines italienischen Judenretters, der fast aus dem Nichts auftauchte. Im September 1989 verbreiteten Italiens Tageszeitungen die Meldung, dass der Staat Israel den Geschäftsmann Giorgio Perlasca als »Gerechten unter den Völkern« ausgezeichnet und damit mit dem höchsten Ehrentitel für Nichtjuden bedacht hatte. Perlasca, 1910 in Como geboren, war in einer national eingestellten Familie aufgewachsen und hatte den Faschismus enthusiastisch begrüsst. Als Freiwilliger hatte er an Italiens Aggression gegen Äthiopien teilgenommen und danach im italienischen Interventionskorps gekämpft, das Mussolini nach Spanien entsandt hatte, um im Bürgerkrieg für ein autoritäres Regime zu kämpfen.[146] Nach seinen beiden Kriegseinsätzen nahm Giorgio Perlasca eine Stelle in einer Triester Firma an, für die er in Südosteuropa Schlachtvieh einkaufte. In der Folge hielt er sich regelmässig im besetzten Jugoslawien und im deutschfreundlichen Ungarn auf, wo er das Kriegsende erlebte. In Budapest wurde er Augenzeuge der systematischen Judenverfolgungen, die die Pfeilkreuzler von Ferenc Szalasi in enger Zusammenarbeit mit den deutschen Besatzern ins Werk setzten. Entsetzt über die Vorgänge gab er sich als Stellvertreter des spanischen Botschafters aus. In dieser Funktion stellte er im Spätherbst 1944 Hunderten von Juden, die in die Vernichtungslager deportiert werden sollten, Schutzpässe aus und rettete damit über 5.000 Verfolgten das Leben. Während seiner Rettungsaktionen orientierte er sich am Beispiel des schwedischen Diplomaten Raoul Wallenberg, mit dem er aktiv zusammenarbeitete.

Danach gefragt, weshalb er sich in Budapest für die verfolgten Juden engagiert habe, gab der Achtzigjährige zur Antwort: »Ich konnte den

Anblick von Menschen, die fortgetrieben wurden wie Tiere, einfach nicht ertragen. Ich konnte es nicht ertragen, zusehen zu müssen, wie Kinder umgebracht wurden. Ich glaube, das war der Grund, denn ein Held war ich wirklich nicht.«[147] Als »anständiger Faschist« hätte er schon Mussolinis »Rassengesetze« nicht akzeptieren können.[148] Mit der antisemitischen Republik von Salò wollte er nichts zu tun haben. 40 Jahre lang interessierte Perlascas Geschichte nicht und blieb im Nachkriegsitalien unbeachtet, obwohl dieser schon früh an wichtige Politiker und einmal auch eine Tageszeitung herantrat.[149] Erst nach dem Ende des Kalten Krieges änderte sich dies. Mit einem Mal wurde der Rentner, der 1992 starb, als »Held des Guten«[150] gefeiert. Begeistert kündeten Fernsehdokumentationen, Bücher und Spielfilme von Perlascas Taten und befriedigten damit ein öffentliches Interesse an Heldengeschichten – ähnlich wie das der »gute Nazi« Oskar Schindler tat, dessen Geschichte Steven Spielberg 1993 in einer weltweit erfolgreichen Grossproduktion verfilmte.

Während der neunziger Jahre intensivierte sich in ganz Europa das Gedenken an die Shoah. In vielen Gesellschaften Europas wurde erstmals die Frage der eigenen Mitverantwortung diskutiert, so etwa in Frankreich, Österreich, Polen und der Schweiz. Dafür mussten erst selbstgerechte nationale Illusionen überwunden werden.[151] In diesem neuen Diskussionskontext veränderten sich die Einstellungen zahlreicher Italiener gegenüber Mussolinis »Rassengesetzen«. Bislang nicht gestellte Fragen an die eigene Vergangenheit warfen 1997 Roberto Benignis international erfolgreicher Spielfilm »La vita è bella« (»Das Leben ist schön«) und insbesondere das kleine Buch »La parola ebreo« (»Via Flaminia 21«) auf, das die 1931 geborene Schriftstellerin Rosetta Loy bei Einaudi veröffentlichte. Der Schock über den ersten Wahlsieg von Berlusconis Rechtsbündnis liess bei der aus grossbürgerlichen Verhältnissen stammenden Autorin die Gewissheit zerbrechen, dass sich die Geschichte nicht wiederholen könne.[152]

In ihrem historisch dokumentierten Werk, das in Italien rasch zum Tagesgespräch avancierte, erinnerte sich Loy an ihre Kindheit im faschistischen Italien. Loy war im Rom der dreissiger Jahre als Tochter einer katholischen Familie aufgewachsen. Aus der Perspektive eines Kindes demaskierte sie in ihrem Bestseller das Wegschauen der christlichen Nachbarn, als die »Rassengesetze« die Emanzipation der Juden heute auf morgen rückgängig machten. »Nichts stört in jenem Winter des Jahres 1939«, heisst es in einer Passage, »die Ordnung in der Via Flaminia, wo der Lebensmittelhändler Garibaldi heisst und der Bäcker Cantiani … Es werden schreckliche Dinge geschehen müssen, damit ich zu jener Zeit zurückkehre und in den Abgrund blicke, in den Signora della Seta, die Levis und jenes Kind, das ich zwischen einem Fenster und dem anderen hin und her trotten sehe, abgleiten, ohne dass das geringste Geräusch davon zu mir dringt.«[153]

Publikumswirksam vertiefte 2001 der Spielfilm »La concorrenza sleale« (»Der unlautere Wettbewerb«) von Ettore Scola die Sensibilität für die Thematik. Darin wird die Geschichte zweier Familien geschildert, die im Rom der späten dreissiger Jahre nur wenige Meter voneinander entfernt zwei Stoffgeschäfte betreiben. Der jüdische Ladenbesitzer Leone Della Rocca bietet erfolgreich Konfektionsware an, während der katholische Geschäftsinhaber Umberto Melchiori teure Massanzüge an den Mann zu bringen versucht. Freilich erregt Leone den Neid von Umberto, der seinem Konkurrenten unlautere Geschäftspraktiken unterstellt. Einmal beschimpft er diesen öffentlich in übler antisemitischer Manier. Doch als Leones Familie durch die »Rassengesetze« ihre Existenz zu verlieren droht, versucht Umberto, seinen jüdischen Nachbarn beizustehen. Das hindert die Behörden nicht, die Della Roccas in das Ghetto von Rom umzusiedeln.[154] Wie Rosetta Loy stellte auch Scola die Frage nach der italienischen Schuld – auf berührende Weise, weil die dramatischen Auswirkungen der »Rassengesetze« am Schicksal einer sympathischen, ja sehr italienischen Familie aufgezeigt werden, die durch sie in Teufelsküche kommt. Mehr und mehr erkannte die Gesellschaft das Unrecht, dass Mussolinis Staatsantisemitismus den jüdischen Italienern zugefügt hatte.

Dieser schmerzlichen Erkenntnis verschloss sich die von Gianfranco Fini angeführte Rechte nicht mehr länger. Auf dem Umgründungsparteitag von Fiuggi verurteilten die in der Alleanza Nazionale organisierten Postfaschisten 1995 alle Formen des Rassismus und Antisemitismus explizit und unwiderruflich.[155] Den ehemaligen Neofaschisten war nur zu bewusst, dass sie sich als geläuterte Rechte unmöglich machen würden, wenn sie an den »Rassengesetzen« auch nur ein gutes Haar liessen.[156] Schon sehr früh instrumentalisierten sie den »guten Faschisten« Giorgio Perlasca für ihre Zwecke.[157] Gianfranco Fini kam dieser »italienische Schindler« gerade recht.[158] Denn der Judenretter von Budapest belegte gegen aussen, dass auch waschechte Faschisten anständige Menschen sein konnten. Gegenüber den Ewiggestrigen bewies Perlascas Geschichte überdies, dass nicht alle Faschisten selbstredend glühende Antisemiten und Rassisten waren.

Um ihre politische Legitimation zu erhöhen, richtete die AN bald in ihrem Römer Hauptsitz ein nach Giorgio Perlasca benanntes Studienzentrum ein, das von dessen Sohn Franco und dem Journalisten Enzo Palmesano geleitet wurde. Als Identifikationsfigur für den Transformationsprozess eignete sich der Held von Budapest ideal, weil er sich bis zu seinem

Tod nicht als Antifaschist, sondern explizit als Mann der Rechten verstand.[159] Die Tageszeitung »La Repubblica« vermutete, dass Perlasca eine ideale »Brückenfigur« für den schwierigen Dialog war, den Fini mit den jüdischen Gemeinden Italiens im Hinblick auf seine Israelreise einzuleiten gedachte.[160] Tatsächlich erleichterte die Lichtgestalt Perlasca die angestrebte internationale Anerkennung. Bis Ende 2003 reisten jedenfalls viele Politiker aus der ersten Garde von AN nach Israel: Maurizio Gasparri und Francesco Storace ebenso wie Adolfo Urso, Gustavo Selva, Andrea Ronchi und Gianfranco Fini, die nach dem Machtwechsel von 2001 unter Premier Silvio Berlusconi in hohe und höchste Ämter gelangten.

Tatsächlich distanzierte sich die Parteielite der AN von Mussolinis »Rassengesetzen« und verurteilte diese, wo immer sie die Gelegenheit dazu erhielt. Für einmal liess die Haltung der führenden Postfaschisten nichts an Deutlichkeit zu wünschen übrig. Die Moralbegriffe »vergogna« (»Schande«) und »infamia« (»Niedertracht«) setzten sich bei ihnen als Sprachregelung durch. In einem Interview, das er im September 2002 der israelischen Zeitung »Haaretz« gewährte, bekannte sich Vizeministerpräsident Fini zur historischen Last der »Rassengesetze« und bat die Juden um Entschuldigung: »Die Italiener tragen die Verantwortung für all das, was nach 1938 geschehen ist. Sie tragen eine Verantwortung, die in der Geschichte festgeschrieben ist. Sie verlangt, dass man jetzt um Entschuldigung bittet. Ich will dies als Italiener tun.«[161] Selbst Gianni Alemanno, der als rechter Hardliner bekannte Bürgermeister von Rom, bezeichnete die »Rassengesetze« im Herbst 2008 als »schlimmste, wenn auch nicht einzige Infamie des Faschismus«[162]. Drei Jahre zuvor schon hatte sie auch Silvio Berlusconi als »absolute Schande« gebrandmarkt.[163]

Vor diesem Diskussionshintergrund ist es nicht überraschend, dass das Abgeordnetenhaus der Einführung eines Holocaust-Gedenktages im März 2000 mit 443 Ja bei 4 Enthaltungen fast geschlossen zustimmte.[164] Im Senat fiel das Ergebnis ein paar Monate später nicht minder deutlich aus.[165] Das Gesetz Nr. 211 vom 20. Juli 2000 schuf einen alljährlichen, am 27. Januar zu begehenden »Giorno della memoria«, der das Ziel verfolgt, der Shoah, den Rassengesetzen, der Verfolgung der jüdischen Italiener und all jener Mitbürger zu gedenken, die Deportation, Internierung und Ermordung erlitten.[166] Die Initiative für den Holocaust-Gedenktag war 1997 vom Linksdemokraten Furio Colombo ausgegangen, der für sein Gesetzesprojekt aber auch Elio Pamizio von Forza Italia und Simone Gnaga von der AN als Erstunterzeichner gewinnen konnte. Bald zeigte sich, dass das Shoah-Gedenken zwischen den grossen politischen Lagern nicht umstritten war. Immerhin verurteilte Kammerpräsident Pier Ferdinando Casini, der zu Berlusconis Regierungsmehrheit zählte, Mussolinis »Rassengesetze« und den Beitrag der Republik von Salò zum Massenmord am europäischen Judentum 2003 als »quälende schwarze Seite unserer Geschichte«[167]. Italiens Mitschuld an der Shoah betonte im gleichen Jahr der gemässigt linke Staatspräsident Carlo Azeglio Ciampi.[168] Innerhalb der Erinnerungsdebatten stellt diese Einvernehmlichkeit zwischen links und rechts jedoch die grosse Ausnahme dar.

Erstmals begangen wurde der Holocaust-Gedenktag in Italien am 27. Januar 2001. Neben der zentralen Gedenkveranstaltung in Rom, in deren Mittelpunkt die Ansprache des Staatspräsidenten steht, werden seither im ganzen Land lokale Anlässe organisiert. Ein besonderes Augenmerk wird darauf gelegt, die Jugend für die Thematik zu sensibilisieren. Neben Sonderveranstaltungen in Schulen werden jeweils Bildungsreisen zu Gedenkstätten in Italien, Deutschland und Polen durchgeführt. Der Vertiefung des historischen Wissens werden auch die drei Musei-Memoriali della Shoah dienen, die in den kommenden Jahren in Ferrara, Mailand und Rom entstehen sollen.[169] Auffällig an all diesen Erinnerungsinitiativen ist, dass der Schwerpunkt des Gedenkens auf der Shoah und dem von Deutschen verübten Massenmord an 6 Millionen Juden liegt, obwohl das Gesetz von 2000 explizit dazu auffordert, auch Mussolinis Staatsantisemitismus zwischen 1938 und 1943 zu gedenken. Die Fokussierung auf Hitlers Menschheitsverbrechen wird zusätzlich dadurch verstärkt, dass man am 27. Januar jeweils auch der italienischen Zwangsarbeiter, Militärinternierten und Soldaten gedenkt, die Opfer des Nationalsozialismus wurden. Angesichts der Singularität der Shoah ist dies verständlich, aber im nationalen Kontext nicht unproblematisch. Vor nicht allzu langer Zeit meinte der in Rom lebende Historiker Lutz Klinkhammer, dass sich der »Giorno della memoria« tendenziell zu einem »Tag der Entlastung von einer italienischen Tätererinnerung« entwickelt habe.[170]

In den Programmen der staatlichen Fernsehkanäle jedenfalls ist ein ähnlicher Trend auszumachen. Nach wie vor spielt die rassistische Gewalt, die die Faschisten gegen Afrikaner und Slawen entfesselten, in ihnen keine Rolle. Auffallend oft strahlte die Rai dagegen in den letzten Jahren Filme aus, die sich um die glückliche Rettung von Juden drehen. Das war 2004 in »La fuga degli innocenti« der Fall, in dem die Odyssee einer Gruppe jüdischer Waisen von Wien über Zagreb nach Nonantola bei Modena und von da in die Schweiz erzählt wird. Ein faschistischer Funktionär, der Juden rettet, steht im Zentrum des Fernsehfilms »Senza Confini« (»Ohne Grenzen«), den Fabrizio Costa 2001 drehte. Hier wird die Geschichte von Giovanni Palatucci berichtet, der in Fiume (Rijeka) über 4000 Juden vor der Deportation und damit vor dem sicheren Tod rettete.[171] Der Fernsehzweiteiler »Perlasca – un eroe italiano«[172] (»Perlasca – ein italienischer Held«) von Alberto Negrin, der im Januar 2002 anlässlich des zweiten Holocaust-Gedenktages ausgestrahlt wurde, erreichte eine rekordverdächtige Einschaltquote. Immerhin fast 13 Millionen Italiener sassen an den beiden Winterabenden vor den Bildschirmen – so viele wie vermutlich nie zuvor bei einem Film zu einem zeitgeschichtlichen Thema.[173] Bei einer Vorpremiere, an der die politische Prominenz des Landes teilnahm, stellte Kammerpräsident Pier Ferdinando Casini Giorgio Perlasca als »Faschisten, aber als grossen italienischen Held«[174] vor. Innerhalb weniger Jahre wurde der »gute Faschist« Perlasca zu einer italienischen Lichtgestalt geadelt, wohl auch deshalb, weil seine Biographie das Zeug dazu besitzt, die neue rechte Sicht auf die Geschichte zu stützen.

Die verschwiegene Wahrheit über die Resistenza

Anlässlich des 50. Jahrestags der Befreiung Italiens wurde der bekannte Ex-Partisan Vittorio Foa, der unter dem Faschismus als Antifaschist acht Jahre im Gefängnis gesessen hatte, zur historischen Bedeutung der Resistenza befragt. Foa, der innerhalb des bewaffneten Widerstands dem liberalsozialistisch orientierten Partito d'Azione angehört hatte, gab zur Antwort: »Die Resistenza war der Kampf kleiner Gruppen von Leuten, die dem Faschismus endgültig das Handwerk legen wollten. Wir kämpften aber nicht nur gegen die Deutschen, sondern auch gegen die faschistische Regierung [von Salò, A.M.]. Uns ging es vor allem um unsere nationale Würde, denn wir empfanden den Faschismus als Schande und hatten eine parlamentarische Demokratie im Auge, die diesen Namen verdiente.«[175] Der unabhängige Sozialist jüdischer Herkunft hob damit hervor, dass die Partisanen ihr Leben nicht nur für die nationale Befreiung riskiert hatten, sondern auch für die Rückkehr einer pluralistischen Demokratie westlichen Zuschnitts.

Tatsächlich existierten unter den seit 1943 im Nationalen Befreiungskomitee (CLN) organisierten Parteien keine fundamentalen Meinungsverschiedenheiten über die künftige Verfassungsordnung. Nach ihrem Eintritt in die von Marschall Pietro Badoglio geführte »Regierung der nationalen Einheit« Ende April 1944 verfolgte auch die kommunistische Parteiführung um Palmiro Togliatti kein revolutionäres Projekt mehr, das auf die sofortige Errichtung einer sozialistischen Gesellschaft zielte. Nach der »Wende von Salerno« strebte diese vielmehr eine demokratische Neuordnung von Staat und Gesellschaft an. Die Verfassung, die die politischen

Erben des Nationalen Befreiungskomitees Italien gaben, belegt dies unmissverständlich.

In Westeuropa war die Resistenza mit ihren mindestens 200.000 und höchstens 300.000 Kämpfern die mit Abstand stärkste Widerstandsbewegung. Die Kommunisten stellten im bewaffneten Widerstand die grössten und zugleich militantesten Einheiten. Allerdings stellte die Resistenza kein rein linkes Phänomen dar. Neben Kommunisten, Sozialisten und Azionisti waren in ihr auch Republikaner, Christdemokraten, Liberale und selbst Monarchisten aktiv. Im Verbund mit den anglo-amerikanischen Streitkräften leisteten die Partisanenverbände nach dem 8. September 1943 einen militärischen Beitrag zur Befreiung des Landes. Einige Städte Norditaliens nahmen die Kämpfer der Resistenza im Frühjahr 1945 ein, bevor englische und amerikanische Militäreinheiten sie erreichten. Die Befreiung vom »nazifascismo« war von einem inneritalienischen Bürgerkrieg begleitet, den beide Seiten erbittert führten; Gefangene wurden meist nicht gemacht. Es wird geschätzt, dass der Befreiungskrieg allein rund 45.000 Partisanen das Leben kostete, unter denen die Kommunisten den höchsten Blutzoll entrichten mussten.

Bis heute haben die letzten zwanzig Monate des Zweiten Weltkriegs nichts von ihrer Zentralität für die italienischen Erinnerungsdebatten verloren. Vier Jahrzehnte lang legitimierte das Resistenza-Narrativ die Nachkriegsrepublik. Seit den sechziger Jahren verschaffte es den Antifaschisten eine kulturelle Hegemonie und eine Deutungshoheit über die jüngere Geschichte.[176] Die oppositionellen Kommunisten versorgte die Meisterzählung vom siegreichen Volksaufstand gegen den »nazifascismo« mit demokratischer Legitimation. Umgekehrt verurteilte sie die neofaschistische Gegenerinnerung lange zu einem Randdasein.[177] Seit dem Ende des Kalten Kriegs und während des skandalbedingten Zusammenbruchs der Ersten Republik häuften sich die rechten Infragestellungen des Resistenza-Narrativs.[178] Bezeichnenderweise veröffentlichte der neofaschistische »Secolo d'Italia« im Oktober 1992 eine vierseitige Broschüre über den in die Krise geratenen Resistenza-Mythos, worin es über den bewaffneten Widerstand hiess: »Die Resistenza-Bewegung zeigt sich endlich als das, was sie immer gewesen ist: eine Folge von unbeschreiblichen Schrecken, … die Italien in ein vom Stalinismus beherrschtes Land des realen Sozialismus verwandeln wollte.«[179] Das lange Zeit verfemte Kollaborationsregime von Salò wurde hier quasi zum »letzten legitimen Bollwerk der italienischen Nation« stilisiert, ja zu einem Aufbäumen patriotisch gesinnter Helden verklärt, um das Vaterland gegen die »hungrigen und habgierigen Horden« der Anglo-Amerikaner und nach deren Abzug vor der stalinistischen Gefahr zu verteidigen.[180]

Fortan war der bewaffnete Widerstand ein Dauerthema in den Geschichtsdebatten. Mehr und mehr begann die Erinnerung an die Befreiung des Landes, die Gesellschaft zu spalten. Seit 1994 erlebte das Land mindestens drei grosse Debatten über die historische Bedeutung des nationalen Befreiungskriegs. Die erste löste Renzo De Felice mit der Streitschrift »Rosso e nero« (»Rot und schwarz«, 1995) aus, die zweite der konservative Historiker Ernesto Galli della Loggia mit dem Essay »La morte della patria« (»Der Tod des Vaterlands«, 1996) und die dritte der linksliberale Publizist Giampaolo Pansa mit seinem Bestseller »Il sangue dei vinti« (»Das Blut der Besiegten«, 2003), dem er bald weitere populärwissenschaftliche Werke zum gleichen Thema folgen liess.[181]

So unterschiedlich sich die Thesen der drei Autoren auch präsentierten, war ihnen doch gemeinsam, dass es sich im Kern um Abrechnungen mit dem antifaschistischen Geschichtsbild handelte. Diesem warfen sie vor, aus politischer Rücksicht nie die ganze Wahrheit über die Resistenza gesagt zu haben. In seinem hochpolitischen Interventionsbuch, von dem sich innerhalb weniger Monate 100.000 Exemplare verkaufen liessen, sprach De Felice abschätzig von einer linken »vulgata resistenziale«[182], die nach einem halben Jahrhundert endlich überwunden werden müsse. Rasch verfestigten sich ihre polemisch vorgebrachten Argumente im bürgerlichen und rechten Meinungsspektrum zu Topoi. Freilich ging es allen drei Autoren darum, an einer nationalen Gegenerzählung zu stricken. Ihre Thesen wurden von den Anhängern von Berlusconis Rechtsbündnis dankbar aufgegriffen, von orthodoxen Vertretern der Linken dagegen entrüstet zurückgewiesen.

In der Zweiten Republik führten die neuen Meinungsmacher fünf Hauptargumente gegen den Gründungsmythos der Nachkriegsrepublik ins Feld. Badoglios Waffenstillstandserklärung vom 8. September 1943 kam erstens keineswegs einer Wende zum Besseren gleich. Sie stürzte die Armee vielmehr in die grösste Katastrophe ihrer Geschichte, überliess Hunderttausende Soldaten an zahllosen Fronten einem ungewissen Schicksal und bildete den Auftakt zu einem inneritalienischen Bürgerkrieg, dem Zehntausende von Landsleuten zum Opfer fielen. In diesem Zusammenhang müsse man deshalb von einem »Tod des Vaterlands« (Ernesto Galli della Loggia) und nicht vom Beginn eines »zweiten Risorgimento« sprechen.[183] So schlecht der Faschismus im Einzelnen auch war, sei ihm zu Gute zu halten, dass sich die Italiener unter Mussolini als Nation verstanden hätten. Entgegen seinem Anspruch sei es dem Nationalen Befreiungskomitee nach 1945 nie mehr wirklich gelungen, über die ehemaligen Frontlinien des Bürgerkriegs hinaus ein gemeinsam geteiltes Nationalbewusstsein zu stiften. Mit anderen Worten: Die Erfahrung der Resistenza habe die Nation gespalten, ja ihren Untergang bewirkt.

Renzo de Felice und seine Epigonen betonten zweitens, dass die Resistenza stets nur eine Minderheitenbewegung gebildet habe, die keine Repräsentativität für das allgemeine Verhalten besitze. Im Bürgerkrieg von 1943 bis 1945 seien auf beiden Seiten höchstens 4 von 44 Millionen Italienern aktiv beteiligt gewesen. Der grosse Rest der Bevölkerung aber hätte den Krieg in einer »langen grauen Zone« (Renzo de Felice) überdauert, ohne Partei zu ergreifen und sich für eine Seite zu engagieren, einzig damit beschäftigt, diesen unbeschadet zu überleben.[184]

Gebetsmühlenhaft bekam man drittens zu hören, dass nicht alle Antifaschisten auch überzeugte Demokraten gewesen seien. Insbesondere die kommunistischen Partisanen hätten den nationalen Befreiungskampf für ihre Zwecke zu missbrauchen versucht. Trotz der »Wende von Salerno« hätten diese eine sowjetisch inspirierte »Diktatur des Proletariats« angestrebt. Das kommunistische Schlagwort von der »democrazia progressiva« sei ein »trojanisches Pferd« gewesen.[185] Das Nationale Befreiungskomitee sei durch die Präsenz der Kommunisten, die in Italien eine stalinistische Diktatur anstrebten, recht eigentlich verseucht worden.[186] Der Antifaschismus dürfe deshalb nicht mehr länger mit Demokratie gleichgesetzt werden. Kurz, das Resistenza-Narrativ habe von Anfang an auf einer »grossen Lüge« (Giampaolo Pansa) beruht.[187]

Mit enormer Resonanz propagierte Giampaolo Pansa viertens, dass die Resistenza eine üble Gewaltgeschichte besitze, über die ein halbes Jahrhundert lang nicht habe geredet werden dürfen. In seinem halb fiktionalen, halb dokumentarischen Bestseller »Il sangue dei vinti« beschrieb der »Espresso«-Redakteur im Herbst 2003 detailliert, wie kommunistische Partisanen in Norditalien, vor allem aber in der roten Emilia Romagna und im »Dreieck des Todes« zwischen Bologna, Reggio Emilia und Ferrara bis Ende 1946 Tausende von wirklichen oder angeblichen Faschisten massakrierten. Die rote Vergeltungsorgie hätte Züge von Selbstjustiz aufgewiesen und wäre mitunter von rein privaten Rachemotiven bestimmt gewesen. Rund 20.000 Menschen seien Opfer dieses von der Kommunistischen Partei gelenkten »Blutbads« geworden – darunter nicht nur Funktionäre, Schergen und Milizionäre der RSI, sondern auch einfache Parteimitglieder, Grundbesitzer, Intellektuelle, Priester und Industrielle. Pansas Buch, das ganz ohne Quellenbelege auskommt, entwirft ein Panorama des Grauens; es zitiert breit aus faschistischen Selbstzeugnissen, die oft zu wenig aus ihrem spezifischen Kontext heraus interpretiert werden.[188] Die Besiegten, über die ein hartes Strafgericht hereinbrach, werden von Pansa zwischen den Zeilen zu Patrioten stilisiert, die diese grausame Behandlung nicht verdient hätten.

Im Nachkriegsitalien war um das schmerzliche Kapitel in der Tat eine Mauer des Schweigens errichtet worden. Allerdings hatte Otello Montanari, ein ehemaliger Partisan und kommunistischer Politiker, bereits im Sommer 1990 freimütig eingeräumt, dass es in der Emilia vor und nach der Befreiung zu blutigen Abrechnungen mit den Faschisten gekommen war.[189] Bezeichnenderweise griff der MSI das Thema umgehend auf. In einem von alten Partisanen und linken Antifaschisten umlagerten Hotel kamen in Reggio Emilia einige Woche danach rund 200 Neofaschisten zusammen, um über den roten Abrechnungsfuror zu »diskutieren«. Nach Jahrzehnten des Verdrängens sei endlich der Moment gekommen, um in Erinnerung zu rufen, wie sich die Dinge damals wirklich zugetragen hätten. Auf dem Revisionistentreffen spielte der Salò-Veteran und MSI-Senator Giorgio Pisanò eine Schlüsselrolle.[190] Zusammen mit seinem Namensvetter Paolo Pisanò veröffentlichte er 1992 bei »Mursia« ein polemisches Buch mit dem Titel »Il triangolo della morte«[191]. Darin behaupten sie, dass die Kommunisten in Norditalien eine systematische »Politik des Blutbads« betrieben hätten und sich die Zahl der getöteten Faschisten auf 50.000 belaufe. Schon vor Pansas Bestseller von 2003 erlebte die neofaschistische Streitschrift, die es gegenteiligen Bekundungen zum Trotz mit der historischen Wahrheit nicht sehr genau nahm, mehrere Auflagen.

Renzo De Felice warf den Antifaschisten fünftens auch vor, dass sich die historische Kraft der Resistenza längst erschöpft habe. Der rituell gepflegte Antifaschismus sei zu einer reinen Rechtfertigungsideologie für die Linke verkommen. So wichtig der bewaffnete Widerstand von 1943 bis 1945 als historisches Ereignis auch war, handle es sich dabei aus heutiger Sicht nur noch um ferne Geschichte, die keine Lehren für die Gegenwart mehr bereithalte.[192] Die Aufregung um Pansas Buch kommentierend, glaubte Ernesto Galli della Loggia im »Corriere della Sera« gar festhalten zu müssen, dass die linke Herrschaft über die Geschichte endlich an ihr Ende gekommen und es an der Zeit sei, jenseits aller Denkverbote neu über die Geschichte Italiens nachzudenken. Wie hatte es nur passieren können, fragte Galli della Loggia in seinem Kommentar polemisch, dass die Weltkriegserinnerung der Neofaschisten in einigen Punkten näher an der historischen Wahrheit liege als die von der Republik Italien offiziell gehegte?[193]

Den revisionistischen Attacken auf die Resistenza fehlte weitgehend das historische Fundament. Freilich starben am 8. September 1943 nicht Vaterland und Nation, sondern gingen lediglich der Staat und die Institutionen unter, die sich mit dem Faschismus eingelassen hatten. In vielerlei Beziehung begann mit der Waffenstillstandserklärung, wie Staatspräsident Carlo Azeglio Ciampi 2000 unterstrich, die Wiedergeburt Italiens.[194]

Dass die Republik von Salò selber eine Republik des Todes war und diese die Gewaltspirale in Gang gesetzt hatte, darüber verlor Pansa in seinen reisserischen Büchern kein Wort – auch nicht über die tätige Mithilfe der »repubblichini« bei der Shoah. Zudem waren seine vermeintlichen »Enthüllungen« über die kommunistischen Sühneverbrechen für die Fachwelt nicht so neu, als die sie er und sein Verlag Sperling & Kupfer dem staunenden Publikum präsentierten. Seriöse Historiker haben diese bereits seit den frühen neunziger Jahren aufgearbeitet, so etwa Hans Woller, der die Opfer der wilden Säuberungen für die Zeit von 1943 bis 1948 auf rund 12.000 bezifferte.[195] »Darunter waren viele ›kleine Fische‹ und gänzlich Unschuldige«, bilanzierte Woller abgewogen, »in der Regel traf es aber doch vor allem die Leistungsträger des faschistischen Regimes – und zwar in einem solchen Masse, dass allein schon aus diesem Grund eine Restauration des Faschismus kaum mehr chancenreich gewesen wäre.«[196]

Grosse Teile von Berlusconis Rechtskoalition konnten mit dem Erbe der Resistenza, das nicht ihres war, traditionell wenig anfangen und erkannten sich in den Werten des Antifaschismus auch nicht wieder. Besonders stark gilt dies für die Anhänger der Alleanza Nazionale, etwas weniger für die von Forza Italia und der Lega Nord. Im politischen Tageskampf fuhren Vertreter von Berlusconis Rechtskoalition zuweilen grobes Geschütz gegen das ungeliebte Resistenza-Narrativ auf. Drei Beispiele sollen dies illustrieren. Gianfranco Miglio, der Ideologe der Lega Nord, machte 1994 den Pakt der antifaschistischen Parteien für die korrupte Parteienwirtschaft Italiens und den Tangentopoli-Skandal verantwortlich.[197] Neun Jahre später schob FI-Exponent Sandro Bondi den »roten Partisanen« die Schuld für das schwere Vergeltungsmassaker von Marzabotto in die Schuhe, das deutsche Einheiten 1944 an der Zivilbevölkerung verübten. Durch ihre Anschläge hätten die Partisanen der »Stella rossa« die sich auf dem Rückzug befindlichen Deutschen unnötig provoziert und den Menschen von Marzabotto einen viel zu hohen Preis abverlangt.[198] In seiner Funktion als Senatspräsident sprach der FI-Mann Marcello Pera vielen Anhängern der Rechtskoalition aus dem Herzen, als er bei einer Präsentation von Pansas Buch Ende 2003 dazu aufrief, endlich Schluss mit dem Antifaschismus, der »vulgata resistenziale« und dem Partisanenkrieg zu machen: »Befreien wir uns von diesem Mythos, den die Italiener heute nicht mehr brauchen.«[199]

Gewollt oder ungewollt bediente auch der Spielfilm »Miracle at St. Anna« (»Das Wunder von Sankt Anna«), den der amerikanische Starregisseur Spike Lee 2008 in die Kino brachte, die neue rechte Sichtweise auf die Resistenza. Lees Weltkriegsepos dreht sich um das schwere Massaker, das die 16. SS-Panzergrenadierdivision »Reichsführer SS« am 12. August

1944 im kleinen toskanischen Dorf Sant'Anna di Stazzema verübte. Unter einem Vorwand trieben SS-Männer die Dorfbewohner zusammen, warfen Handgranaten in die Menge und erschossen wahllos alle, denen sie habhaft wurden. Dabei fanden 560 Zivilisten den Tod, überwiegend Frauen, Kinder und Greise.[200] Erst 60 Jahre nach den Ereignissen begann in La Spezia endlich der Prozess. Im Juni 2005 endete er mit lebenslänglichen Haftstrafen für alle zehn Angeklagten. Der Schmerz der Erinnerung war zum Zeitpunkt des Erscheinens von »Miracle at St. Anna« sehr präsent, da einige der zu lebenslangen Haftstrafen verurteilten SS-Männer in Deutschland noch immer auf freiem Fuss lebten.

Lees Film wollte eigentlich auf die vergessene Tatsache hinweisen, dass die amerikanischen Truppen, die Italien mit zu befreien halfen, überwiegend aus Soldaten schwarzer Hautfarbe bestanden. Im Vordergrund der hitzigen Diskussionen in Italien stand anderes: Im Gegensatz zu den klassischen Partisanenfilmen stellt Lee das unglaublich brutale Massaker von Sant'Anna di Stazzema als Vergeltungsaktion der Deutschen dar, die sich damit an einer Widerstandsgruppe rächen wollten. Den Vorwurf der Geschichtsverdrehung handelte sich der schwarze Regisseur deshalb ein, weil im Film ein Mann der Resistenza eng mit den deutschen Besatzern zusammenarbeitet. Sein Verrat sei es gewesen, der das Massaker von Sant'Anna di Stazzema erst möglich machte. Und mehr noch: Nachdem die Partisanen ihre Nadelstiche ausgeführt hätten, seien sie in die Berge geflohen und hätten die zivile Bevölkerung ihrem Schicksal überlassen. Das war historisch unkorrekt, aber ganz auf der Linie der rechten Revisionisten.[201] Der linksliberale Publizist Giorgio Bocca, selber ein ehemaliger Mann der Resistenza, warf Lees Werk denn auch vor, Propaganda gegen die Partisanen zu betreiben. Man dürfe die Tragödie von Sant'Anna di Stazzema nicht einfach verändern, nur weil dies besser in die Dramaturgie des Films passe.[202]

Die Angriffe auf die Resistenza manifestierten sich auch in symbolischer Politik. Seit seinem Einstieg in die Politik zeigte Silvio Berlusconi den Feiern zum »25 aprile« regelmässig die kalte Schulter und blieb den offiziellen Zeremonien jeweils unter fadenscheinigen Vorwänden fern. Selbst 2005, anlässlich des 60. Jahrestages der »Liberazione«, liess er sich an der zentralen Kundgebung in Mailand als Ministerpräsident entschuldigen.[203] Bezeichnenderweise suchen manche Politiker und selbst Minister der Alleanza Nazionale am »25 aprile«, der bei ihnen als »rotes Fest« geächtet ist, seit jeher lieber die Gräber von faschistischen Milizionären der Repubblica Sociale Italiana auf. Mirko Tremaglia und Ignazio La Russa bekannten sich 2005 öffentlich dazu.[204] Ihr Parteifreund Sandro D'Alessandro, Bürgermeister der Stadt Benevento, schliesst sich am Nationalfeiertag jeweils in seinem Haus ein, um sich bei dieser Gelegenheit auf Schallplatten gepresste Mussolini-Reden anzuhören.[205] Mit diesen Akten von hoher Symbolkraft brüskierte die Rechte nicht nur die Kämpfer der Resistenza, sondern auch die Opfer der deutschen Okkupation und faschistischen Kollaboration.

Nach dem Wahlsieg von 2001 dachte die neue Mehrheit darüber nach, den 25. April in ein »Fest der Freiheit« gegen jede Form des Totalitarismus umzuwandeln.[206] Da der Nationalfeiertag vielen Italienern allerdings am Herzen liegt, kam eine Abschaffung nicht in Frage. Als sich Berlusconi am 25. April 2009 in Onna erstmals an einem »25 aprile« aktiv beteiligte, plädierte er denn auch dafür, diesen thematisch umzuwidmen: »Heute, 64 Jahre nach dem 25. April 1945 und zwanzig Jahre nach dem Fall der Berliner Mauer, ist es unsere Aufgabe, eine Aufgabe von allen, endlich ein nationales Einheitsgefühl zu stiften ... ich bin überzeugt, dass das Fest der Befreiung ein Fest der Freiheit werden kann.«[207] Was auf den ersten Blick wie eine Wende aussah, erwies sich bei genauem Hinsehen als geschickter Schachzug. Mit seinem Auftritt wollte der Premier das Band zwischen Antifaschismus, Resistenza und Verfassung weiter lockern und den »25 aprile« letztlich seines antifaschistischen Gehalts berauben.[208] Berlusconis »Fest der Freiheit« hätte – vom Datum abgesehen – nichts mehr mit der alten »Festa della Liberazione« gemein.

Der Bürgerkrieg und die »ragazzi von Salò«

In der hohen Zeit des Resistenza-Mythos bildete die Republik von Salò im kollektiven Gedächtnis der Italiener nichts mehr als ein schwarzes Loch. Lange Jahrzehnte spielte das Thema weder in der antifaschistischen Geschichtsschreibung und Belletristik noch im Kino und Fernsehen eine Rolle, von Pier Paolo Pasolinis Spielfilm »Salò oder die letzten 120 Tage von Sodom« (1975) einmal abgesehen, der sich in schwer erträglicher Weise mit der faschistischen Gewaltherrschaft in Norditalien auseinandersetzt. Alles in allem muss man von einer Damnatio memoriae sprechen. Einzig in der neofaschistischen Bunkererinnerung besass der Bezug auf die Republik von Salò und den unerklärten Bürgerkrieg von 1943 bis 1945 eine identitätsstiftende Bedeutung.[209] Die Antifaschisten dagegen radierten die Zeit des republikanischen Faschismus fast vollständig aus ihrer Erinnerung aus; sie brachten den Begriff »Bürgerkrieg« kaum über die Lippen, auch deshalb, weil es sich dabei um die neofaschistische Sicht auf die Ereignisse der Widerstandsjahre handelte.

Freilich billigte die von den Neofaschisten seit jeher verfochtene Bürgerkriegsthese den letzten 20 Monaten des Zweiten Weltkriegs eine eigene Dignität zu; sie ordnete das Finale des republikanischen Faschismus als wichtige Episode in die Nationalgeschichte ein.[210] Bereits in seiner voluminösen »Storia della guerra civile in Italia« (»Geschichte des Bürgerkriegs in Italien«) hatte der neofaschistische Historiker und MSI-Senator Giorgio Pisanò 1965 dagegen angeschrieben, in der Republik von Salò bloss ein Schattenregiment von Hitlers Gnaden zu sehen. Diese sei vielmehr als ein Bollwerk gegen die versuchte Machtergreifung der Kommunisten zu würdigen. Die Resistenza stellte Pisanò als ein von den Kommunisten auf Geheiss Moskaus begangenes Verbrechen dar. Die Vasallen Stalins hätten den Bürgerkrieg mutwillig entfesselt, um Staat und Gesellschaft in ihrem Sinn umzugestalten.[211] Pisanòs revisionistische Thesen blieben ausserhalb des neofaschistischen Milieus lange ohne Resonanz. Denn die Erinnerung an Salò war lange Zeit eine halbklandestine, fernab von der sonstigen kulturellen Produktion und politischen Kommunikation.[212] Kurz bevor die kommunistischen Diktaturen in Osteuropa zusammenbrachen, begann sich dies zu ändern. 1986 publizierte erstmals ein bedeutendes Verlagshaus die Memoiren eines Salò-Veteranen. Dabei handelte es sich um den autobiographischen Roman »A cercar la bella morte« (»Auf der Suche nach dem schönen Tod«) von Carlo Mazzantini, der bei Mondadori erschien.[213]

Mit der weltgeschichtlichen Zäsur von 1989 wuchs das Interesse für die Besiegten der Befreiung stark an. Im Fahrwasser eines umfassenden Gesellschaftswandels, der die Rechte erstarken liess, verschoben sich die Grenzen des Sagbaren. Tatsächlich begannen sich Wissenschaft, Film und Publizistik in den frühen neunziger Jahren vermehrt mit dem Thema zu befassen. Einen Anfang machten 1991 der linke Historiker Claudio Pavone mit seiner viel beachteten Studie »Una guerra civile« (»Ein Bürgerkrieg«) sowie Nicola Caracciola und Emanuele Valerio Marino mit ihrer Fernsehdokumentation »I 600 giorni di Salò« (»Die 600 Tage von Salò«). Der von der Rai ausgestrahlte Dokumentarfilm stiess auf ein derart starkes Interesse, dass er im Kino sogar vor zahlendem Publikum gezeigt werden konnte.[214] Bald schon folgten weitere Studien über die RSI, die wie die von Lutz Klinkhammer (1993) und Luigi Ganapini (1999) den Wissensstand erweiterten.[215] Insbesondere das Buch des ehemaligen Partisanen Claudio Pavone veränderte die Art und Weise, wie die antifaschistischen Kreise über die Zeit der deutschen Besatzung und des Widerstands dachten.

Pavone zeigte darin, dass die Resistenza nach dem 8. September 1943 nicht bloss ein nationaler Befreiungskampf gegen den deutschen Invasor gewesen war. In seiner Studie räumte er als erster linker Historiker überhaupt ein, dass die Widerstandsjahre von einem blutigen Bürgerkrieg und einer scharfen Klassenauseinandersetzung begleitet gewesen waren, die auf eine radikale Umgestaltung der Gesellschaft zielte. Die These vom dreifachen Charakter der Resistenza (als einer »guerra patriottica«, einer »guerra civile« und einer »guerra di classe«[216]) erregte im Land grosses Aufsehen. In seinem über 820 Seiten starken Wälzer nahm der ehemalige Partisan die andere Seite wissenschaftlich ernst. Tatsächlich versuchte er auch die Erfahrungen und Einstellungen der RSI-Kämpfer zu erhellen. Nicht minder neu war, dass Pavone nach den individuellen Motiven fragte, die die einen nach dem 8. September 1943 dazu bewogen, sich der RSI anzuschliessen, und die anderen als Partisanen in die Berge oder den städtischen Untergrund zu gehen. Was aus der Rückschau wie eine mutige Wahl zwischen Gut und Böse aussah, hing – so Pavone – oft von den Umständen ab.[217] Souverän ordnete er die Ereignisse in ihre historischen Zusammenhänge ein. »Der Bürgerkrieg, der in Italien vom September 1943 bis zum April 1945 dauerte«, hielt er etwa fest, »war die blutige letzte Runde, die Zeit der Abrechnung in einem Spiel, das in den Jahren 1919 bis 1922 eröffnet worden war.«[218]

Freilich bewegten sich die nun einsetzenden gesellschaftlichen Debatten um den Bürgerkrieg und die RSI nicht auf dem subtilen Niveau von Pavones Meisterwerk. Nachdem das Problem in den frühen neunziger Jahren zum Thema geworden war, warben die Meinungsführer der Rechten bald schon offensiv um Verständnis für die Kämpfer von Salò, die ja nur ihre militärische Pflicht getan hätten. Nun führten sie den Euphemismus »bravi ragazzi di Salò«[219] in die öffentliche Rede ein. Das war ein Tabubruch. Denn seit dem Ende des Bürgerkriegs galten die »repubblichini« in antifaschistischen Augen als Nazi-Kollaborateure, Landesverräter und schäbige Bluthunde. Ihrer verwerflichen Parteinahme wegen waren sie von jeder offiziellen Anerkennung ausgenommen. 1994, im Jahr des ersten Wahlsiegs von Berlusconis Rechtskoalition, mehrten sich die Rehabilitierungsversuche auffällig. Gianfranco Fini stellte die These in den Raum, dass die »repubblichini« geglaubt hätten, dem Vaterland zu dienen.[220] Nur einige Wochen später brachte die Parlamentsfraktion der AN einen Gesetzesentwurf ein, der die staatliche Anerkennung jener Soldaten forderte, die ihren Militärdienst für die Republik von Salò geleistet hatten. Schliesslich seien diese nicht persönlich dafür verantwortlich zu machen, dass sie dem Aufgebot von Marschall Rodolfo Graziani hätten Folge leisten müssen.[221]

Durch den Wahlsieg der Rechten zusätzlich ermuntert, wagten sich viele ehemalige Salò-Milizionäre aus ihrer Deckung. Trotzig meinte etwa der bekannte Schauspieler Giorgio Albertazzi, der Mussolini als Soldat gedient hatte, er bereue sein faschistisches Engagement von damals nicht. »Wenn die Republik von Salò nicht gewesen wäre, hätten die Deutschen dieses Land zerstört.«[222] – hielt er in völliger Verdrehung der historischen Tatsachen fest. Falls es faschistisch sei, das eigene Land zu lieben, seine Grenzen zu verteidigen und Mut zu haben, dann sei er halt ein Faschist.[223] In einer Fernsehdiskussion über eine Rai-Dokumentation[224], die unter anderem im Bild festhielt, wie amerikanische Soldaten drei faschistische Spione exekutieren, die hinter den Linien Informationen für die Wehrmacht gesammelt hatten, würdigte der führende Rechtsintellektuelle Giano Accame die »repubblichini« als »Helden«.[225] Ohne dass ihn der Moderator zurechtwies, fügte Accame vor der versammelten Fernsehnation an: Wer wie die Faschisten gross denke, dem unterliefen eben auch Fehler; wer aber klein denke, der komme schliesslich bei Tagentopoli an.[226] Das war Faschismusapologie reinsten Wassers und besonders gravierend, weil sie vor einem Millionenpublikum geäussert wurde.

Albertazzis spätes Bekenntnis und Accames skandalöse Auslassungen blieben im Frühjahr 1994 zwar nicht unwidersprochen. Doch erwies sich bald, dass die Begriffe im neuen Klima der Verharmlosung immer mehr durcheinander gerieten. In der schönen neuen Berlusconi-Welt konnte man nun ungestraft Dinge sagen, die in den Ländern des übrigen Westeuropa als rechtsextreme Provokationen geächtet worden wären. Keine Rolle spielte dabei die einfache Tatsache, dass der nazifizierte Faschismus im Herbst 1943 ohne die deutsche Okkupation nicht wieder auf der Bildfläche hätte erscheinen können. Um ihres eigenen Überlebens willen mussten sich die »repubblichini«, die sich doch als Superpatrioten begriffen, unter den Schutzschirm einer fremden und inhumanen Macht begeben, die die Welt in den bislang schlimmsten Krieg der Geschichte gestürzt hatte.

Die Thematisierungskonjunktur verebbte auch nach dem Sturz der ersten Regierung Berlusconi nicht. Das neue Interesse stand in einem merkwürdigen Kontrast zur früheren Gewohnheit, über die eigene Verwicklung in die Republik von Salò zu schweigen. Ende 1997 machte der »Corriere della Sera« bekannt, welche Prominente aus der Kulturwelt zu Mussolinis letztem Aufgebot gehört hatten. Neben dem Filmregisseur Marco Ferreri und den Autoren Dario Fo und Hugo Pratt wurden die Schauspieler Ugo Tognazzi, Walter Chiari, Giorgio Albertazzi und Marcello Mastroianni geoutet.[227] In einer von ihm selbst realisierten Rai-Dokumentation über die berüchtigte Eliteeinheit »Decima Mas« sprach der Regisseur Piero Vivarelli wenig später offen darüber, als junger Mann in dieser gedient zu haben.[228] Eine stark beachtete Antwort auf die Frage, welche Motive die »repubblichini« angetrieben hatten, gab 2000 der bekannte Historiker Roberto Vivarelli in seinen Jugenderinnerungen »La fine di una stagione« (»Das Ende eines Lebensabschnitts«). Darin legte der jüngere Bruder des Regisseurs erstmals offen, dass er sich als Vierzehnjähriger freiwillig der Republik von Salò angeschlossen hatte, ohne diesen Schritt nachträglich je bereut zu haben. Vivarellis Erinnerungen erregten deshalb Aufsehen, weil er sich als einer der wichtigen Historiker der Linken einen Namen gemacht hatte. Bislang hatte er nie öffentlich Rechenschaft über seine Kriegsvergangenheit abgelegt.

Im Gegensatz zu anderen Selbstzeugnissen versuchte Roberto Vivarelli zu erklären, weshalb er sich 1943 so und nicht anders entschieden hatte. Sozialisiert in den Jugendorganisationen des Regimes wollte er dem Beispiel des faschistisch eingestellten Vaters folgen, der 1942 im besetzten Jugoslawien gefallen war. »Ich bin der Sohn eines ermordeten Toten.«[229] Damals habe er absolut dran geglaubt, dass der Faschismus das allen anderen überlegene Gesellschaftssystem und mit dem Vaterland identisch sei.[230] Dem von Pietro Badoglio verkündeten Allianzwechsel konnte der junge Vivarelli nichts Positives abgewinnen. Er sah darin lediglich einen schnöden »Verrat«. In den Deutschen hätte er nicht die Nazis gesehen, sondern »unsere Alliierten«[231]. Kurz, seine jugendliche Militanz führte ihn in die schwarzen Brigaden und liess ihn an der Hinrichtung von drei Partisanen – »Spionen«, wie er sie nennt – teilnehmen. Aus Überzeugung schwenkte er die Fahne mit dem Hakenkreuz, weil er in den Angloamerikanern die »wahren Feinde« sah.[232] Offen bekannte er, dass er seine Entscheidung nicht nur nicht bereue, sondern auf gewisse Art sogar stolz auf sie sei, obwohl er heute natürlich wisse, dass sie moralisch und historisch falsch war.[233]

Für Diskussionsstoff sorgte nicht Vivarellis überraschendes Eingeständnis an sich, sondern die Art und Weise, wie er seine jugendliche Parteinahme rechtfertigte. So stellte er in Frage, ob die Angloamerikaner wirklich die »Befreier« und die Deutschen die »Invasoren« gewesen seien, wie das gemeinhin angenommen wird. Denn schliesslich seien erstere in einem klaren Kriegsakt an den italienischen Küsten gelandet, während die Deutschen diese an der Seite von Mussolinis Truppen verteidigt hätten.[234] Zudem gab sich Vivarelli überzeugt, dass die entscheidende Grenze nicht zwischen Schwarzhemden und Partisanen verlaufen sei, die im guten Glauben auf der einen oder anderen Seite der Barrikade kämpften. Auf der moralischen Ebene sei die Frontlinie vielmehr zwischen der kämpfenden Minderheit und der schweigenden Mehrheit verlaufen, die es vorzog, dem Geschehen aus sicherer Distanz zuzusehen.[235] Ob jemand vor der Geschichte schuldig geworden sei oder nicht, hänge nicht davon ab, für welche Seite und Ideale er kämpfte, sondern einzig von seinen Tun oder Lassen. Mit dieser provokativen These stellte er nicht nur antifaschistische Gewissheiten auf den Kopf, sondern entlastete auch die Täter, indem er diesen die gleich hohen Beweggründe zubilligte wie den Partisanen.

Mit seiner Gleichsetzung der beiden Bürgerkriegsseiten lieferte Vivarelli der Rechten eine Steilvorlage. Der angesehene Journalist Paolo Mieli würdigte das Buch in »La Stampa« als fundamentalen Beitrag zur Geschichtsaufarbeitung. Erstaunlich undifferenziert setzte auch Mieli die schweigende Mehrheit mit jenen Kreisen gleich, die sich nach dem Krieg im Namen des Antifaschismus zur neuen Führungsschicht des Landes proklamiert hatten.[236] Vivarellis Thesen gaben der Aufwertung der Salò-Faschisten weiter Auftrieb. Nachdem das rechte Parteienbündnis im Mai 2001 die Parlamentwahlen für sich entschied, wurde mit dem AN-Exponenten Mirko Tremaglia erstmals in der Nachkriegszeit ein ehemaliger Offizier der Salò-Armee zum Minister ernannt, ein alter Kämpfer notabene, der sich nie glaubwürdig von seiner schwarzen Vergangenheit distanziert hatte.

Mehr und mehr zielte die Erinnerungspolitik der Rechten auf eine Rehabilitierung von Mussolinis Marionettenrepublik. Nun nahmen die Ehrungen für die Gefallenen der RSI zu, an denen zunehmend auch nichtfaschistische Honoratioren auftraten. An Allerheiligen 1997 suchte in der Person von Gabriele Albertini erstmals ein Mailänder Bürgermeister »Feld 10« auf dem Zentralfriedhof auf, um die dort bestatteten Gefallenen der Republik von Salò zu ehren. Zuvor hatte er den im Bürgerkrieg getöteten Partisanen gedacht. Der FI-Politiker traf damit eine präzedenzlose Entscheidung für ein norditalienisches Stadtoberhaupt.[237] Mit seiner Verneigung vor allen Gefallenen machte der erste Bürger Mailands keinen Unterschied mehr zwischen Partisanen und Schwarzhemden. Albertini selbst sah darin einen Akt der nationalen Versöhnung. Trotz scharfer Kritik der Linken hielt der Bürgermeister von Mailand in seiner ganzen Amtszeit an dieser Praxis fest.[238]

Gesten wie diese standen für einen neuen öffentlichen Umgang mit dem Bürgerkrieg und der RSI. Entgegen ihren Beteuerungen gingen viele Politiker der Rechten geradezu frivol mit den historischen Tatsachen um. In Bologna meinte AN-Stadtrat Galeazzo Bignani: »Ich glaube, mit De Felice, dass die RSI der Versuch von Mussolini gewesen ist, eine nazistische Invasion in Italien zu verhindern.«[239] Senator Marcello Dell'Utri deutete die Salò-Kämpfer 2009 zu »Partisanen von rechts«[240] um. Im revisionistischen Klima verkam die Geschichte zusehends zu einem Spielball; sie wurde von der Rechten gerade so interpretiert, wie sie den eigenen politischen Zielen nützte. Hinter der Reinwaschung der »ragazzi von Salò«

vermutete Claudio Pavone ein einziges Motiv: »Sie sagen, dass sie eine Aussöhnung wollen, während das Gefühl, das sie [wirklich, A.M.] antreibt, das der Revanche ist.«[241]

Die verdrängte Tragödie: die Foibe und Titos ethnische Säuberungen

Ungeachtet der Tatsache, dass Italien vom 10. Juni 1940 bis zum 8. September 1943 als engster Verbündeter Deutschlands an Hitlers »Neuordnung Europas« mitwirkte, sehen sich viele Italiener heute vorwiegend als Opfer von dramatischen Ereignissen, die die deutsche Besetzung Nord- und Mittelitaliens über sie brachte. Die kollektive Erinnerung an den Zweiten Weltkrieg wird durch die Erfahrung von materieller Not und Angst, aber auch durch die alliierten Städtebombardements und die deutschen Repressalien an der Zivilbevölkerung bestimmt. Zu den nationalen Tragödien des Zweiten Weltkriegs zählen viele mittlerweile auch die von Tito-Partisanen in den Karstschlünden, den so genannten Foibe, umgebrachten Italiener und den sich bis 1954 hinziehende Exodus von rund 300.000 Landsleuten aus Istrien und Dalmatien. Dass die Foibe-Massaker und die Abwanderung aus den ehemaligen Ostgebieten nach 1989 zu einem nationalen Erinnerungsort aufstiegen, ging auf die Initiativen der Postfaschisten zurück. Bei diesem Thema gelang es der AN die faschistische Tätergeschichte in eine nationale Opfererzählung umzukehren. Allerdings liess sich diese Operation nur um den Preis durchführen, dass wesentliche Teile der Geschichte ausgeblendet wurden. Der Turiner Historiker Angelo Del Boca sprach in diesem Zusammenhang zu Recht von »halbierter Erinnerung«[242]. Denn die Gewalt, die die jugoslawische Partisanenbewegung seit Herbst 1943 an Teilen der italienischen Bevölkerung in Julisch Venetien, Istrien und Dalmatien verübte, muss immer auch als Folge jener rassistisch motivierten Unterdrückungspolitik Beachtung finden, die Slowenen und Kroaten zuvor während der faschistischen Herrschaft erlitten hatten.

Seit der Entfesselung des Zweiten Weltkrieges wähnte Mussolini seinen Traum von einem Mittelmeerimperium, das neben Nordafrika, Malta und Teilen Südfrankreichs auch die Balkanhalbinsel hätte umfassen sollen, zum Greifen nahe.[243] Als erster Schritt auf dem Weg zu »Grossitalien« hatte er im März 1939 Albanien annektiert. Am 28. Oktober 1940 überfielen seine Truppen auch Griechenland. Lange schon galt Jugoslawien in seinen Augen als »Terroristen- und Banditenhöhle«, ja als »Schweinestall«, der endlich mit eisernem Besen ausgemistet werden müsse.[244] Die Gelegenheit dazu bot sich im Frühjahr 1941. An der Seite der Wehrmacht fielen Mussolinis Legionen am 6. April über Jugoslawien her. Rom setzte für diesen Feldzug drei Armeen, bestehend aus 38 Divisionen, in Marsch. Dank der Überlegenheit des deutschen Waffenbruders rangen die Achsenmächte die jugoslawische Armee in nur zwölf Tagen nieder. Nach der Kapitulation Belgrads wurde Jugoslawien auf Hitlers Anordnung hin als Staatsgebilde zerschlagen und unter Deutschland, Bulgarien, Ungarn und Italien aufgeteilt. Rom durfte das südliche Slowenien, den Kosovo und die dalmatinische Küste bis hinunter nach Kotor annektieren. Zudem erhielt es vom Führer des Grossdeutschen Reiches Montenegro und weite Teile Griechenlands als Besatzungsgebiete zugeteilt. Um die ausgedehnten Gebiete kontrollieren zu können, musste der »Duce« in Jugoslawien und Griechenland über 30 Divisionen, die Hälfte des Gesamtbestandes der Königlich Italienischen Armee, und zeitweise bis zu 650.000 Mann einsetzen. Die 29 Monate währende Okkupation entwickelte sich zu einem der verbrecherischsten Kapitel in der Geschichte des Mussolini-Regimes überhaupt.

Fast von Beginn weg stiess die Besatzung auf Widerstand. Eine kommunistische Partisanenbewegung entstand, die von Josip Broz, Tito genannt, befehligt wurde. Wie einige Jahre zuvor schon in Libyen und Äthiopien versuchte die Besatzungsmacht, ihren Herrschaftsanspruch mit barbarischen Mitteln durchzusetzen. Dahinter verbarg sich eine systematische Konterguerilla-Strategie, die auf den in den afrikanischen Kolonien gemachten Erfahrungen basierte. Sie war von höchster Stelle gewollt. Gegenüber Aussenminister Galeazzo Ciano lobte Mussolini im Sommer 1942 einen in Albanien stationierten General als vorbildlichen Kriegsherrn, weil dieser seinen Soldaten nahe gelegt hatte: »Ich habe gehört, dass ihr gute Familienväter seid. Das ist gut so bei Euch zu Hause, nicht jedoch hier. Hier könnt ihr gar nicht genug Räuber, Mörder und Vergewaltiger sein!«[245]

General Mario Roatta, der Oberbefehlshaber der in Slowenien und Kroatien stationierten 2. Armee, erliess am 1. März 1942 das berüchtigte Rundschreiben 3C. Es enthielt die Instruktionen für die Bekämpfung der in seinem Befehlsbereich operierenden Partisanen. Im offenen Bruch mit dem Kriegsvölkerrecht hielt Roatta seine Offiziere bis hinunter zu den Bataillonskommandeuren dazu an, mit allergrösster Härte gegen den Widerstand und die mit ihm sympathisierende Zivilbevölkerung vorzugehen. Die »Behandlung der Rebellen« solle sich nicht nach dem Grundsatz »Zahn um Zahn« richten, sondern sich vielmehr an der Formel »Zahn um

Kopf« orientieren. Dazu gehörte auch, dass in Gebieten, in denen Partisanen aktiv waren, alle aufgegriffenen Männer sofort zu liquidieren waren. Gegenüber »minderwertigen« und »kommunistisch verseuchten« Menschen war der im faschistischen Geist kämpfenden Truppe fast alles erlaubt.[246]

Wie die Wehrmacht und die SS in ihrer Zone zogen auch die italienischen Besatzer eine Spur von Tod und Verwüstung durch Jugoslawien. In den Partisanengebieten brannten sie zahlreiche Dörfer und Häuser nieder, plünderten und bereicherten sich schamlos, nahmen ungezählte zivile Geiseln und exekutierten Tausende von Menschen, unabhängig davon, ob es sich dabei um bewaffnete Kämpfer oder um unbeteiligte Dorfbewohner handelte. Für Anschläge der »Rebellen« nahmen sie die zivile Bevölkerung systematisch in Kollektivhaftung. Um dem Widerstand das Wasser abzugraben, wurden allein in Slowenien 30.000 Zivilisten deportiert und ins System der italienischen Konzentrationslager verschleppt. Über ganz »Grossitalien« verstreut, existierten zwischen 1940 und 1943 mehr als 50 Konzentrationslager.[247] In ihnen internierte das Regime, wie die Forschung erst in den letzten Jahren dokumentiert hat, nicht nur Antifaschisten und »feindliche Ausländer«, sondern auch Angehörige unerwünschter Minderheiten.

Neben Lagern für Juden und »Zigeuner« entstanden auch solche für slawische Männer, Frauen und Kinder, etwa bei Gonars und Visco in Julisch Venetien und bei Renicci in der Toskana. Mindestens sieben »Slawenlager« richteten die neuen Herren im besetzten Jugoslawien ein. Dabei handelte es sich meistens um improvisierte Zeltstädte, in denen es an allem mangelte: an Essen und Decken, aber auch an Matratzen, Waschgelegenheiten und medizinischer Versorgung. Zwar handelte es sich bei den Lagern in Melada, Zlarino, Mamula, Prevlaka, Buccari und Porto Re, deren Namen heute fast niemand mehr kennt, um keine Vernichtungslager. Dennoch war die Todesrate hoch. Der berüchtigste Lagerkomplex befand sich auf der Insel Rab. Hier waren vorwiegend Bauern, Holzfäller, Arbeiter und Handwerker interniert. In überfüllten Zelten völlig unzureichend untergebracht, starben dort innerhalb eines Jahres mindestens 1.500, vielleicht sogar 3.000 der insgesamt 15.000 Insassen an den erlittenen Entbehrungen.[248]

Wie viele Tote die italienische Okkupation in Jugoslawien insgesamt gefordert hat, ist umstritten. Der in Turin lehrende Historiker Brunello Mantelli geht von mindestens 250.000 Opfern aus.[249] Wenngleich sich die genaue Zahl nicht angeben lässt, steht fest, dass die italienischen Streitkräfte in Jugoslawien, Albanien und Griechenland schwere Kriegs- und Besatzungsverbrechen begingen. Jedenfalls stachelte die brutale Besatzungsherrschaft den Hass gegen die Italiener mächtig an. Als die faschistische Diktatur zusammenbrach, unterschieden viele Jugoslawen aufgrund des erlittenen Unrechts nicht mehr zwischen Italienern und Faschisten. Nach dem Waffenstillstand vom 8. September 1943 brachte die Partisanenarmee von Marschall Tito in Istrien und Dalmatien einige Hundert Italiener um, in dem sie diese aneinandergefesselt in Fiobe stürzten, wo sie elendiglich starben. Nachdem die jugoslawische Partisanenarmee im April 1945 Triest erreichte, das bis dahin unter deutscher Besatzung gestanden hatte, kam es zu einer zweiten Abrechnungswelle. Schätzungen zufolge kostete diese Säuberungswelle einigen Tausend Italienern das Leben. Nach Schnellprozessen wurden diese oft in die Karstschlünde gestossen. Die Gewaltwelle endete am 9. Juni 1945. Nachdem der Pariser Friedensvertrag vom 10. Februar die früheren italienischen Provinzen Pola, Fiume und Zara sowie Teile des Gebiets um Triest und Görz Jugoslawien zuschlug, verschlechterten sich die Lebensbedingungen der dort lebenden Italiener. Bis 1954 gaben rund 300.000 von ihnen ihre Heimat auf und siedelten nach Italien über, wo sie zunächst in 109 Lagern Aufnahme fanden.

Heute lässt sich die genaue Zahl der Foibe-Opfer nur mehr schwer ermitteln, weil nicht alle Leichname geborgen werden konnten und zum Teil auch Akten fehlen. Die seriöse Forschung schätzt, dass in den Karstschlünden bis zu 5.000 Menschen umkamen.[250] Einige Historiker und Publizisten brachten jedoch eine Opferzahl von bis zu 20.000 Toten in Umlauf. In ihrem Kampf um Wiedergutmachung operierten rechtsnationale Politiker wie Maurizio Gasparri oft mit überhöhten Zahlen.[251] Umstritten sind heute nicht so sehr die Fakten, sondern die Motive, weshalb die jugoslawische Partisanenarmee zahlreichen Italienern in Istrien und Julisch Venetien nach dem Leben trachtete. Festzustehen scheint: Die »infoibiati« waren überwiegend Faschisten und kroatische Kollaborateure, obwohl es auch unschuldige Italiener traf.[252] Wissenschaftlich am überzeugendsten ist die Deutung, dass es sich bei den Foibe-Massakern um politische Säuberungsaktionen handelte, die durch Revancheabsichten und nationalen Groll motiviert waren.[253] Damit steht nicht fest, dass es historisch korrekt ist, die Exzesse als »ethnische Säuberungen« der jugoslawischen Kommunisten zu deuten. »In diese Höhlen wurden nicht nur Italiener geworfen«, betont die an der Universität Ljubljana lehrende Historikerin Marta Verginelli, »sondern auch Deutsche, Slowenen, Kroaten, einige sogar lebendig. Alle kriegführenden Parteien benutzten dieselben Höhlen, auch deutsche Truppen und faschistische Einheiten der Republik von Salò.«[254]

Im Kalten Krieg breiteten sowohl die staatstragenden Christdemokraten als auch die oppositionellen Kommunisten einen Mantel des Schweigens über dieses dunkle Kapitel aus. Die christdemokratischen Nachkriegsregierungen hatten kein Interesse daran, an ihre politische Verantwortung für den Pariser Friedensvertrag vom 10. Februar 1947 erinnert zu werden, der nach Ansicht vieler Bürger die »Würde Italiens«[255] verletzt hatte und als nationale Schmach galt. Die Absicht, die Verantwortlichen für die Foibe-Massaker vor Gericht zu stellen, hätte mit Bestimmtheit die Gegenforderung provoziert, zuerst die schweren italienischen Kriegs- und Besatzungsverbrechen in Jugoslawien gerichtlich beurteilen zu lassen.[256] Aus Gründen der Staatsräson zogen es die christdemokratischen Regierungschefs deshalb vor, keine schlafenden Hunde zu wecken und die Beziehungen zum Nachbarn nicht zusätzlich zu belasten. Umgekehrt warf die Angelegenheit auch für den PCI die unangenehme Frage auf, wie er denn zu Titos Partisanenarmee gestanden war.[257]

Während des Ost-West-Konflikts pflegten einzig einige Lokalhistoriker, die überlebenden Flüchtlinge und die Neofaschisten die Erinnerung an die Foibe und den Exodus aus Istrien und Dalmatien. Niemals verblasste sie in den Grenzstädten Triest und Gorizia. Regelmässig sahen sich die Flüchtlinge auf ihren Treffen, auf denen sie der Ereignisse und ihrer Toten gedachten.[258] Für sie stellten der Verlust der alten Heimat und der ungesühnte Massenmord offene Wunden der Geschichte dar. Schon 1980 wurde die nahe von Triest gelegene Foiba von Basovizza auf ihre Initiative hin zu einem Denkmal von nationalem Interesse erklärt. Des Themas nahm sich früh schon der MSI an, ohne damit bis zum Fall des Eisernen Vorhangs jedoch punkten zu können. Bei den Neofaschisten spielten dafür weiter bestehende Territorialansprüche gegenüber Jugoslawien und die Forderung nach Sühne für die von Titos Partisanen begangenen Verbrechen eine Rolle. Freilich instrumentalisierten sie das Thema für ihre politischen Zwecke.

Nach dem Zerfall des kommunistischen Jugoslawien änderten sich die Rahmenbedingungen des Erinnerns grundlegend. Im September 1992 erhob Staatspräsident Oscar Luigi Scalafaro die Foiba von Basovizza bei Triest zum Nationaldenkmal.[259] Mitte der neunziger Jahre, rund um den 50. Jahrestag der tragischen Ereignisse, fanden erstmals grössere Gedenkanlässe statt. Den Foibe wurde nun die Bedeutung eines »nationalen Schreins«[260] zugeschrieben. Die Erinnerung an die Gräueltaten von Titos Partisanenarmee hörte auf, eine alleinige Domäne der Vertriebenen und der extremen Rechten zu sein. Auftrieb erhielt dieser Prozess durch den linksdemokratischen Kammerpräsidenten Luciano Violante, der dem Thema seit seiner Wahl 1996 eine hohe Bedeutung zumass. Schon in seinen ersten Amtsmonaten verurteilte der Postkommunist – unter dem Beifall der Rechten – die jahrzehntelange »Verschwörung des Schweigens«. In der von den Siegern geschriebenen Geschichte und in einem

Klima der besonderen Nachsicht gegenüber Tito seien die Foibe, so Luciano Violante, während der Blockkonfrontation aus der nationalen Erinnerung getilgt worden.[261]

In einer Diskussion mit Gianfranco Fini, die am 14. März 1998 in Triest stattfand, ging der Kammerpräsident noch einen Schritt weiter. Den Opfern der Foibe sei die nationale Anerkennung zu lange versagt geblieben. Nun sei die Zeit gekommen, die Wunden der Geschichte zu schliessen. Die Foibe könnten Teil einer gemeinsam geteilten nationalen Erinnerung werden.[262] 75 Historiker, darunter so bekannte wie Luciano Canfora, Enzo Collotti und Claudio Pavone, kritisierten Violantes Vorstoss heftig, weil der Kammerpräsident den Partisanen der jugoslawischen Volksbefreiungsarmee die alleinige Schuld an den Foibe-Massakern gab, ohne auf die historische Verantwortung des Faschismus für den Krisenherd Adria hinzuweisen. Einer mit den Erben des Faschismus gemeinsam geteilten Erinnerung erteilten sie eine grundsätzliche Absage. »Vergessen wir nie«, stand im Protestschreiben der Historiker zu lesen, »dass der wahre Unterschied zwischen Antifaschisten und Faschisten in der Tatsache bestand, dass Letztere faktisch ein System verteidigten, das die Gaskammern und Krematorium von Auschwitz produziert hatte, während Erstere diese vom Antlitz der Erde tilgen wollten.«[263]

Trotz dieser Mahnung liess die Rechte nicht locker. Aus der Regierungsverantwortung heraus intensivierte sie ab 2001 ihren Kampf, die dramatischen Ereignisse an der Nordostgrenze im kollektiven Gedächtnis fest zu verankern. Als treibende Kraft erwiesen sich erneut die Postfaschisten der AN, dabei unterstützt von Mandatsträgern von FI wie dem Triester Bürgermeister Roberto Dipiazza. Von der Tageszeitung »La Stampa« gefragt, was für Filme er gerne künftig im staatlichen Fernsehen sehen würde, regte der dafür zuständige Kommunikationsminister Maurizio Gasparri 2002 einen Spielfilm über die »Tragödie der Foibe« an. Mit einer Dokumentation, in der die Bergung von Skeletten gezeigt wird, würde nur Abscheu erregt. Um das Massenpublikum zu erreichen, sei eine fiktive Geschichte, die das Schicksal einer dieser armen Familien aus Istrien oder Dalmatien erzähle, weit wirkungsvoller. »Das sind grosse Tragödien. Wie die des Holocaust und die der Anne Frank.«[264] – ergänzte der Minister, womit er die Foibe-Massaker mit der Shoah auf die gleiche Stufe stellte. Geraume Zeit später gab die Rai bei Alberto Negrin einen Zweiteiler in Auftrag, der die rechtsnationalen Erwartungen mehr als nur erfüllte.

Der Fernsehfilm »Il cuore nel pozzo« (»Das Herz im Abgrund«) flimmerte am 6. und 7. Februar 2005 im Hauptabendprogramm über die Bildschirme. Die Erstausstrahlung verfolgten immerhin 17 Millionen Menschen mit. Dem eigenen Anspruch nach wollte Negrins Fernsehfilm der

Aufklärung dienen; er drückte jedoch vor allem auf die Tränendrüsen des Publikums.[265] In simpelster Schwarzweissmanier werden die jugoslawischen Partisanen darin als slawokommunistische Bösewichte und die Italiener als bedauernswerte Opfer in Szene gesetzt. Die Widerstandskämpfer gegen die deutsche Besatzung erscheinen als eine »Bande von Männern ohne Skrupel, Mörder, Trunkenbolde, Landdiebe, Vergewaltiger, die nur von der willkürlichen Rache und vom Hass auf die Italiener getrieben werden«[266]. Um die Dramaturgie zu unterstützen, staffiert Negrin diese mit Attributen wie Lederstiefeln und Schäferhunden aus, die in Filmproduktionen über den Zweiten Weltkrieg üblicherweise dazu verwendet werden, SS-Männer darzustellen.[267] Der Held des Films heisst Ettore, der als Salò-Milizionär zum Retter vieler italienischer Waisen wird, die ihre Eltern in den Karstschlünden verloren haben. Da war er wieder: der »gute Faschist«.

Das aus einer Kinderperspektive erzählte Rührstück reduziert Massenmord und Vertreibung auf die private Rache eines kleinen jugoslawischen Kommandanten, der von einer italienischen Frau abgelehnt wird und im Kampf um das gemeinsame Kind zur Bestie wird.[268] Ein Rückblick auf die Jahre faschistischer Unterdrückungspolitik in Istrien unterbleibt ebenso wie ein solcher auf die Exzesse der deutschen Besatzung, so dass man von einer verpassten Gelegenheit sprechen muss, die am Ende des Zweiten Weltkriegs an Italienern begangenen Gräueltaten dem Publikum historisch auf wirklich ernsthafte Weise zu erklären.[269] In Slowenien und Kroatien löste dieser Fall von massenmedialem Revisionismus einen Sturm der Entrüstung aus. Der slowenische Schriftsteller Drago Jancar warf Negrins Film vor, alte Wunden aufzureissen und weit entfernt von Wahrheitsliebe und »moralischer Vivisektion« zu sein. Negrin hätte »ästhetischen und politischen Kitsch« produziert, der mehr zudecke als erhelle. Und mahnend fügte Jancar hinzu: »So wie das heutige Deutschland nicht der Erbe des nazistischen Wahnsinns ist, so kann auch das heutige Italien nicht die Geisel der historischen faschistischen Verirrungen sein. Doch Italien muss seine Verbrechen kennen und verstehen, wenn es den Moloch des Nationalismus und der Verachtung des Nachbarn nicht noch einmal aus der Flasche lassen will.«[270]

Der Zweiteiler erreichte nicht nur ein Riesenpublikum, er wirkte durch seine eingängige Art prägend auf den gesellschaftlichen Erinnerungsdiskurs. Bezeichnenderweise liess ihn die Rai kurz vor dem ersten nationalen Gedenktag ausstrahlen, der am 10. Februar 2005 an die Foibe-Opfer und an den istrisch-dalmatinischen Exodus erinnerte. Ein Jahr zuvor hatten die beiden Kammern des Parlaments einen Gesetzesvorschlag des AN-Politikers Roberto Menia aus Triest gut geheissen. Die Deputiertenkammer stimmte der Einführung eines »Giorno del ricordo« mit 502 zu 15

Stimmen bei 4 Enthaltungen deutlich zu.[271] Einzig die beiden kommunistischen Kleinfraktionen traten dagegen auf. Nach der Abstimmung jubilierten viele rechtsnationale Abgeordnete und sprachen von einem »sehr schönen Akt des Parlaments«, ja von »einer grossen Anerkennung nach zu vielen Jahren des Vergessens«.[272] Innerhalb eines Jahrzehnts wanderten die Foibe-Massaker und der Exodus aus Istrien und Dalmatien von der Peripherie ins Zentrum der gesellschaftlichen Debatten. Mit der Einführung des Foibe-Gedenktages wurde 2004 nichts weniger als ein neuer nationaler Erinnerungsort etabliert.

Allerdings trug die Erinnerungsoffensive der Rechten kaum dazu bei, dass historische Wissen um die Vorgänge an der Nordostgrenze Italiens zu vertiefen. Mehr und mehr wurden die Foibe zu einem »Ort des Martyriums der Italiener« und zu einem Synonym für einen lange verleugneten Genozid der jugoslawischen Kommunisten umfunktioniert.[273] Die neuen Meinungsmacher in Politik und Medien brachten weit überhöhte Opferzahlen in Umlauf und schreckten nicht davor zurück, die Foibe-Massaker als Resultat einer vom Tito-Regime systematisch betriebenen »ethnischen Säuberung« zu deuten. »Während Italien das Ende des Krieges erlebte«, schrieb das Nachrichtenmagazin »Panorama« im Sommer 2004 beispielsweise, »löschten die jugoslawischen Partisanen mit dem roten Tito-Stern grausam ganze Familien aus, Männer und Frauen und mit ihnen oft Kinder, nur weil sie sich der Slawisierung der Gebiete erklärtermassen oder bloss potenziell entgegenstellten.«[274] Im Erinnerungsdiskurs setzte sich der Begriff »Märtyrer« für die Opfer der Foibe-Massaker durch. Immer mehr Italiener sahen in diesen Gefallene für die heilige italienische Sache, ohne über die von den Mussolini-Faschisten nach 1921 in Gang gesetzten Gewaltspirale und von der Wehrmacht und italienischen Streitkräften begangenen Besatzungsverbrechen näher Bescheid zu wissen. Das ist kein Zufall. Denn die Hauptfunktion der »Foibe«-Erzählung besteht nicht darin, die tragischen Ereignisse in der multiethnischen Grenzregion dem Vergessen zu entreissen, um damit das Bild der jüngeren Vergangenheit vollständiger zu zeichnen. Den Postfaschisten ging und geht es vor allem darum, von der Tätergeschichte ihrer Grossväter und Väter abzulenken.[275]

Nationale Aussöhnung und geteilte Erinnerung

Seit dem Zusammenbruch der Ersten Republik rechtfertigte die Rechte einen Grossteil ihrer revisionistischen Kampagnen mit der Forderung nach »nationaler Versöhnung« (»pacificazione nazionale«). Bei dieser viel verwendeten Formel handelte es sich ursprünglich um einen Zauberbegriff, der während des Kalten Krieges vor allem bei den Besiegten des Bürgerkriegs und in der neofaschistischen Gegenkultur heimisch war.[276] Was auf den ersten Blick wie ein verführerisches Angebot an die politischen Erben des Antifaschismus erscheinen mochte, entpuppt sich bei näherem Hinsehen jedoch als eines mit einem dicken Pferdefuss. Selbstredend knüpfte die Rechte ihre Versöhnungsrhetorik stets an die Bedingung, einen Schlussstrich unter die aus dem Bürgerkrieg stammenden Entzweiungen zu ziehen. Im Zeichen der »nationalen Befriedung« solle nun allen Kämpfern und Gefallenen des Bürgerkriegs im gleichen Mass gedacht werden. All dies wurde in der Absicht vorgetragen, den die Nachkriegsrepublik begründenden Antifaschismus zu überwinden und eine neue nationale Meistererzählung zu entwickeln, in der die Verlierer den Siegern auf Augenhöhe begegnen können.[277]

Zu Beginn der Zweiten Republik trugen Intellektuelle und Politiker der postfaschistischen Rechten den Ruf nach »nationaler Versöhnung« am lautesten vor. Nicht nur in der Rhetorik der AN-Führungscrew, sondern auch bei rechten Intellektuellen wie Marcello Veneziani und Giano Accame und dem Schauspieler Giorgio Albertazzi spielte sie eine zentrale Rolle. Im Zeichen der von rechts angestrebten »Versöhnung« richtete der »Secolo d'Italia«, das Parteiorgan der AN, eine neue Rubrik ein. Von Herbst 1994 an erschienen in ihr biographische Profile von faschistischen und antifaschistischen Persönlichkeiten, darunter auch die der kommunistischen Intellektuellen Antonio Gramsci und Elio Vittorini.

Von der Rechten ausgehend drang die Versöhnungsparole in andere Milieus vor, zum Beispiel in das ehemals christdemokratische. Katholisch gewendet tauchte sie früh schon in den Ansprachen von Oscar Luigi Scalfaro auf, der seit 1992 das Amt des Staatspräsidenten versah. Bald machten sich etwa auch Gabriele Albertini und Roberto Dipiazza, die von FI gestellten Bürgermeister von Mailand und Triest, zu ihren Lautsprechern.[278] Im Blick auf eine nationale Versöhnung erklärte sich selbst die weit rechts stehende AN-Abgeordnete Alessandra Mussolini bereit, jedem Mörder ihres verehrten Grossvaters die Hand zu schütteln.[279] Irgendwann sprang auch Silvio Berlusconi auf den fahrenden Zug auf. Nach seinem dritten Wahlsieg 2008 erklärte er den Moment für eine »definitive nationale Versöhnung« für gekommen.[280]

In leicht abgewandelter Form zeigten sich auch einige Politiker des Mitte-Links-Lagers von der Idee angetan. Am 9. Mai 1996 stellte der linksdemokratische Kammerpräsident Luciano Violante in seiner Inaugurationsrede fest, dass Italien im Unterschied zu anderen wichtigen europäischen Ländern keine gemeinsam geteilten nationalen Werte besitze. Ohne die Republik von Salò und den von ihr praktizierten Faschismus explizit zu verurteilen, stellte er die Frage, ob es im Italien von heute nicht endlich an der Zeit sei, über die »Besiegten von gestern« nachzudenken. Was waren die Motive, die Tausende von Jungen und Mädchen dazu bewogen, als alles schon verloren war, Partei für die Republik von Salò zu ergreifen und nicht die der Freiheit – fragte der Kammerpräsident in das Auditorium.[281] Während das Mitte-Links-Lager irritiert und zum Teil verärgert reagierte, sah die Rechte in den Ausführungen des Kammerpräsidenten eine Wende und den Beginn einer Rehabilitierung. Gerührt zeigte sich der ehemalige Salò-Kämpfer Mirko Tremaglia, der den Kammerpräsidenten nach dessen Rede versöhnlich umarmte.[282]

Trotz der zum Teil harschen Proteste aus den eigenen Reihen ging Violante auf diesem Weg weiter. Auf Einladung der Universität Triest trat er am 14. März 1998 in Triest zusammen mit dem AN-Präsidenten Gianfranco Fini auf, um mit dem ehemaligen Ziehsohn Giorgio Almirantes über strittige Fragen der Weltkriegsvergangenheit zu diskutieren. Schon der äusseren Form nach war das Treffen als Akt der Aussöhnung arrangiert. Erstmals erklärte sich ein hochrangiger Postkommunist bereit, mit einem nicht minder profilierten Postfaschisten über die Wunden der Geschichte und deren Bedeutung für das kollektive Gedächtnis von heute zu diskutieren.[283] In seinem Statement strich Fini hervor, dass die Nachkriegszeit längst vorbei sei. Der aus dem Bürgerkrieg herrührende Hass zwischen Antifaschisten und ehemaligen Faschisten müsse ein für alle Mal überwunden werden. Das Ziel sei eine nationale Identität, deren Werte von allen Italienern – unabhängig von ihrem politischen Standort – geteilt werden könnten.[284] In historischer Perspektive müsse heute gesagt werden, dass der PCI den Antifaschismus die ganze Nachkriegszeit über instrumentalisiert habe, um seine demokratische Legitimation zu erhöhen. Gerade in Julisch Venetien sei der Antifaschismus kommunistischer Couleur jedoch »zutiefst antiitalienisch« gewesen, habe dieser doch nicht nur die liberale Demokratie, sondern auch ein nationales Bewusstsein abgelehnt.[285] Das war eine klare antikommunistische Breitseite, ohne dass Fini auf die faschistischen Gewalttaten eingegangen wäre.

Selbstkritisch räumte Luciano Violante ein, dass sowohl Kommunisten als auch Faschisten an der Gewaltspirale im jugoslawisch-italienischen Grenzraum gedreht hätten. Nach dem Krieg seien gerade die Ereignisse an der Ostgrenze unter den Teppich gekehrt worden, auch von PCI-Chef Palmiro Togliatti und seinen Leuten. Im Unterschied zu seinem Vorredner gab der Kammerpräsident zu bedenken, dass Italien längst schon mit sich selbst versöhnt sei und alle gesellschaftlichen Gruppen ein Recht auf ihre eigene Erinnerung hätten.[286] Heute gehe es nicht darum, eine Erinnerung der anderen gegenüberzustellen, sondern alle Seiten der Geschichte zu lesen und diese in einem höheren Sinn zu verstehen.[287] Violantes Auftritt in Triest gab bei der Linken zu heftiger Kritik Anlass. In seinem Lager ärgerte man sich darüber, dass sich der linke Kammerpräsident von einem ehemaligen Neofaschisten eine Kommunismusdebatte hatte aufzwingen lassen. Armando Cossuta, Präsident von Rifondazione Comunista, meinte: »Wir sind bereit, über die Verbrechen zu diskutieren, durch die sich Kommunisten in der ganzen Welt befleckt haben. Aber in Italien haben die Faschisten Krieg und Diktatur gebracht. Wofür hätten sich die Kommunisten hier in Italien denn zu schämen?«[288]

In den neunziger Jahren wurde »nationale Aussöhnung« im Kleinen zuweilen auch praktiziert. Unter den Augen des Herzogs Amedeo von Aosta trafen sich im Oktober 1993 General Luigi Poli und der ehemalige MSI-Abgeordnete Cesco Guilio Baghino auf einem toskanischen Landgut in der Nähe von San Giustino Valdarno zu einer Gedenkzeremonie. Poli präsidierte die Vereinigung der Veteranen des Befreiungskriegs, die in den regulären Streitkräften gedient hatten, Baghino den Verband der Kämpfer der Republik von Salò. Vor einer Erinnerungstafel für die Gefallenen des Kriegs schüttelten sich beide symbolträchtig die Hände, umarmten sich und legten Blumenkränze nieder. Beide Seiten seien Söhne des 8. September 1943, der Italien in zwei feindselige Hälften zerschnitten habe. Den Wiederaufbau nach dem Krieg hätten sie aber gemeinsam bewerkstelligt – lautete der Grundtenor der Reden. Die Strasse zur nationalen Versöhnung sei nun weit offen, gab der Herzog von Aosta zu verstehen, unbesehen der Tatsache, dass der Ehemaligenverband der Resistenza nicht am Anlass teilnahm.[289]

Ermuntert durch Violantes Aufforderung, endlich über die Besiegten von gestern nachzudenken, gingen der Arzt Rosario Bentivegna und der Schriftsteller Carlo Mazzantini noch einen Schritt weiter. 51 Jahre nach dem Ende des Krieges trafen sich die Feinde von einst, die sich im Frühherbst 1943 der gleichen Generation und der selben bürgerlichen Schicht angehörend für die unterschiedlichen Bürgerkriegsseiten entschieden hatten, zu einer Aussprache in einem Römer Gymnasium. Der Kommunist Bentivegna hatte in der Hauptstadt gegen die deutsche Besatzung gekämpft und die Bombe in der Via Rasella gelegt, die 33 Soldaten tötete. Den Anschlag beantworteten die Deutschen mit dem schweren Massaker in den Fosse Ardeatine, in denen sie 335 Zivilisten ermordeten. Überzeugt davon, die nationale Ehre nur an der Seite der Wehrmacht verteidigen zu können, hatte sich Mazzantini dagegen den schwarzen Brigaden der RSI angeschlossen. Als Mazzantini sein Buch »I balilla andarano a Salò« (»Die

Balilla gingen nach Salò«) veröffentlichte, schrieb Bentivegna diesem, dass er mit ihm in vielen Punkten übereinstimme. Unsicher, wie er auf die Kontaktaufnahme reagieren solle, hüllte sich Mazzantini vorerst in Schweigen. Erst die Inaugurationsrede von Luciano Violante brach den Damm.

Während der aufwühlenden Veranstaltung fielen die Ex-Feinde, die sich wohl umgebracht hätten, wenn sie sich im Krieg begegnet wären, bald vom »Sie« ins vertrauliche »Du«. Gemeinsam dachten sie über ihre unterschiedlichen Familiengeschichten und ihre konträren Entscheidungen nach. Dabei zeigten sich Ähnlichkeiten: Nach einem Jahr in den schwarzen Brigaden verweigerte Mazzantini den Befehl, zur Vergeltung für einige getötete Kameraden an der Hinrichtung von sechs Bauern teilzunehmen. Daraufhin wurde die Exekution widerrufen. Umgekehrt berichtete Bentivegna, dass er einigen deutschen Gefangenen das Leben rettete, die seine russischen Genossen erschiessen wollten. Freilich brachte die Aussprache auch völlig unvereinbare Einschätzungen zu Tage. So bezeichnete Mazzantini das Attentat in der »Via Rasella« als unnötigen Akt des Terrorismus und verglich dieses überdies mit den heutigen Anschlägen islamischer Extremisten. Den Vergleich wies Bentivegna umgehend zurück, in dem er darauf verwies, dass der Widerstand nie gezielt Zivilisten attackiert habe.

Nicht einverstanden erklärte sich Bentivegna mit der Behauptung, dass es den Partisanen mit ihren Anschlägen darum gegangen sei, heftige Vergeltungsmassnahmen des Besatzers zu provozieren. »Nein«, führte Bentivegna aus, »unser Ziel war es, den Feind zu treffen … Wir entschieden uns dafür, das Risiko von Repressalien in Kauf zu nehmen, um die Ehre des Vaterlands zu retten.«[290] Klar wurde, dass für die konträren Entscheidungen der beiden unterschiedliche Konzepte von nationaler Ehre eine Rolle spielten. Denn Mazzantini glaubte, die Ehre Italiens nach dem »Verrat« des 8. September 1943 nur auf der Seite der RSI verteidigen zu können. Neben Trennendem förderte das Treffen auch Gemeinsames zu Tage. So unterschiedlich die historischen Einschätzungen zwischen Bentivegna und Mazzantini im Einzelnen blieben, traten sie über die ehemalige Demarkationslinie des Bürgerkriegs hinweg in einen Dialog über die Vergangenheit ein. Das war neu, aber auch riskant, weil sich die Unterschiede zwischen richtig und falsch zusehends zu verwischen drohten.

Zwei Jahre nach dem Treffen veröffentlichte der Journalist Dino Messina ein Buch, für das er Bentivegna und Mazzantini zu ihren Lebenswegen interviewte. Die Doppelbiographie trug den bezeichnenden Titel »C'eravamo tanto odiati« (»Wir haben uns so sehr gehasst«).[291] An der von viel Prominenz besuchten Buchvernissage nahmen unter anderem Kammerpräsident Luciano Violante und der grüne Römer Bürgermeister

Francesco Rutelli, aber auch Vertreter der Rechten wie Mirko Tremaglia und Marcello Veneziani teil. Der Anlass stand unter dem unerklärten Motto, den alten Hass zu überwinden. Rosario Bentivegna hob hervor, dass er sich mit niemandem zu versöhnen brauche, weil er nie jemanden gehasst habe. Das Faktum, dass sich hier Leute so unterschiedlicher Herkunft zusammengefunden hätten, interpretierte Carlo Mazzantini dahingehend, dass die »Versöhnung« stattgefunden habe, ja dass die alten Entzweiungen nun der Geschichte angehören.[292] Wie die Zukunft bald schon offenbarte, war dies nicht der Fall. In seiner Ansprache legte Veneziani, einer der Vordenker der AN, Wert auf die Feststellung, dass es nicht um Versöhnung gehe, sondern darum, in Respekt die gegenseitige Differenz zu akzeptieren, so dass die Geschichte verdaut werden könne, ohne dass sie ausradiert werde.[293] Ungewollt wies Veneziani damit auf Wichtiges hin.

In Wirklichkeit ging es den rechten Promotoren der »pacificazione nazionale« darum, den fundamentalen Gegensatz zwischen Salò-Faschismus und demokratischem Antifaschismus einzuebnen und die Wahl der »repubblichini« im Zeichen einer diffusen Aussöhnungsidee als moralisch gleichwertig erscheinen zu lassen.[294] Nach Jahrzehnten der Ächtung forderten die Erben von Salò nichts weniger als eine rehabilitierende Anerkennung durch die Antifaschisten. Einige wohlmeinende Politiker des Mitte-Links-Lagers liessen sich über die eigentliche Absicht der Versöhnungskampagne täuschen. Desillusioniert räumte dies Luciano Violante 2002 ein. Angesichts der Tatsache, dass viele Politiker der AN eine schamlose Aufwertung des Faschismus betrieben, seien seine Worte über Salò inzwischen überholt. Vor diesem Hintergrund sei ein politischer Dialog mit der Rechten unmöglich. Selbstverständlich sei er stets davon ausgegangen, dass dieser nur vor einer expliziten Verurteilung der RSI und des Faschismus Sinn mache.[295]

Die ANPI, der grösste Partisanenverband Italiens, lehnte eine Aussöhnung mit ihren Feinden aus der Zeit des Bürgerkriegs immer schon ab. Vor dem Hintergrund des von rechts offensiv vorgetragenen Geschichtsrevisionismus wurde diese Weigerung sogar kategorisch. Schliesslich sei der Gegensatz zwischen Diktatur und Demokratie unaufhebbar, rief der frühere Partisanenchef Aldo Aniasi 2003 in Erinnerung. Sechzig Jahre nach dem Beginn des Bürgerkriegs ärgerte sich Aniasi darüber, dass der ehemalige Sturmtrupp-Hauptmann Ajmone Finestra – einer seiner Feinde aus der Zeit des Befreiungskriegs – 1993 zum Bürgermeister von Latina hatte gewählt werden können. Heute stehe dieser frühere RSI-Offizier, der gnadenlose Säuberungsaktionen befehligte, Partisanen hinrichten liess und deswegen nach dem Krieg zum Tod verurteilt wurde, als AN-Politiker wieder legitimiert da.[296] Damit sprach Aniasi, der von 1967 bis

1976 als Bürgermeister der Metropole Mailand amtete, zahlreichen Antifaschisten aus dem Herzen. Als zutiefst unehrlich schätzte die rechte Versöhnungskampagne auch der antifaschistische Historiker Claudio Pavone ein. Denn die Rechte wolle Revanche, nicht Aussöhnung, äusserte er sich 2005 enttäuscht.[297]

Niemand wusste besser als die Veteranen des Befreiungskriegs, dass es einen fundamentalen Unterschied zwischen denen gab, die sich für die Freiheit entschieden und jenen, die der Tyrannei dienten.[298] Um den Nachgeborenen den Unterschied zwischen der »richtigen« und der »falschen Seite« zu erläutern, pflegte der Philosoph Norberto Bobbio eine Geschichte zu erzählen: Eines Tages traf der Widerstandskämpfer Vittorio Foa auf den MSI-Senator Giorgio Pisanò, der als Offizier in einer Eliteeinheit der RSI gedient hatte. Der überzeugte Neofaschist, der seinen Ideen nie abschwor, machte dem liberalen Sozialisten Foa das Angebot: »Wir haben uns von gegensätzlichen Seiten aus bekämpft, wir könnten uns doch jetzt die Hand reichen.« Nicht um eine Antwort verlegen, gab Foa zu bedenken: »Schau Pisanò, das ist der Unterschied zwischen Euch und uns: Ja, wir haben gewonnen und Du hast trotzdem Senator werden können. Hättet ihr gewonnen, wäre ich noch immer im Zuchthaus, in dem ich Jahre lang schmoren musste.«[299]

4. RECHTE ERINNERUNGSPOLITIK IN DER ZWEITEN REPUBLIK

Bekenntnisse und lokale Initiativen

Am 31. Oktober 2008 kündigte der private Fernsehsender »Odeon TV« an, dass er eine zeithistorische Talkshow mit Namen »Venerabile Italia« (»Verehrungswürdiges Italien«) ins Programm nehme. Neben Moderatorin Lucia Leonessi werde darin als »erzählende Stimme« auch Licio Gelli, der frühere Grossmeister der Loge Propaganda Due (P2), auftreten. Die P2 und ihr dubioser »Plan zur nationalen Wiedergeburt«, der mehr Macht für Polizei und Militär, eine stärkere Kontrolle der Justiz, die Abschaffung der Gewerkschaften und die Einschränkung der Pressefreiheit forderte, waren 1981 aufgeflogen. Gelli, ursprünglich ein Matratzenfabrikant aus Arezzo, war Herr über ein finsteres Untergrundreich gewesen. Es hatte auf Korruption, Machtmissbrauch und Bombenattentaten gegründet und auf eine autoritäre Wende in Italien gezielt. Nicht nur ein parlamentarischer Untersuchungsausschuss nahm sich der dunklen Machenschaften der P2 an. Etliche Staatsanwaltschaften ermittelten wegen des Verdachts auf politische Vergehen. Der Verhaftung entzog sich Gelli durch Flucht ins Ausland. An Italien ausgeliefert, konnten ihm die Gerichte jedoch keine konkreten Vorbereitungshandlungen zu einem Putsch nachweisen. Allerdings kam der parlamentarische Untersuchungsausschuss zum Schluss, dass es ein Ziel der P2 gewesen war, die Regierung aus dem Hintergrund zu steuern.[1]

Nun, mehr als ein Vierteljahrhundert danach, stieg der Strippenzieher von einst wie Phoenix aus der Asche. Er erhielt eine eigene Fernsehsendung, um den Italienern seine Sicht auf das 20. Jahrhundert näher zu bringen. Die sich an Gellis Biographie orientierende Talkshow-Reihe umspannte die Zeit von den zwanziger Jahren bis zum Skandal um die P2. In dessen Lebensweg bündeln sich dramatische Momente der jüngsten Geschichte zu einem schwarzen Strang. Licio Gelli hatte seine Karriere als überzeugter Faschist begonnen und sich 1943 auf die Seite von Hitlers Vasallenstaat in Italien geschlagen.[2] Die ersten Folgen der Sendung waren der Mussolini-Diktatur gewidmet, die folgenden den Krisen und Skandalen der Nachkriegsrepublik. Was als zeithistorische Informationssendung daherkam, diente der Geschichtsklitterung. So verglich die zweite Folge die jungen Faschisten von gestern mit den Jugendlichen von heute, von denen die Programmankündigung behauptete, dass ihnen der idealistische Antrieb und die »Vaterlandsliebe« gänzlich abgingen.[3] Mit einem Mal erschien Licio Gelli als Vorbild. Denn als Jungfaschist hatte er in den Schwarzhemden-Brigaden auf Seiten Francos freiwillig am Spanischen Bürgerkrieg teilgenommen und nach dem 8. September 1943 als Soldat der RSI ja »nur seine soldatische Pflicht« getan.

»Odeon TV«, auf Quote und auf Zuspruch aus den Kreisen der regierenden Rechten bedacht, schuf Gelli bedenkenlos eine Plattform. Überzeugt von ihrem Tun gaben sich die Odeon-Verantwortlichen selbst dann noch, als der 89-Jährige bei der Medienpräsentation mit dem unverfrorenen Bekenntnis aufwartete: »Ich bin unter dem Faschismus geboren, ich habe im Faschismus studiert, ich habe für den Faschismus gekämpft, ich bin Faschist und werde als Faschist sterben.«[4] In den neun Geschichtsstunden präsentierte sich der frühere P2-Chef, stets akkurat gekleidet und mit sanfter Stimme dozierend, als weiser Opa der Nation. Er beschwor nicht nur die guten alten Zeiten der Diktatur herauf, sondern erteilte der italienischen Gegenwart auch scharfe Zensuren. Anfänglich hätte er grosse Hoffnungen in Gianfranco Fini gesetzt. Schliesslich habe dieser mit Giorgio Almirante einen »grossen Lehrer« gehabt. Aber Fini sei nach der Abkehr vom (Neo-) Faschismus nicht mehr wieder zu erkennen. Der einzige Politiker, der Italien voranbringen könne, sei Silvio Berlusconi, nicht weil er früher einmal in der P2 eingeschrieben war, sondern weil er die »Härtung des grossen Mannes« (»la tempra del grande uomo«) besitze. Dieser müsse seine politische Mehrheit aber auch gebrauchen – ganz ohne Rücksicht auf die Opposition.[5]

Gellis Belehrungen provozierten in Teilen der Zivilgesellschaft empörte Reaktionen. Links der Mitte wurde es als skandalös empfunden, dass eine Fernsehstation einem erklärten Faschisten eine massenmediale Plattform einrichtet. Treffende Worte fand die Christdemokratin Tina Anselmi, die der parlamentarischen Untersuchungskommission vorgestanden hatte, welche Licht in die Machenschaften der P2 gebracht hatte. Anselmi nannte es eine Bankrotterklärung des demokratischen Rechtsstaats, dass ein Mann wie Gelli seine Ansichten im Fernsehen ungefiltert verbreiten dürfe[6]. Der Philosoph Gianni Vattimo sah in Gellis Auftritten die Krönung von Ereignissen, die in der Regierung Berlusconi kulminiert seien, und meinte besorgt: Heute wohne man in Italien einem Beginn des Faschismus bei.[7] Obwohl die Opposition den ewig lächelnden Regierungschef dazu aufforderte, distanzierte dieser sich nicht von seinem faschistischen Bewunderer. Selbstredend sah die von ihm geführte Regierung davon ab, die umstrittene Sendung zu verbieten, wie es die linken Oppositionsparteien forderten. Gelli blieb auf Sendung – und Berlusconi auf Kurs.

Die Bekenntnisse von Licio Gelli sind Ausdruck einer breiteren gesellschaftlichen Strömung. Nicht nur betagte Ewiggestrige, sondern auch viele junge Leute machen aus ihren Herzen keine Mördergruppe. Immerhin zählt die sehr aktive Szene der Rechtsextremisten 150.000 Anhänger unter 30 Jahren. In aller Offenheit leben diese den Kult des Faschismus.[8] Viele von ihnen halten auch den Nationalsozialismus hoch. Auf rechten Rockkonzerten und rund um die Fussballstadien fallen sie am meisten auf. Mitunter machen die Tifosi mit einschlägigen Spruchbändern und Fahnen, auf denen etwa Rutenbündel, Keltenkreuze, Mussolini-Konterfeis oder Hakenkreuze abgebildet sind, auf sich aufmerksam.[9] In fast allen Fankurven finden sich radikale Ultra-Gruppen seit Jahren auf dem Vormarsch.[10] Traditionell weit rechts stehen die Tifosi von Lazio Rom. Besonders aktiv wirbt in den Stadien die rechtsextreme Kleinpartei Forza Nuova. Rassistische Beleidigungen dunkelhäutiger Spieler gehören in den Sportarenen fast zum Alltag. Viele Grossclubs sehen dem extremistischen Treiben hilf- und tatenlos zu, auch deshalb, weil sich die Fans auf Idole aus der Welt des Fussballs berufen können.

In einem Interview mit »Sportweek«, der Wochenendbeilage der viel gelesenen »Gazzetta dello Sport«, redete Christian Abbiati den Faschismus unlängst schön. »Ich bin ein Mann der rechten Seite«, diktierte der Tormann von AC Milan den Journalisten ins Mikrofon. »Ich teile gewisse Werte des Faschismus: Vaterland und die Werte der katholischen Religion.«[11] Mussolinis Diktatur habe die Sicherheit der Bürger garantiert und die Ordnung in Italien wiederhergestellt. Nur der Pakt mit Hitler, die »Rassengesetze« und der Eintritt in den Zweiten Weltkrieg seien Fehler gewesen.[12] Mit anderen Worten: Bis 1938 stellte die faschistische Diktatur ein durchaus vorzeigbares Regime mit vielen Stärken dar. Schon ein paar Jahre zuvor hatte sich Paolo Di Canio, der Kapitän von Lazio Rom, offen zu seiner neofaschistischen Gesinnung bekannt. Mehrfach rannte er nach Toren, die er erzielt hatte, vor die entzückte Fankurve und reckte den Arm zum »römischen Gruss«. Di Canio trägt auf dem rechten Unterarm eine »Dux«-Tätowierung.[13] In seinen Memoiren gab der Lazio-Spieler, der unter anderem als Legionär in der englischen Premier League kickte, zu bedenken: Mussolini sei eine »zutiefst unverstandene Person«, die einen nur in den Bann ziehen könne. Bewundernswert sei, wie er Schwierigkeiten begegnet sei und wie er es geschafft habe, ein ganzes Land um sich zu scharen.[14]

Extremistische Sympathien werden auch Nationalspielern wie Torhüter Gianluigi Buffon, Verteidiger Fabio Cannavaro, Mittelfeldspieler Alberto Aquilani und Stürmer Daniele De Rossi nachgesagt.[15] Einmal trug Buffon ein T-Shirt mit der faschistischen Aufschrift »Boia chi molla« (»Verdammt sei, wer zurückweicht«) und wollte in einer Saison gar mit der Rückennummer 88 spielen, was in neonazistischen Kreisen der Code für »Heil Hitler« ist. Auf diese Bedeutung hingewiesen, gab sich Buffon unwissend. »Die 88 habe ich genommen, weil sie vier Eier hat. Und beim Fussball braucht man Eier«, liess er sinngemäss verlauten.[16] Italiens Sieg im Weltmeisterfinal 2006 feierte der Torwart mit einer Trikolore, auf der das Keltenkreuz – ein rechtsextremes Erkennungszeichen – aufgedruckt war. Nach einem Sieg von Real Madrid rannte Fabio Cannavaro mit einer Trikolore über den Rasen, auf der ein Liktorenbündel zu sehen war. Zwar versicherte er, dass er »nicht nostalgisch« eingestellt sei, aber mit Sicherheit auch nicht links.[17] Jahre zuvor schon warb Cannavaro im Radio für das erste Sommerlager »Evita Perron«, eine von der extremen Rechten durchgeführte Ferienkolonie für Jugendliche.

Als politische Rechtsaussen gaben sich auch Alberto Aquilani und Daniele De Rossi zu erkennen, die 2008 beide bei der AS Roma engagiert waren. Aquilani ist stolzer Besitzer einer Sammlung von Mussolini-Büsten, während De Rossi gestand, mit der ultrarechten Partei Forza Nuova zu sympathisieren.[18] Bezeichnend für das Italien von heute ist, dass all dies weder in den Clubs noch im Fussballverband für Empörung sorgt. Denn die Sportler befinden sich mit ihren unsäglichen Ansichten und symbolischen Handlungen in guter Gesellschaft. Schliesslich nahm Milan-Patron Silvio Berlusconi selbst Paolo Di Canio, der es nie bis in die Squadra azzura brachte, als »guten Jungen« (»bravo ragazzo«) in Schutz, als er seinen rechten Arm im Stadion wiederholt zum »römischen Gruss« reckte. Di Canio meine das nicht ernst, sondern mache das nur für die Tifosi.[19] Der Premier spielte Di Canios Bekenntnisgesten, die nach geltendem Recht einen Straftatbestand bilden, als exhibitionistische Mätzchen herunter, die allein der Unterhaltung der Fangemeinde dienen. Ganz offensichtlich misst die regierende Rechte diesen üblen Vorfällen nicht jene Bedeutung bei, die sie im westlichen Europa sonst haben. Mit ziemlicher Sicherheit würden in Deutschland schönfärberische Ansichten eines Bundesligaspielers über die nationalsozialistische Diktatur ein Empörungsgewitter lostreten, ja Forderungen nach einem Karriereabbruch laut werden lassen, selbst wenn es sich dabei um den Mittelfeldregisseur oder Goalgetter der Nationalelf handelte.[20]

Faschismusapologie ist in Italien nicht auf das Milieu der Skinheads und Tifosi beschränkt. Wohldosiert grassiert sie auch in gutbürgerlichen Kreisen. Anderswo würden solche Haltungen Politikern sicher Stimmen oder gar die Wahl kosten. Im »Bel Paese« haben sie nichts zu befürchten, ganz im Gegenteil, hier können Nostalgiker im Nadelstreifenanzug zuweilen gar in höchste Ämter des Staates aufsteigen. So nahm Mirko Tremaglia, der zu Mussolinis letztem Aufgebot gehört hatte, 2001 als Minister für die Auslandsitaliener am Kabinettstisch der Regierung Berlusconi Platz. Tremaglia übte sein Amt bis zum Ende der Legislaturperiode aus, obwohl er mit seinen Sympathien auch als Minister nicht hinter dem Berg zurückhielt. So missbilligte er 2003 Finis Verurteilung der RSI und bekannte sich ohne Reue zu seiner faschistischen Vergangenheit.[21] Ein Jahr später warf er dem Europaparlament im Streit um den designierten EU-Kommissar Rocco Buttiglione 2004 vor, von »Schwuchteln« dominiert zu sein.[22].

Tremaglia ist kein Einzelfall. 1997 bestätigten die Wähler von Latina den ehemaligen MSI-Senator Ajmone Finestra mit über 63 Prozent der Stimmen als ersten Bürger der Stadt. Im Frühjahr 2008 eroberte Gianni Alemanno das prestigeträchtige Rathaus von Rom. Vor der »Wende von Fiuggi« hatte Alemanno zu den militanten Jungmitgliedern des MSI gehört. Vielen Römern ist er aus dieser Zeit noch immer als Strassenkämpfer in Erinnerung. Fast zur selben Zeit stieg Ignazio La Russa zum Minister der Verteidigung auf. Nur wenige Monate nach seinem Amtsantritt fand La Russa bei einem Staatsakt zum Gedenken an den 8. September 1943, an dem auch Präsident Giorgio Napolitano zugegen war, verständnisvolle Worte für die RSI-Kämpfer. Diese jungen Soldaten, die die alliierten Landungstruppen südlich von Rom bekämpften, hätten an die Verteidigung ihrer Heimat geglaubt und verdienten als gutgläubige Patrioten allen Respekt.[23] Als Politiker der Opposition den Minister daraufhin bezichtigten, die Werte der Verfassung zu verraten und die Republik von Salò aufzuwerten, warf er seinen linken Kritikern »kulturellen Rassismus« vor. Die »Gendarmen der Erinnerung« und die »Professoren der offiziellen Geschichtsschreibung« wollten ihn bloss mundtot machen, weil er ein Mann der Rechten sei, entgegnete La Russa.[24] Diese Äusserungen gaben nicht nur die Meinung des Ministers wieder. Denn seit Mai 2008 wirkte La Russa zugleich als Parteichef der AN. In gewisser Weise relativierte er mit seinen Auslassungen Gianfranco Finis frühere Verurteilungen der RSI. Natürlich blieb auch das ohne Konsequenzen.

Kurz vor den vorgezogenen Parlamentswahlen vom April 2008 bekannte sich auch der Senatskandidat Giuseppe Ciarrapico 2008 zu seiner lebenslangen Schwäche für die Mussolini-Diktatur. »Der Faschismus hat mir Freuden und Schmerzen bereitet«, räumte der erfolgreiche Unternehmer aus Latium ein. Trotz oder gerade wegen seines Bekenntnisses wurde Giuseppe Ciarrapico für Forza Italia in den Senat gewählt.[25] Freilich musste Senator Marcello Dell'Utri auch nicht zurücktreten, als er im Frühjahr 2009 mit der Ansicht auffiel, dass Mussolini ein »Mann von grosser Kultur« war. Persönlich hätte der »Duce« nichts dafür gekonnt, dass der Faschismus ein »schreckliches Regime« gewesen sei. Nein, Mussolini persönlich war ein »viel zu guter« Mensch, um den Krieg zu gewinnen, glaubte die rechte Hand Berlusconis, die Italiener belehren zu müssen.[26]

Kein Zweifel, im »Bel Paese« werden revisionistische Ansichten von der regierenden Rechten und oft auch von gutbürgerlichen Honoratioren vertreten, was einen Teil ihrer Wirkung erklärt. Da diese ehrenwerten Mitglieder der Gesellschaft nicht als Extremisten stigmatisiert sind, können sich ihre Ansichten ungestört verbreiten. Zuweilen geschieht dies ohne Worte und bloss durch einschlägige Gesten. In Bergamo wurde der katholische Priester Giulio Tam unlängst dabei fotografiert, wie er eine aufmarschierte Kolonne von Forza Nuova mit einem »römischen Gruss« entzückte. Tam hält Mussolini für einen »Märtyrer« und würde diesen von seiner Kirche gerne heilig gesprochen sehen. Des Öfteren schon zelebrierte der rechtsextreme Gottesmann Messen in Predappio, wo Mussolini begraben liegt.[27] Am 16. Juni 2009 fand im lombardischen Lecco ein Carabinieri-Fest statt, zu dem Tourismusministerin Michela Vittoria Brambilla geladen war. Unmittelbar nach dem Verklingen der Nationalhymne warf sich diese in Positur und hob ihren rechten Arm zackig zum »römischen Gruss«.[28] Eine Handykamera hielt die anrüchige Szene fest. Der Film wurde von der Tageszeitung »La Repubblica« veröffentlicht. Auf gleiche Weise hatte die Ministerin die Menge schon ein paar Tage zuvor am Fest der Republik gegrüsst. Menschen, die in einer Bar an Leccos »Piazza Garibaldi« gerade ihren Espresso tranken, sahen in Brambillas eindeutiger Geste nichts Schlechtes. »Wenn sie so denkt, ist es richtig, wenn sie sich so ausdrückt«, entgegnete ein Barbesucher kurz und bündig.[29]

Seit die Teilung Europas überwunden wurde, trugen die Revisionisten ihre Thesen immer schamloser vor. Mit einigem Erfolg sorgten sie dafür, dass sich das öffentliche Reden über die Diktatur weitgehend vom neuesten Stand der Forschung entkoppelte. Während viele Historiker heute das gewalttätige, rassistische und repressive Gesicht des Faschismus herausstreichen, sehen viele Italiener in diesem – mehr denn je – ein Zuckerwasserregime, das historisch notwendig war, um Italien in die Moderne und zu mehr Wohlstand zu führen. Der revisionistische Erinnerungsdiskurs paralysierte die alten Selbstreinigungskräfte des politischen und kulturellen Systems. Dass in Italien die Uhren anders gehen, zeigt sich drastisch, wenn man den italienischen Umgang mit dem Faschismus den deutschen Standards gegenüberstellt. Als Eva Hermann die Familienwerte und Frauenpolitik im »Dritten Reich« öffentlich lobte, beendete der Norddeutsche Rundfunk (NDR) die Zusammenarbeit mit der beliebten TV-Moderatorin. Begründet wurde die Kündigung damit, dass Hermanns »Mutterkreuzzug« nicht länger vereinbar sei mit ihrer Rolle als Fernsehmoderatorin.[30] Wer vergleichbare Urteile über Mussolini und sein Regime fällt, muss in Italien keine Nachteile für seine Reputation befürchten. Im Gegenteil, im rechten Lager kann jemand mit revisionistischen Ansichten positiv auf sich aufmerksam machen, ja mit solchen gar seine politische Karriere befördern.

Bereits zu Beginn des neuen Jahrhunderts warnten zahlreiche Kommentatoren und Intellektuelle vor der Besorgnis erregenden Entwicklung, die sie an die Zustände kurz vor dem »Marsch auf Rom« und der faschistischen Machtergreifung erinnerte.[31] Der ehemalige Widerstandskämpfer Aldo Aniasi deutete den Revisionismus als »kulturelle Aggression«, die darauf ziele, der Rechten satte Mehrheiten zu garantieren.[32] Umberto Eco äusserte die Befürchtung, dass Berlusconi ein »De-facto-Regime« errichten werde, welches eine »radikale Revision der Geschichte des 20. Jahrhunderts« durchzusetzen beabsichtige.[33] Selbst Indro Montanelli, der sich zeitlebens als Mann der Rechten verstand und dem Revisionismus mit seinen nachsichtigen Einschätzungen den Boden bereitet hatte, äusserte sich Monate vor seinem Tod angewidert über den scharfen Wind von rechts. Das Italien von Silvio Berlusconi sei das übelste Italien, das er je gesehen habe, meinte er im März 2001, und üble Italien hätte er in seinem langen Leben bereits viele erlebt.[34] Für einen distinguierten Konservativen wie ihn war das »Haus der Freiheiten« schlicht unwählbar. Montanelli zog es vor, seine Stimme für das Mitte-Links-Bündnis von Romano Prodi abzugeben, auch weil er befürchtete, dass Italien sich politisch nicht nach rechts entwickeln könne, ohne schliesslich im Faschismus zu landen.[35] Schlimmste Befürchtungen hatte bei ihm ein öffentlicher Auftritt des FI-Abgeordneten Cesare Previti ausgelöst.

Kurz vor Weihnachten 2000 hatte Previti vor Parteifreunden angekündigt, dass die Rechte nach einem Wahlsieg die Piazze von linken Querulanten säubern werde.[36] Überhaupt werde sie mit dem »politischen Banditentum« Schluss machen, das die regierende Linke verursacht habe. Das war die Sprache des Bürgerkriegs, die Hass säte. Es war nicht das erste Mal, dass sich der enge Berlusconi-Vertraute einer solch kriegerischen Denkfigur bediente, die direkt auf Carl Schmitts Freund-Feind-Definition des Politischen verweist. Schon vor den Wahlen von 1996 hatte Previti, der in jungen Jahren mit dem MSI sympathisiert hatte und an Berlusconis Seite 1994 Verteidigungsminister wurde, damit gedroht, nach dem Erringen der Mehrheit keine Gefangenen zu machen.[37] In einem Interview, das er der Rai im März 2001 gewährte, nahm Indro Montanelli kein Blatt vor den Mund. Sätze wie die von Previti würden in ihm wenig sympathische Erinnerungen wachrufen: »Der Faschismus war so … Dies ist nicht die Rechte, das ist der Knüppel [der faschistischen Squadre, A.M.].«[38] Montanellis mutige Widerworte hielten die Entwicklung nicht auf und brachten die Rechte schon gar nicht vom eingeschlagenen Weg ab. Ihre Exponenten schäumten vor Wut und ziehen Montanelli selbstgerecht des Verrats. Doch das vom Rechtsbündnis geschürte Klima der Intoleranz begünstigte den Machtwechsel von 2001.

Nach dem rechten Wahlsieg gediehen revisionistische Ansichten prächtig, weil sie nun aus der Mitte der Gesellschaft heraus formuliert werden konnten. Insofern bekam Previti nachträglich Recht mit seiner Voraussage, dass ein solcher eine »Art Big bang« in der politischen Landschaft bewirken werde.[39] Im Bereich der politischen Kultur wirkte er sich dahingehend aus, dass fast alles zur Disposition gestellt wurde und deren Selbstreinigungskräfte erlahmten. Giftige Blüten trieb die revisionistische Umdeutung der Geschichte seither auf nationaler Ebene wie im lokalen Raum. Selbst im Alltagsleben hinterliess sie ihre Spuren. Wer zu schätzen weiss, wie man im wiedervereinigten Deutschland offiziell des NS-Regimes und seiner Verbrechen gedenkt, wird bei einem Aufenthalt schnell bemerken, dass in Italien vieles anders ist. Nicht denkbar ist im heutigen Deutschland, dass eine Getränkefirma Weinflaschen mit Adolf Hitler- und Benito Mussolini-Etiketten vertreiben könnte, wie das ein Unternehmen aus der Provinz Treviso seit einigen Jahren mit Erfolg praktiziert. In Souvenirshops, Bars und Autobahnraststätten steht der Merlot aus dem Veneto zum Verkauf, ohne dass sich die Gerichte zum Eingreifen genötigt sähen.[40]

Kaum vorstellbar ist in der Bundesrepublik Deutschland, dass sich der Obersalzberg bei Berchtesgaden ähnlich wie Predappio, Mussolinis in der Romagna gelegener Geburtsort, unter den Augen der Behörden zu einem Wallfahrtsort der extremen Rechten entwickeln könnte, wo die Auslagen von Souvenirshops Geschenkartikel (wie Kugelschreiber, T-Shirts, Parfums, Kalender, Kartenspiele oder Liköre) mit faschistischen Motiven feilbieten.[41] Unmöglich ist in Deutschland, dass Stadt- oder Kommunalregierungen ehemalige Würdenträger des »Dritten Reiches«, und seien es nur lokale, durch offizielle Gesten ehren. Während der Zweiten Republik entwickelte sich solches Tun in Italien zu einer gängigen Praxis: vor allem im tiefen Süden, wo die Rechte gesellschaftlich stark verankert ist, aber etwa auch in Latium und in der Region Friaul-Julisch Venetien. Als treibende Kräfte taten sich dabei meistens die Postfaschisten von AN hervor, dabei allerdings oft unterstützt von den anderen Rechtsparteien.

Je mehr sich Gianfranco Fini in Rom vom Erbe des Faschismus lossagte, umso mehr wuchs an der Basis der AN das Bedürfnis, im lokalen Raum Gegenzeichen zu setzen, die die Tradition gegen alle Anfeindungen hochhielten. Schon 1995/96 setzte Bürgermeister Ajmone Finestra durch, den zentralen Stadtpark von Latina nach Arnaldo Mussolini, dem Bruder und Gefolgsmann des »Capo« (»Chefs«), zu benennen. Danach schlug der

AN-Politiker erfolgreich vor, den Strassen am Arnaldo Mussolini-Park die Namen von Territorien und Städten (Istrien, Dalmatien, Fiume, Zara und Pola) zu geben, die Italien nach 1945 an Jugoslawien verloren hatte.[42] Nicht durchsetzen konnte sich Finestra mit dem Vorschlag, für das Stadtzentrum den alten faschistischen Namen Littoria zu reaktivieren. Die südlich von Rom gelegene Stadt war 1932 als erste von fünf Gründungsstädten auf den trocken gelegten Pontinischen Sümpfen gebaut worden und hatte bis 1945 Littoria geheissen. »Das hat nichts mit Nostalgie zu tun, sondern ist nur ein Weg, die historische Balance wiederherzustellen«, pflegte Finestra seine revisionistischen Vorstösse keck zu rechtfertigen.[43]

Unter Bürgermeister Finestra, der von 1993 bis 2003 an der Spitze Latinas stand, sollte sich die Bürgerschaft wieder stolz an Mussolinis Musterstadt und überhaupt an die faschistische Zeit erinnern. Zu Ehren des Stadtgründers ordnete er an, eine Mussolini-Büste aus einer unscheinbaren Ecke des Stadtmuseums hervorzuholen und besser sichtbar für die Besucher zu platzieren.[44] Am Rathausturm von Latina liess er eine alte Tafel mit einer Mussolini-Phrase neu anbringen, die nach dem Krieg entfernt worden war.[45] Nicht genug damit schenkte er der Stadt 2008 seine Militaria-Sammlung und regte an, diese in einem eigenen RSI-Museum zu präsentieren. Während seiner Amtszeit machte Ajmone Finestra Latina zu einem Laboratorium rechter Erinnerungspolitik, das bald etliche Nachahmer fand.

Tatsächlich intensivierten sich rund um den zweiten Wahlsieg der »Casa delle Libertà« die revisionistischen Initiativen auf der lokalen Ebene. Von der Rechten regierte Ortschaften begannen damit, »gute Faschisten« durch offizielle Anerkennungsgesten zu rehabilitieren. Im Dezember 2000 entschied die Stadtregierung von L'Aquila, dem städtischen Schwimmbad den Namen von Adelchi Serena (1895-1970) zu geben.[46] Serena hatte in der Diktatur als Podestà der Abruzzenstadt gewirkt und war 1940/41 als Generalsekretär des Partito Nazionale Fascista ein enger Mitarbeiter des Diktators gewesen. Zur gleichen Zeit errichtete die Stadt Bari zum Gedenken an Araldo di Crollalanza (1892-1986), Mussolinis Minister für öffentliche Arbeiten, eine Bronzebüste auf dem Lungomare, ihrer Prachtstrasse am Meer.[47] Eine ähnliche Ehre sollte dem faschistischen Senator Filippo Pennavaria in Ragusa zuteil werden. 2001 gab die sizilianische Provinzhauptstadt eine Riesenstatue zu dessen Gedenken in Auftrag, die die Piazza della Libertà verschönern sollte. Wegen starker Einwände konnte die Statue allerdings bis heute nicht aufgestellt werden.

Enthüllt wurde in Bagnone in der Provinz Massa Carrara dagegen eine Tafel für den RSI-Kampfpiloten Carlo Faggioni, deren Inschrift besagt: »Für Carlo Faggioni und für die Tausenden von Jungen, die wie er für die

Ehre Italiens rangen, litten und sich aufopferten.«[48] Nicht weit davon entfernt kam einige Zeit später sogar Benito Mussolini selbst zu Ehren. Ende 2008 weihte Bürgermeister Lucio Barani in Villafranca Lunigiana eine Gedenktafel ein, die an den letzten Aufenthalt des Diktators im Ort erinnert. »Im Gedenken an Benito Mussolini, Gast in diesem Ort, im traurigen Januar 1945, als er vom Hinterland der ›Gotenlinie‹ zurückkehrend, sich auf den Weg zum tragischen Epilog seines abenteuerlichen Lebens machte«, lautet der schwülstige Text der Inschrift. Bezeichnenderweise erwähnt diese die Verbrechen und Opfer der Diktatur mit keinem Wort. An der Einweihungszeremonie nahm Alessandra Mussolini teil, die sich gerührt über die Initiative von Bürgermeister Barani zeigte: »Schliesslich ist es das erste Mal. Üblicherweise werden meinem Grossvater gewidmete Gedenktafeln weggeräumt.«[49] Nicht minder gross dürfte deren Freude darüber gewesen sein, dass die Behörden an der Dante Alighieri-Volksschule in Palmanovo (Friaul) den aus der Diktatur stammenden Schriftzug »Credere, obbedire, combattere« (»Glauben, gehorchen, kämpfen«) wiederherstellen liessen, auf dass die Schüler und Schülerinnen künftig wieder im rechten Geist unterrichtet würden.[50]

Im lokalen Raum trat der Revisionismus nirgends ungeschminkter in Erscheinung als in dem, was man die »toponomastische Offensive« (Paolo Mieli) nennen kann. Seit der nationalen Einigung (1861) war die Benennung öffentlicher Plätze, Strassen und Parks in Italien stets eine hochpolitische Angelegenheit. Freilich schrieben sich alle politischen Systeme mehr oder minder stark im Strassenverzeichnis von Städten und Kommunen ein – das liberale Königreich genauso wie die faschistische Diktatur und später die Republik. Nach 1945 setzte sich eine antifaschistische Toponomastik durch, am augenfälligsten sicher in Nord- und Mittelitalien, wo die Resistenza-Erfahrung am intensivsten gepflegt wurde.[51] Die antifaschistische Toponomastik tilgte nicht nur die allzu offensichtlichen faschistischen Bezeichnungen und Symbole aus den Stadtbildern, sondern feierte auch die Helden und Märtyrer des antifaschistischen Widerstands, Kommunistenführer wie Antonio Gramsci, Palmiro Togliatti und Luigi Longo eingeschlossen. In roten Hochburgen kann man bis heute Strassen finden, die Karl Marx, der Sowjetunion und Che Guevara, aber auch Lenin oder dem Sieg der roten Armee bei Stalingrad gewidmet sind.[52]

Jahrzehntelang sass die antifaschistische Toponomastik wie ein Stachel im Fleisch der Neofaschisten. Mit dem Aufstieg der Rechten in der Zweiten Republik wurde die Erinnerungslandschaft auch in dieser Hinsicht umgekrempelt, zuerst unscheinbar und nach der Machtübernahme Silvio Berlusconis im Jahr 2001 immer systematischer.[53] Bezeichnenderweise war 1995 der Vorstoss des grünen Bürgermeisters Francesco Rutelli noch gescheitert, in Rom eine Strasse nach dem faschistischen Erziehungsminister Giuseppe Bottai (1895-1959) zu benennen, der sich nicht nur für die Formierung des »neuen faschistischen Menschen«, sondern 1938 auch intensiv für die berüchtigten antisemitischen »Rassengesetze« engagiert hatte.[54] Von Beginn an haftete dem »Revisionismus auf Stadtplänen« (Umberto Eco)[55] etwas von einer späten Revanche an. Gestärkt und beflügelt durch die Regierungsverantwortung in Rom ergriffen lokale AN-Exponenten, darin oft von FI-Politikern unterstützt, die Gelegenheit, dem öffentlichen Raum eine rechte Gegenerinnerung einzubrennen. Ohne dass es darüber genaue Zahlen gäbe, muss man für Italien mindestens von einigen Dutzend Fällen ausgehen.

Im sizilianischen Ort Tremestieri Etneo ergriff Bürgermeister Guido Costa (AN) 2001 die Initiative, eine Strasse nach dem früheren Diktator (»Mussolini statista«) zu benennen.[56] Es war das erste Mal nach dem Krieg, dass man den »Duce« auf diese Weise ehren wollte. Entsprechend grosse Aufmerksamkeit erregte der Fall. Nur dank der scharfen Proteste des Simon Wiesenthal-Zentrums und des Partisanenverbands ANPI sowie des Einspruchs der Provinzbehörden konnte die Entscheidung der Gemeindebehörden rückgängig gemacht werden. Was bei Benito Mussolini misslang, glückte bei einer ganzen Reihe von Superfaschisten. Catania zum Beispiel benannte eine Strasse nach Filippo Anfuso (1901-1963), einem Mitarbeiter von Aussenminister Galeazzo Ciano, der während der RSI deren Botschafter in Berlin war.[57] Rieti ehrte Alessandro Pavolini, Mussolinis Minister für Volkskultur und Exponent der Kollaboration.[58]

Kaum im Amt, ordnete Bürgermeister Roberto Dipiazza (FI) 2001 an, das Bild von Cesare Pagnini im Triester Rathaus wieder in die Galerie der Bürgermeister aufzunehmen.[59] Pagnini war der letzte Podestà von Triest gewesen und vom Kommando der Operationszone Adriatisches Küstenland in das Amt eingesetzt worden. Als Stadtoberhaupt hatte Pagnini die unmenschlichen Direktiven der deutschen Besatzer getreu befolgt. So waren von Triest 22 Deportationszüge mit politischen Gefangenen und Juden in die deutschen Konzentrationslager losgefahren. Und im Konzentrationslager Risiera di San Sabba bei Triest ermordeten die Besatzer bis zu 5.000 Partisanen, Regimegegner und Juden. Mit seiner Anordnung rehabilitierte Dipiazza, dabei tatkräftig unterstützt vom städtischen Kulturchef Roberto Menia (AN), einen Kollaborateur. Vergeblich wies die Opposition darauf hin, dass dieser Akt die Geschichte beleidige und die Werte von Triest und der Republik Italien in den Schmutz ziehe. Offenbar hatte der Wahn in Triest System.[60] Denn 2008 entschied die Stadtregierung, Mario Granbassi mit einer Strasse zu ehren. Granbassi hatte sich freiwillig am Spanischen Bürgerkrieg beteiligt, um an der Seite von General Francisco Franco die legitime Republik niederzuringen. Fern der Heimat war er 1939 gefallen. Angesichts der wütenden Proteste der Opposition meinte Bürgermeister Roberto Dipiazza (FI) verärgert nur: »Ich sage es auf faschistisch: Ich pfeife darauf. (›Me ne frego.‹).«[61]

Nicht minder starkes Aufsehen erregte ein Luftwaffenkommando bei Rom, als es entschied, den Eingangsplatz vor dem Militärflugplatz von Ciampino Marschall Italo Balbo (1896-1940) zu widmen. Als die Angelegenheit 2002 ruchbar wurde, löste sie hitzige Debatten aus. Linksdemokratische Abgeordnete reichten eine parlamentarische Anfrage ein, die ANPI protestierte.[62] In seiner Antwort hob Minister Carlo Giovanardi hervor, dass die Militärs nur den berühmten Flugpionier und den Förderer der Luftwaffe ehren möchten. Balbos Transatlantikflüge hätten Italien Ruhm und Ehre eingebracht. Doch genau besehen lässt sich dessen Leben nicht in eine gute und schlechte Hälfte teilen, genauso wenig wie das seines deutschen Pendants Hermann Göring. Denn in allem, was er tat, war Balbo ein Protagonist des Faschismus, ja einer seiner Heldenfiguren und zeitweise gar die Nummer zwei des Regimes. Von 1921 an lehrte er Sozialisten und Kommunisten in der Poebene als raubeiniger Squadristenchef von Ferrara das Fürchten. Ende Oktober 1922 führte er die Faschisten als einer der Quadrumviri des »Marschs von Rom« mit an die Macht. Zuerst als Staatssekretär, dann als Minister förderte er den Aufbau der Luftwaffe, die in Mussolinis Kriegen durch ihre barbarischen Kampfmethoden von sich reden machte. Nach 1934 diente er dem Diktator als Gouverneur der Kolonie Libyen. Bei Tobruk fand Balbo 1940 den Tod, als sein Flugzeug aus Versehen von der eigenen Flugabwehr abgeschossen wurde.[63] Trotz breiter Entrüstung stützte die Regierung Berlusconi die Wahl der Militärs. Schliesslich passte diese in ihre politische Agenda.

Selbst vor Umbenennungen, die eine symbolische Opfer-Täter-Umkehr vornehmen, schreckten rechte Kommunalregierungen nicht mehr zurück. In dem nahe bei Rom gelegenen Guidonia löschte man Antonio Gramsci aus der urbanen Toponomastik. Bekanntlich hatte Gramsci zu den bekanntesten Regimegegnern gehört und seine antifaschistische Haltung mit langjähriger Gefängnishaft und dem Tod bezahlt. Die rechten Stadtväter von Guidonia entschieden, die »Via Gramsci« in »Via Aldo Chiorboli« umzuwidmen. Chiorboli war ein einfacher Arbeiter und Exponent des lokalen Faschismus gewesen. 1939 kam er beim Versuch ums Leben, auf dem städtischen Flugplatz abgestürzte Piloten aus ihrer brennenden Maschine zu befreien. Das Regime erklärte ihn daraufhin zu einem »Helden«. Vizebürgermeister Vittorio Messa (AN) rechtfertigte die Umbenennung mit den lapidaren Worten: »Die Linke hat kein Exklusivrecht auf die Strassen. Dies ist ein gebotener Akt für einen Helden, der dies verdient.«[64] Was in der Diktatur ein echter Held gewesen war, durfte es endlich wieder sein.

In einer noch befremdlicheren Weise brüskierte das sizilianische Comiso die antifaschistischen Grundwerte der Republik. Die von Bürgermeister Giuseppe Alfano (AN) geleitete Stadtregierung entschied im Sommer 2008, dass der örtliche Flugplatz nicht mehr länger nach Pio La Torre (1927-1982) heissen dürfe.[65] Im Kalten Krieg hatte der kommunistische Parlamentsabgeordnete kein Blatt vor den Mund genommen, um die Mafia und ihre kriminellen Machenschaften zu denunzieren. Mutig prangerte La Torre die engen Verbindungen der sizilianischen Christdemokraten zur »ehrenwerten Gesellschaft« an. Deshalb wurde er 1982 von Auftragsmördern in seinem Dienstwagen erschossen. Um La Torres Zivilcourage zu ehren, erhielt der Militärflugplatz von Comiso seinen Namen. La Torre war ein Symbol für das andere, das bessere Sizilien. Ganz im Unterschied zur amerikanischen Luftwaffe, die Comiso in den achtziger Jahren als Basis nutzte, war dies den lokalen Rechtskreisen ein Dorn im Auge.

Im Zuge des Umbaus zu einem zivilen Flughafen beschloss die Mitte-Rechts-Regierung deshalb, die Anlage wieder nach Luftwaffengeneral Vincenzo Magliocco (1893-1936) zu benennen, der im Abessinienkrieg für die »Grösse des Imperiums« gefallen war. Mit ziemlicher Sicherheit war der Brigadegeneral an den massiven und systematischen Giftgasbombardements beteiligt gewesen, an denen Tausende von Zivilisten elend zu Grunde gegangen waren.[66] Nach Magliocco, einem faschistischen Märtyrer, hatte der Flugplatz schon in der Endzeit der Diktatur geheissen. Als die Entscheidung bekannt wurde, führte diese zu landesweiten Protesten. Alfanos Amtsvorgänger wandte ein, dass es eine sizilianische Unart sei, mutige Menschen zweimal zu töten: zuerst physisch und dann auch in der Erinnerung.[67] Sizilianische Künstler wie Andrea Camilleri und Giuseppe Tornatore engagierten sich gegen die Umbenennung. Der Fall warf seine Schatten bis nach Rom, wo die Linksopposition und Gewerkschaften scharf gegen die Entscheidung protestierten. Unterschriften wurden gesammelt. Im Oktober 2008 fand eine von 2.000 Personen besuchte Protestdemonstration in Comiso statt.[68] Selbst der zu Zurückhaltung verpflichtete Staatspräsident Giorgio Napolitano äusserte seinen Unmut.[69] Schliesslich zwang die sizilianische Regionalversammlung die Behörden von Comiso, zum Namen Pio La Torre zurückzukehren.[70]

Rechte Kommunalregierungen schreckten nicht mehr davor zurück, neofaschistische Politiker im Strassenverzeichnis ihrer Orte zu verewigen. Selbst Giorgio Almirante (1914-1988), Gründer und historischer Führer des MSI, kam in rund einem Dutzend Orten zu Ehren. In jungen Jahren hatte sich Almirante im Umfeld des Radikalfaschisten Telesio Interlandi bewegt. In der von Interlandi geleiteten Zeitschrift »Difesa della razza« (»Verteidigung der Rasse«) publizierte Almirante antisemitische Hetzartikel. 1938 unterzeichnete er das berüchtigte »Rassenmanifest«, mit dem das System des Staatsantisemitismus in Italien seinen Anfang nahm. Während der RSI diente er dem Volkskulturminister Fernando Mezzasoma als Kabinettschef. 1944 trug eine Bekanntmachung, die allen wehrfähigen Italienern die Exekution androhte, welche das Aufgebot zum Kriegseinsatz an der Seite Hitlers verweigerten, seinen Namen. Giorgio Almirante zählte bis zuletzt zu den Getreuen Mussolinis. Unbeeindruckt von der Niederlage des Regimes gehörte er zu jener Minderheit von Italienern, für die ihre faschistischen Grundüberzeugungen eine unverrückbare Lebensentscheidung blieben.[71] Im Nachkriegsitalien prädestinierte ihn diese Karriere dazu, zu einer Kultfigur der extremen Rechten zu werden. Für manche Postfaschisten blieb er dies bis heute, obwohl sich Almirante nie vom Faschismus distanziert hatte. Wenigstens verurteilte Kammerpräsident Gianfranco Fini im Mai 2008 die rassistischen Ausfälle seines politischen Ziehvaters als »schändlich«. Allerdings hinderte dies Fini nicht, Almirante als einen »Vater des Vaterlands« zu würdigen. Denn dieser hätte den Neofaschisten den Weg gewiesen, ihren Frieden mit dem System zu machen.[72]

Seit Rieti in den späten achtziger Jahren den Anfang damit machte, wurden in ganz Italien über ein Dutzend Strassen und Plätze nach dem Führer des MSI benannt. Heute existiert eine »Via Almirante« beispielsweise in Lecce, Trani, Foggia, Ragusa, Locorotondo, Viterbo und Fiumicino. In der Stadt Taranto trägt ein archäologischer Park dessen Namen.[73] Späte Gerechtigkeit für Almirante forderten Postfaschisten jüngst auch in Palermo, Triest und Mailand.[74] Im Frühjahr 2008 waren die Wände der lombardischen Metropole mit Plakaten zugekleistert, die den ehemaligen Chef der Neofaschisten als »grossen Italiener« präsentierten, dessen Beispiel man folgen solle.[75] Unmittelbar nach seiner Wahl kündigte Bürgermeister Gianni Alemanno (AN) an, eine Strasse in Rom nach dem früheren Parteichef des MSI benennen zu wollen.[76] Ein halbes Jahr später forderte Roms rechter Bürgermeister gar, eine Strasse der Kapitale drei jungen »MSI-Märtyrern« zu widmen, die im Januar 1978 von linken Aktivisten und einem Carabiniere getötet worden waren.[77] Alemanno hatte zu dieser Zeit selbst zu den Strassenkämpfern des MSI gehört und war als solcher mehrfach verhaftet worden.

Auf dem italienischen Sonderweg ist heute fast alles möglich geworden. In Frankreich oder Deutschland ist es ausgeschlossen, ins parlamentarische Spiel eingebundene Rechtsextremisten wie Jean-Marie Le Pen oder den früheren NPD-Chef Adolf von Thadden (1921-1996) mit einer Strasse zu ehren. In Italien begreifen die Rechten ihren toponomastischen Revisionismus dagegen als »Normalisierung«, ja als Akt der historischen Gerechtigkeit.[78] Mit ihren unsäglichen Initiativen suggerieren sie den Nachgeborenen, dass es egal ist, auf welcher Seite man früher einmal stand. Denn die Zeit heilt nicht nur alle Wunden, sondern macht alle unterschiedslos zu »guten Italienern«. Wo die Vergangenheit lange schwarze Schatten wirft, da ist nur wenig Licht. Immerhin entschied sich die Universität Bari im Frühjahr 2008 dazu, sich von ihrem alten Namenspatron zu verabschieden. Nach einem heftigen Schlagabtausch unter den Professoren heisst die Alma mater von Bari seit kurzem nicht mehr nach Benito Mussolini, sondern nach dem christdemokratischen Spitzenpolitiker Aldo Moro, der 1978 von den Terroristen der »Brigate rosse« ermordet wurde.[79]

Die Gegenerinnerung auf nationaler Ebene

In der Zweiten Republik manifestierte sich der Geschichtsrevisionismus nicht nur in lokalen Initiativen. Seit dem zweiten Wahlsieg der »Casa delle Libertà« verschob das Berlusconi-Lager die Gewichte auch auf dem Feld der nationalen Gedenktage nach rechts. Nationale Gedenktage stellen zentrale Inszenierungen öffentlicher Erinnerung dar, die darauf zielen, staatsnahe Identitäten und nationale Gesinnungen zu formen.[80] In den hochpolitischen Gedenkritualen erinnern Spitzen und Repräsentanten des Staates an historische Ereignisse, denen eine besondere Bedeutung für das nationale Kollektiv zugeschrieben wird. Im »Bel Paese« ist das nicht anders als in den meisten Ländern auch, die sich als Nationalstaaten und damit als politische Erinnerungsgemeinschaften definieren. In der Ersten Republik existierten drei Feiertagsanlässe, die an zentrale Ereignisse der Nationalgeschichte erinnerten: der »25 aprile«, der »Tag der Befreiung« 1945; der 2. Juni 1946, der Gründungstag der Republik; und der 4. November 1918, das »Fest der nationalen Einheit und der Streitkräfte«, an dem seit 1922 an Italiens Sieg im Ersten Weltkrieg gedacht wird.[81]

Bis in die frühen neunziger Jahre war der 25. April der bei weitem wichtigste unter ihnen. An diesem Symboldatum der italienischen Geschichte feierte sich die aus dem Widerstand geborene Republik jedes Jahr selber. In zentralen Kundgebungen in Mailand und Rom, aber auch in zahllosen lokalen Zeremonien gedachten Repräsentanten des Staates unter den Augen von Partisanen, NS-Opfern und lokaler Prominenz an den Volksaufstand vom April 1945. Der Nationalfeiertag räumte den politischen Erben des Antifaschismus und damit der Linken eine Vorzugsstellung ein.[82] Gerade deshalb war der »25 aprile« bei Neofaschisten und anderen Rechten als »rotes Fest« verschrien und geächtet. Anstatt über die tagespolitischen Konflikte hinweg zu integrieren, trennte der Nationalfeiertag die grossen Lager zusehends. Gerade in Mailand, wo die traditionelle Grosskundgebung der Partisanenverbände stattfindet, herrschte in letzter Zeit eine aufgeheizte Stimmung. Nur so ist es zu erklären, dass Antifaschisten Rechtspolitiker ausbuhten, niederschrieen, und schmähten. 2006 widerfuhr dies Bildungsministerin Letizia Moratti, Bürgermeisterkandidatin von Mailand. Moratti hatte sich mit ihrem im Rollstuhl sitzenden Vater, einem ehemaligen KZ-Häftling, in den Manifestationszug eingereiht und mitdemonstriert. Der designierte Ministerpräsident Romano Prodi distanzierte sich umgehend von dieser Entgleisung und verurteilte sie ohne Wenn und Aber, in dem er darauf hinwies, dass der 25. April das Fest aller Italiener sei – eine anständige Geste, auf die man beim Chef des rechten Lagers seit Jahren vergeblich wartet.[83]

Wiederholt wurde im Mitte-Rechts-Lager darüber nachgedacht, den ungeliebten »Tag der Befreiung« abzuschaffen oder aber in ein »Fest der Freiheit« gegen jede Form des Totalitarismus umzuwidmen.[84] Im Vordergrund stand dabei stets die Umwidmungsvariante, weil eine Abschaffung fast mit Sicherheit Massenproteste ausgelöst und im Ausland unangenehme Fragen aufgeworfen hätte. Als Premier Berlusconi 2009 erstmals in offizieller Funktion am Nationalfeiertag des 25. April teilnahm, schlug er vor, den Nationalfeiertag künftig als »Tag der Freiheit« zu begehen. Nur so könne aus einem Tag, der bis heute trenne, einer werden, der alle Italiener vereint.[85] Da der Antifaschismus in den Mitte-Links-Kreisen nicht zuletzt durch die revisionistischen Provokationen der Rechten fest verankert ist, waren und sind die Erfolgsaussichten für eine Umwidmung eher ungewiss. Deswegen entschied sich das rechte Regierungslager für einen anderen Weg. Durch die Kreation neuer Gedenktage sollte das Band zwischen Antifaschismus, Resistenza und Verfassung gelockert, am besten sogar ganz gekappt werden.[86]

Um die bislang von den antifaschistischen Kreisen dominierte Erinnerungskultur in ihrem Sinn umzupolen, beschlossen die vom Rechtslager beherrschten Kammern des italienischen Parlamentes 2004 und 2005, zwei neue Gedenktage einzuführen: den 10. Februar und den 9. November. Am 10. Februar 2005 wurde auf der Apenninenhalbinsel erstmals offiziell der 8.000 Landsleute, die 1943 und 1945 in den Foibe von Tito-

Partisanen ermordet wurden, und des Massenexodus von Italienern aus Istrien, Fiume und Dalmatien gedacht.[87] Mit dem fast oppositionslos beschlossenen »Giorno del Ricordo«[88] (»Tag der Erinnerung«) fanden zum ersten Mal Ereignisse Eingang in die Erinnerungskultur, die während des Kalten Krieges den Neofaschisten als politische Munition gegen die Kommunisten, aber auch als nationalistische Kritik an den ersten Nachkriegsregierungen, die angeblich Teile des italienischen Staatsgebietes ausverkauft hätten, gedient hatten.

Während der Foibe-Gedenktag ganz die Handschrift der AN trägt, ging die Initiative zur Würdigung des 9. Novembers aus den Reihen von FI hervor. Silvio Berlusconi persönlich bereitete dem Gedenktag den Boden. Bereits in der Opposition hatte er das Verschwinden des Eisernen Vorhangs (1989) als »Ende einer Tragödie und eines Alptraums« gewürdigt, das der segensreichen Globalisierung den Weg geebnet habe. »In diesem Sinn hat der Fall der Berliner Mauer den Kalten Krieg ersetzt durch ein neues System ökonomischer und politischer Beziehungen«, führte er in einer Grundsatzrede im November 1999 aus. »Er hat die Welt den Energien der Zukunft geöffnet; er hat all jene Menschen und Länder enger zusammengeführt, die an die Freiheit glauben.«[89] Nicht nur tiefsitzende antikommunistische Ressentiments, sondern auch die Absicht, ein rechtes Gegenfest zu schaffen, motivierten die Initianten. Unumwunden räumte dies Senator Sergio Travaglio (FI), einer der Väter des Gedenktags, ein. In Italien feiere man nur Feste der Linken, es gäbe keines, beklagte er sich, das man unter seinesgleichen und nicht zusammen mit den »Roten« begehen könne.[90]

Von Anfang an ging es der regierenden Rechten darum, die Schwerpunkte des Erinnerns zu verschieben. Teodoro Buontempo (AN) jedenfalls nutzte die Debatte für eine scharfe Breitseite gegen die italienische Linke, ganz so, als ob diese die Schuld für den Bau der Mauer trüge. »Während die ganze Welt den Papst dafür ehrt, den entscheidenden Beitrag dafür geleistet zu haben, diese Schande, diese unzivilisierte Mauer, diese Mauer des Hasses, diese Mauer der Trennung nieder zu reissen«, führte er polemisch aus, »wäre es wirklich eine Beleidigung, wenn das italienische Parlament eine gegenteilige Botschaft aussenden würde. Die Linke versäumt es zum wiederholten Male, mit ihrer Geschichte abzurechnen.«[91] Am 6. April 2005 hiess die Abgeordnetenkammer mit den Stimmen der Mitte-Rechts-Mehrheit einen »Giorno della Libertà« (»Tag der Freiheit«) gut.

Das umstrittene Gesetz wurde mit 247 Ja gegen 206 Nein und 5 Enthaltungen vergleichsweise knapp angenommen.[92] Italien gedenkt seither als einziges Land der Welt am 9. November des Falls der Berliner Mauer.[93] In öffentlichen Zeremonien und vertiefenden Lektionen an den Schulen wurden fortan jedes Jahr die »Werte der Freiheit und der Demokratie gegen den kommunistischen Totalitarismus« beschworen.[94] Senator Travaglio, der den Gesetzesentwurf mit eingebracht hatte, gab sich hoch erfreut darüber, dass man in Italien endlich aller unschuldigen Diktaturopfer wie der des Gulags, der stalinistischen Säuberungen und ethnischen Deportationen gedenken könne.[95] Der neue Gedenktag ermögliche es allen demokratisch gesinnten Bürgern, jede Form von Totalitarismus und Diktatur zu verurteilen.[96]

In den Reihen der Opposition stiess dieser Gedenktag auf Ablehnung. Eine kommunistische Plattform sah in ihm eine weitere antikommunistische Initiative, ja gar eine »neofaschistische Gehirnwäsche«[97]. Gemässigte Linke argwöhnten, er sei auf dem rechten Auge blind, weil er sich einseitig gegen die kommunistischen Gewaltherrschaften richte und von der eigenen faschistischen Diktaturvergangenheit ablenke. Zudem besitze er keinen direkten Bezug zur Geschichte des Landes.[98] Letztlich ziele der »Tag der Freiheit« auf den linken Antifaschismus und versuche, die politischen Erben der Resistenza zu delegitimieren. Sein eigentliches Ziel bestehe darin, den »25 aprile« weiter zu unterhöhlen, so dass er am Ende ganz abgeschafft werden könne – wurde argumentiert. Wenngleich das Mitte-Rechts-Bündnis bisher (noch) keine Gesetzesinitiative in dieser Richtung einbrachte, steht heute fest, dass der Tag der Befreiung zu einer Kommemoration unter anderen herabgesunken ist und damit an gesamtgesellschaftlicher Bedeutung eingebüsst hat.

Mit ihrer revisionistischen Geschichtspolitik spaltete das Mitte-Rechts-Bündnis das Land tief. Einen Proteststurm rief 2003 ein Gesetzesprojekt hervor, das Mussolinis letztes Aufgebot, also die Soldaten, Milizen und Kollaborateure der RSI, als »Krieg führende Militärs« (»militari belligeranti«) den Kämpfern der Resistenza gleichstellen wollte. In den Genuss dieser späten Rehabilitierung sollten nicht nur die Soldaten der vier Infanteriedivisionen »Littorio«, »Monte Rosa«, »San Marco« und »Italia« kommen, sondern auch die ehemaligen Mitglieder der Republikanischen Nationalgarde, der Schwarzen Brigaden und der Decima Mas, die an der Seite von Wehrmacht und SS-Einheiten operiert hatten.[99] Viele dieser berüchtigten Kämpfer hatten Kriegsverbrechen begangen. Die Täter von damals hätten sich durch das Gesetz in »gewöhnliche Soldaten« verwandelt. In den Augen seiner Promotoren sollte diese Reinwaschung der »nationalen Aussöhnung« dienen. Freilich bewirkte der Vorstoss gerade das nicht. Wie auch? Durch ihn wäre die Verantwortung für geschehenes Unrecht vernebelt und der Graben zwischen Faschisten und Partisanen, die ihr Leben für die Wiederherstellung der Demokratie riskiert hatten, gesetzlich eingeebnet worden.

Gegen dieses skandalöse Gesetz liefen die Partisanenverbände, renommierte Intellektuelle und die Anhänger von Mitte-Links Sturm. Es fand selbst die Missbilligung von ehemaligen christdemokratischen Spitzenpolitikern wie Giulio Andreotti und Oscar Luigi Scalfaro, die als »elder statesmen« im Senat der Republik sitzen. Seit die Vorlage auf der politischen Agenda stand, liess Staatspräsident Carlo Azeglio Ciampi keine Gelegenheit ungenutzt, um als oberster Hüter der Verfassung an die aus der Resistenza hervorgehenden Verpflichtungen zu erinnern.[100] Wohl einen schweren Imageschaden im In- und Ausland befürchtend, zogen die Mehrheitsparteien das Gesetz, das bereits erste parlamentarische Hürden genommen hatte, im Januar 2006, nur kurz vor den Parlamentswahlen, überraschend zurück. Damit lief dieser schwere Anschlag auf die antifaschistischen Grundlagen der Republik im letzten Moment ins Leere.

Der Rückzug dieses anrüchigen Gesetzes entsprang jedoch nicht besserer Einsicht, sondern war rein taktisch motiviert. Am 23. Juni 2008 brachten der Abgeordnete Lucio Barani und mehr als 40 Mitunterzeichner einen ähnlichen Gesetzesentwurf ein. Die aus dem Regierungslager stammenden Initianten schlugen vor, einen »Orden der Trikolore« (»Ordine del Tricolore«) zu gründen. Dieser solle allen Italienern offen stehen, die im Zweiten Weltkrieg für das Vaterland kämpften. Im Zeichen der »Kultur des Friedens und der Aussöhnung«, die das neue Italien auszeichne, dürfe nicht mehr länger ausschlaggebend sein, auf welcher Seite man im Bürgerkrieg gefochten habe. Allen Ernstes schlugen Barani und seine Kollegen vor, die militärischen »Verdienste und Opfer« von Faschisten und Kollaborateuren der RSI staatlich anzuerkennen und mit denen der Soldaten des regulären Heeres und der Partisanen auf dieselbe Stufe zu stellen. Allen Mitgliedern des Ordens seien jährliche Pensionen von 200 Euro auszubezahlen.[101] In den Genuss dieser Sonderrente sollten selbst »Repubblichini« kommen, die sich an der Seite der Wehrmacht und der SS an »Säuberungsaktionen«, Hinrichtungen und Deportationen beteiligt hatten. Kurz, einer falsch verstanden Aussöhnungsidee wegen sollten die letzten Täter zu verdienten Staatspensionären geadelt werden.

Anfang 2009 löste dieser provokative Vorschlag in Teilen der Zivilgesellschaft heftige Proteste aus. Die Partisanenverbände prangerten den wiederholten Versuch der Rechten an, die Geschichte Italiens umzuschreiben. Die sich zum antifaschistischen Erbe bekennenden Oppositionsparteien, aber auch unabhängige Medien[102] und renommierte Intellektuelle erhoben Einspruch gegen das skandalöse Gesetz. Selbst zwei ehemalige Staatspräsidenten machten aus ihrer Missbilligung keinen Hehl. In seiner Botschaft hob Exstaatschef Oscar Luigi Scalfaro hervor, dass der vorgeschlagene »Orden der Trikolore« der historischen Wahrheit Gewalt antue.[103] Carlo Azeglio Ciampi wies darauf hin, dass die RSI Krieg gegen den legitimen Staat führte und ihre Kämpfer damit eine illegitime Sache vertreten hatten.[104]

Schonungslos kommentierte der ehemalige Partisan Giuliano Vassalli, der in der Nachkriegsrepublik mehrfach das Amt des Justizministers und schliesslich gar das des obersten Verfassungsrichters bekleidet hatte, das Projekt. Auf die Frage eines Journalisten, was er vom »Orden der Trikolore« halte, meinte er: »Was wollen die eigentlich noch? Sie haben alles gehabt, die Amnestie von Togliatti, die sofortige demokratische Legitimation, den MSI im Parlament, jetzt sind sie an der Macht. Trotzdem gehen sie immer weiter, unbekümmert der Tatsache, dass in Europa kein Land existiert, in denen Kollaborateure des Nazismus prämiert werden.«[105] Spät zur Vernunft gekommen, zogen die Initianten ihren unsäglichen Gesezesentwurf am 28. April 2009 zurück. Eine staatliche Anerkennung der »Repubblichini« und ihre Gleichstellung mit den Partisanen wären in Westeuropa einem einzigartigen Tabubruch gleichgekommen.

Aussöhnung mit Libyen oder moderner Ablasshandel?

Seit sich Muammar al-Gaddafi im September 1969 an die Macht putschte, waren die Beziehungen zur ehemaligen Kolonialmacht angespannt. Um seine Herrschaft zu konsolidieren, spielte der neue Machthaber geschickt auf der Klaviatur antiitalienischer Ressentiments, die im nordafrikanischen Land weit geteilt wurden. Schliesslich waren die Schrecken und Gräuel der Kolonialzeit, die rund 100.000 Libyer mit ihrem Leben bezahlten, unvergessen.[106] Schon im ersten Jahr nach seiner Machtübernahme wies Gaddafi die im Land verbliebenen 20.000 Italiener aus und liess deren Besitz entschädigungslos enteignen.[107] Gaddafis Regime setzte einen eigentlichen Kult um den Islamgelehrten Omar al-Mukhtar in Szene, der den antiitalienischen Widerstand in der Cyrenaika angeführt hatte. In Gefangenschaft geraten, war der Guerillachef 1931 im Konzentrationslager Soluq gehenkt worden. Mit libyschem Geld wurde 1981 der Spielfilm »The Lion of the Desert« produziert, der die Geschichte von Omar al-Mukhtar erzählt, der im nordafrikanischen Land als Nationalheld verehrt wird. Bis vor kurzem gedachte Libyen am »Tag der Rache« – dem 7. Oktober – des Widerstands gegen die koloniale Fremdherrschaft. Am Jahrestag des italienischen Überfalls von 1911 forderte Gaddafi regelmässig eine Entschuldigung und Wiedergutmachung.

Die Last der unbewältigten Vergangenheit, aber auch die Unterstützung, die Libyen dem internationalen Terrorismus in den achtziger Jahren zukommen liess, standen einer Aussöhnung zwischen den beiden Mittelmeerstaaten entgegen. Kaum liess Gaddafi 1998 die beiden mutmasslichen Attentäter ausliefern, die ein vollbesetztes Flugzeug über dem schottischen Lockerbie in die Luft gesprengt hatten, setzten die Vereinten Nationen das Teilembargo gegen den erdölreichen Wüstenstaat aus. Nur kurz danach flog der italienische Aussenminister Lamberto Dini als erster westlicher Spitzenpolitiker nach Tripolis, um die bilateralen Beziehungen zu verbessern. Ein neuer Markt lockte. In einer »gemeinsamen Erklärung« wurde versucht, die Wunden der Geschichte zu schliessen. Die Erklärung enthielt ein Schuldeingeständnis und äusserte Bedauern darüber, was Italien der libyschen Bevölkerung zur Zeit der kolonialen Besatzung angetan hatte. Dini stellte Libyen technische Hilfe bei der Räumung von Minen aus dem Zweiten Weltkrieg in Aussicht, nicht jedoch Reparationen.[108] Dieser erste Akt der Reue ebnete 1999 dem ersten Besuch eines westlichen Regierungschefs in Tripolis den Weg. Während seines Staatsbesuchs restituierte der linksdemokratische Premierminister Massimo D'Alema eine entwendete Statue der Venus von Leptis Magna. Als Silvio Berlusconi dem libyschen Revolutionsführer drei Jahre später seine Aufwartung machte, gab er die Venus von Kyrene zurück.[109] All dies konnte Gaddafi nur teilweise besänftigen. Denn von Beginn der Annäherung an hatte er von Italien eine »grosse Geste« verlangt und Auskunft darüber, was mit seinen Landsleuten geschah, die deportiert worden waren.[110]

Der Aussöhnungsprozess erlitt immer wieder herbe Rückschläge, nicht so sehr wegen des unberechenbaren Revolutionsführers, sondern durch Grobheiten italienischer Rechtspolitiker. Bei einem Fernsehauftritt trug Reformminister Roberto Calderoli von der Lega Nord im Februar 2006 ein T-Shirt mit einer der umstrittenen Mohammed-Karikaturen aus Dänemark. Calderolis Provokation[111] löste vor dem italienischen Konsulat in Bengasi schwere, von Islamisten gesteuerte Proteste aus, während derer libysche Sicherheitskräfte mindestens zehn Menschen erschossen. Empört titulierte Gaddafi den Lega Nord-Demagogen daraufhin als »Faschisten und Rassisten«.[112] Alessandra Mussolini goss zusätzliches Öl ins Feuer, als sie des Rais' Forderung nach einer »grossen Geste« kurze Zeit später mit den Worten zurückwies: Ohne »ihren Opa« würden sich die Libyer, den Turban um den Kopf gebunden, heute noch auf Kamelen fortbewegen; sie seien es, die Wiedergutmachung leisten müssten, weil es sich im Fall Italiens um einen »positiven Kolonialismus« gehandelt habe. Schliesslich hätte der Faschismus »Demokratie und Strassen, Häuser und Schulen« nach Nordafrika exportiert.[113] Tripolis reagierte scharf auf die rassistischen Auslassungen der rechtsextremen Abgeordneten. In einer offiziellen Note bezeichnete Libyen diese als »inakzeptabel«, weil sie der »kriminellen Kolonialpolitik Mussolinis« offensichtlich gute Seiten abgewännen.[114]

Angesichts dieser Gereiztheiten überrascht es, dass Libyen im Sommer 2008 in ein »Freundschafts- und Kooperationsabkommen« mit Italien einwilligte, das einen Schlussstrich unter die koloniale Vergangenheit zog. Bei einem Staatsbesuch entschuldigte sich Silvio Berlusconi »im Namen des italienischen Volkes« für die in der Kolonialzeit begangenen Verbrechen und drückte seinen Schmerz darüber aus, was geschehen ist und viele libysche Familien gezeichnet hat.[115] Soweit war der Premier gegenüber einem Opfer von Mussolinis Expansionspolitik nie zuvor gegangen. Es handelte sich um das von Gaddafi lange erwartete Schuldeingeständnis. Mit einem Mal zeigte sich Italien bereit, materielle Wiedergutmachung zu leisten. Im Abkommen verpflichtete sich Italien, in den kommenden 20 Jahren 5 Milliarden Dollar zu zahlen. Mit der Reparationszahlung sollen eine 1.600 Kilometer lange Küstenautobahn, die das Land von der ägyptischen zur tunesischen Grenze durchzieht, und weitere Infrastrukturprojekte realisiert werden. Darüber hinaus sieht das Vertragswerk eine enge Zusammenarbeit auf den Gebieten von Wirtschaft, Handel und Immigrationsabwehr vor. Libyen versprach, Italien privilegiert bei Mineralöl- und Erdgaslieferungen zu behandeln. Von den Bauprojekten sollen dereinst auch italienische Firmen profitieren. Das Freundschaftsabkommen, das am 2. März 2009 in Kraft trat, bekam dadurch den Charakter eines Tauschhandels.

Die sehr späte Aussöhnung zwischen den beiden Ländern darf nicht darüber hinwegtäuschen, dass Berlusconi dabei kaum von echten Gefühlen des Bedauerns getrieben war. Stets auf handfesten Nutzen bedacht, zückte der »Cavaliere« auch gegenüber Gaddafi das Scheckbuch. Gerissener Geschäftsmann, der er ist, kaufte er Italien durch das Freundschaftsabkommen vom kolonialen Unrecht los und tätigte damit eine Investition in die Zukunft. Libyen erklärte sich bereit, bei der Bekämpfung der »illegalen Einwanderung« im Mittelmeer mit den italienischen Behörden zu kooperieren. Inzwischen patrouillieren die Küstenwachen der beiden Staaten gemeinsam, um afrikanische Bootsflüchtlinge von der Einreise nach Italien abzuhalten.[116] Mit dem Deal sicherte Berlusconi seinem Land privilegierte Wirtschafts- und Handelsbeziehungen mit dem nordafrikanischen Wüstenstaat. »Wir werden mehr Gas und Benzin aus Libyen bekommen und weniger illegale Einwanderung«, fasste der »Cavaliere« selber die Vorteile des Vertrags für sein Land zusammen.[117]

Mit dem Gegenbesuch Gaddafis wurde die neue Freundschaft zwischen den Mittelmeerländern im Juni 2009 besiegelt, ja der endgültige Schlussstrich unter die blutige Kolonialgeschichte Italiens in seiner ehemaligen Besitzung pompös gefeiert. Obwohl gegen die erste Visite des libyschen Machthabers in Rom Tausende Bürger demonstrierten, sah der »Cavaliere« über die diktatorischen Herrschaftsmethoden des Rais' und die systematischen Menschenrechtsverletzungen in Libyen hinweg. Grosszügig lobte er Gaddafi als »Führer von grosser Weisheit«. Berlusconi wollte seinen Gast sogar im Senat sprechen lassen, was die Linksopposition aber zu verhindern wusste. Umgekehrt bezeichnete Gaddafi seinen Gastgeber als »ausgezeichneten Freund des libyschen Volkes« und nannte Italien eine »befreundete Nation«.[118] Bei einem Treffen mit Spitzenvertretern der Industrie versprach Gaddafi artig, dass italienische Unternehmen in Libyen vorrangig behandelt würden, und vergass nicht anzufügen: »Wir werden anderen Ländern nicht Gas und Öl auf Kosten Italiens geben.«[119] So historisch die neue Freundschaft zu nennen ist, so spielte bei Berlusconis Aussöhnungspolitik gegenüber Libyen sehr viel politisches Kalkül mit; sie lässt an einen modernen Ablasshandel denken.

5. ITALIENS ERINNERUNGSKULTUR – EIN WESTEUROPÄISCHER SONDERFALL?

Erklärungsversuche

Kein anderer als der frühere Staatspräsident Oscar Luigi Scalfaro moderierte 2005 in Rom eine Podiumsdiskussion, während der die Erinnerungskulturen von Italien und Deutschland vergleichend analysiert wurden.[1] Scalfaro hatte als Leutnant am Zweiten Weltkrieg teilgenommen und vom 8. September 1943 an die deutsche Besatzung und den Bürgerkrieg erlebt. Nach dem Krieg prägte er als Mitglied der Democrazia Cristiana die Republik Italien mit: zunächst als Abgeordneter und Minister, dann als Präsident der Abgeordnetenkammer und schliesslich von 1992 bis 1999 als Staatspräsident. Ganz gegen den Zeittrend gesprochen, führte er aus, dass das nationalsozialistische Deutschland und das faschistische Italien einen »gemeinsamen Ursprung« besessen hätten. Beide Regime hätten nicht nur die »absolute Negation« der Menschenwürde und der individuellen Grundrechte geteilt, sondern auch eine Theorie der höherwertigen Rasse.[2] Tief beunruhigt über das revisionistische Treibhausklima im Land hielt der »elder statesman« nicht mit seiner Meinung über die offizielle Geschichtspolitik der regierenden Rechtskoalition zurück: »In den 60 Jahren meiner politischen Tätigkeit im Untergrund und im Parlament habe ich niemals die Lüge als politische Kraft akzeptiert; gleichwohl beobachten wir, dass diese menschenfeindliche, der Intelligenz hohnsprechende Methode immer weitere Kreise zieht … Heute sehen wir, dass in Italien eine Geschichtspolitik betrieben wird, die im Zeichen der Befriedung auf eine Geschichtsrevision zielt und eine Aufwertung des Faschismus betreibt.«[3]

Scalfaro hielt damit ebenso Zutreffendes wie Beunruhigendes fest. Immerhin warf das ehemalige Staatsoberhaupt dem regierenden Rechtsbündnis vor, eine lügenhafte Erinnerungspolitik zu betreiben, die der Geschichte Gewalt antue. In diesem scharfen Urteil unterschied sich der alte Christdemokrat nicht von seinem Amtsnachfolger Carlo Azeglio Ciampi, der zwischen 1999 und 2006 an der Spitze des Landes stand. In seiner Amtszeit musste auch der gemässigt linke Präsident, der selber aktiv an der Befreiung des Landes mitgewirkt hatte, immer wieder auf die zentrale Bedeutung der Resistenza für den demokratischen Neuanfang in Italien hinweisen. Für Ciampi bildete der Sieg über den »Nazifaschismus« den Kern des Verfassungspatriotismus. Selbstredend verteidigte er damit das Erbe des Antifaschismus gegen die alltäglichen Angriffe von rechts.[4] Inzwischen war das bitter notwendig geworden. In der Zweiten Republik bekam immer mehr eine neue Riege rechts orientierter Politiker das Sagen, die den alten Staatsgründungsmythos für überholt erklärten oder öffentlich diffamierten, nicht zuletzt deshalb, weil sie eine ganz neue Republik im Kopf haben.[5]

Seitdem Bettino Craxi zwischen 1983 und 1987 erstmals davon geträumt hatte, Italien nach französischem Vorbild in eine Präsidialrepublik umzuformen, veränderte sich das Denken über die faschistische Vergangenheit, zunächst unscheinbar, dann immer manifester: die historischen Bewertungen genauso wie das, was öffentlich sagbar ist und was als offiziell erinnerungswürdig gilt. Was sich die antifaschistischen Gründerväter der Republik in ihren schlimmsten Tagträumen nicht vorstellen konnten, wird heute dreist von den Regierungsbänken aus, aber auch von anerkannten Meinungsmachern betrieben: die Banalisierung, Aufwertung und teilweise Rehabilitierung der Mussolini-Diktatur. Im Zeichen eines umfassenden Kulturwandels geriet das überlieferte Resistenza-Narrativ, das die Sichtweisen auf den Zweiten Weltkrieg Jahrzehnte lang prägte und gleichzeitig kanalisierte, seit den ausgehenden achtziger Jahren immer stärker in die Defensive.

Der skandalbedingte Niedergang der Ersten Republik führte zu einem politischen Vakuum, in das das Rechtsbündnis aus FI, AN und LN 1994 erfolgreich hineinstiess. Die Rechte begann, die politische Kultur in ihrem Sinn umzupflügen. Erstmals seit 1946 sympathisierten Teile der neuen Eliten mit anti-antifaschistischen Haltungen. Demonstrativ zeigten Spitzenvertreter des Staates den Nationalfeiertagen die kalte Schulter, weil sie am 25. April die Befreiung vom Nazifaschismus und am 2. Juni die Gründung der Republik nicht mehr öffentlich feiern mochten. Begünstigt durch den Wahlsieg von 2001 erlebte das Land eine Welle des Geschichtsrevisionismus, die alte Antifaschisten von einer »kulturellen Aggression« (Aldo Aniasi) sprechen liess. »Italien erlebt einen Revisionismus, der vor den Grundfesten der Republik nicht mehr halt macht. Die in der Regierung vertretene Rechte versucht seit Jahren, Mussolinis letztes Aufgebot aus der Republik von Salò den Partisanen der antifaschistischen Resistenza gleichzustellen – mit dem Argument, beide Seiten hätten schliesslich für das Vaterland gekämpft«, beschrieb Birgit Schönau, langjährige Italienkorrespondentin der »Zeit«, den augenfälligen Wandel kürzlich.[6]

Diese Besorgnis erregende Entwicklung findet eine Erklärung darin, dass seit Berlusconis Einstieg in die Politik ein enger Nexus zwischen dem

Aufstieg der Rechten und der aggressiven Umdeutung der Vergangenheit besteht.[7] Der wild um sich greifende Revisionismus ist Symptom und Ergebnis des allgemeinen Rechtsrutsches, der sich in Berlusconis zweitem (2001) und drittem Wahlsieg (2008) augenfällig manifestierte. Der Revisionismus entwickelte sich weitgehend gegen die Einsichten der neueren Geschichtsschreibung und setzte sich trotz seiner Unwissenschaftlichkeit in Teilen der Zivilgesellschaft durch. Entgegen dem Bild, das noch Renzo De Felice, Piero Melograni und Indro Montanelli vom »Ventennio nero« zeichneten, wiesen zahlreiche Historiker und Historikerinnen im In- und Ausland seit Mitte der neunziger Jahre nach, dass das faschistische Italien selbst in der Zeit vor der Verkündigung der »Rassengesetze« keine Diktatur mit menschlichem Antlitz war. Ohne ein Blatt vor den Mund zu nehmen, wandte der angesehene Faschismusexperte Emilio Gentile 2003 gegen diese Form der Geschichtsfälschung ein: »Wer den Faschismus für ›gutmütig‹ hält, der hat von der Natur von Mussolinis Regime rein gar nichts verstanden.«[8]

Tatsächlich lernt man heute im ersten Proseminar, dass die politische Praxis des Faschismus in »kollektiver Gewaltausübung«[9] bestand. Im Spanischen Bürgerkrieg zum Beispiel kamen allein bei Bombardements der italienischen Luftwaffe einige Tausend Zivilisten um. Der Angriff auf Barcelona kostete vom 16. auf den 17. März 1938 1.000 Menschen das Leben.[10] Als sich ein britischer Spitzendiplomat beunruhigt über den Terrorangriff auf Kataloniens Metropole äusserte, freute sich Mussolini darüber, »dass die Italiener endlich einmal durch ihre Aggressivität Schrecken verbreiteten, statt als Mandolinenspieler Gefallen zu erregen«[11]. Dass die faschistische Diktatur ein Megatötungsregime war und Mussolini ein Verbrecher, der den Tod von mindestens einer Million Menschen verschuldete, wird von den Revisionisten als Tatsache schlicht ignoriert.

Silvio Berlusconi trägt die Hauptverantwortung dafür, dass der Revisionismus seine Kreise in der Zweiten Republik so erfolgreich ziehen konnte. Selber in einer Familie aufgewachsen, die zur Zeit der Diktatur Benachteilungen erlitt, trat er zwar nie als dessen inhaltlich treibende Kraft in Erscheinung. Diese Rolle überliess er den Überzeugungstätern in dem von ihm geschmiedeten Rechtsbündnis: insbesondere den Postfaschisten der AN und Parteifreunden (wie Marcello Dell'Utri, Roberto Dipiazza, Giuseppe Ciarrapico und anderen). In dem Stück, das in Italien seit 1994 gegeben wird, übernahm der »Cavaliere« die Rolle desjenigen, der ermöglichte und anderen freie Hand liess. Zunächst nahm der Quereinsteiger die Neofaschisten in seine Regierung auf und machte sie dadurch gesellschaftlich salonfähig – zum ersten Mal überhaupt in einem westeuropäischen Land nach dem Ende des Zweiten Weltkriegs. Weil es ihm als Premier einer bunt zusammengewürfelten Rechtskoalition nutzte, liess er die revisionistische Umdeutung der Geschichte zu, wo er sie hätte stoppen müssen. Immer wieder sah er über (philo-) faschistische Bekenntnisse und Gesten hinweg, wo er sich deutlich vernehmbar hätte distanzieren müssen. Er verharmloste selbst da noch, wo es nichts zu verharmlosen gab.

Berlusconi ist ein Mann ohne Berührungsängste. So gab er sich in einer Fernsehsendung am 21. Februar 1994 überzeugt, dass in der Geheimloge P2 die »besten Männer des Landes« versammelt waren.[12] Einiger zusätzlicher Wahlpromille wegen paktierte er mit der neofaschistischen Alternativa Sociale von Alessandra Mussolini und dem rechtsextremen MSI-Fiamma Tricolore von Luca Romagnoli.[13] Fühler streckte er auch gegenüber La Destra aus, in der sich 2007, angeführt von Francesco Storace, Teodoro Buontempo und Daniela Santanchè, Abtrünnige der AN sammelten, die den angeblich zu weichen Kurs von Gianfranco Fini nicht mehr länger mittragen wollten. Eine klare Abgrenzung gegen rechtsaussen hielt der »Cavaliere« nie für geboten – ganz im Unterschied zu fast allen Konservativen in den Ländern Westeuropas. Damit verwischte er nicht nur die in funktionierenden Demokratien wichtige Grenzziehung zwischen konservativ und rechtsextrem, sondern verletzte auch die Regeln des politischen Anstands und guten Geschmacks.

Obwohl viele Italiener in Berlusconi den neuen »Duce«[14] sehen und ihm als solchem gelegentlich auch zujubeln, war und ist der Mailänder Unternehmer kein Faschist.[15] Öffentlich inszenierte er sich immer wieder als jesusgleicher »Retter der Nation« und als am Gemeinwohl orientierten Liberalen. Nur er hätte Italien vor einer drohenden kommunistischen Diktatur bewahren können, nur er lasse die Bürger an den Segnungen einer »Freiheitsreligion« teilhaben, die sich bald in Arbeitsplätzen, Steuersenkungen und noch mehr Konsum auszahlen werde – lenkte er von den eigentlichen Problemen des Landes ab. Berlusconi bezirzt, weil er seinen persönlichen Aufstieg und Erfolg als politisches Programm verkauft. Letztlich geht es ihm nur um die Wahrung seiner Interessen. Als Rechtspopulist nutzte und nutzt er die Geschichte vor allem instrumentell. Auf dem Feld der Erinnerungspolitik tat er stets das, was seiner persönlichen Macht zuträglich war. Um die Rechte an sich zu binden und bei Laune zu halten, trug er ihre Versuche weitgehend mit, das antifaschistische Geschichtsbild einer Generalüberholung zu unterziehen. Auf korrekten Umgang mit den Fakten oder internationale Glaubwürdigkeit kam es ihm dabei nie an.

Wie überall, wo es um Geld, Macht und Einfluss geht, agierte Berlusconi auch in der Erinnerungspolitik skrupellos.[16] Neben einem überholten Antikommunismus und fremdenfeindlichen Abwehrreflexen trug der

Revisionismus sicher dazu bei, den inneren Zusammenhalt seiner Rechtskoalition zu festigen. Guido Caldiron sieht in ihm sogar ihre grösste Ressource, ja ihre Basisidentität.[17] Die revisionistische Erinnerungspolitik verfolgt das Ziel, das antifaschistische Weltbild durch eine rechte Deutungshoheit über die Geschichte zu ersetzen. Letztlich stellt der Revisionismus eine Waffe im politischen Tageskampf dar. Schliesslich geht es im Krieg der Erinnerungen nicht bloss um die Vergangenheit. Auf dem Schlachtfeld der Geschichte werden aktuelle Richtungsdebatten ausgefochten, die sich um Güter wie nationale Identität, kulturelle Definitionsmacht, Leitwerte, politische Legitimation und neue Mehrheiten drehen.

Nach 2001 heimste die revisionistische Erinnerungspolitik einen Erfolg nach dem anderen ein, besonders stark in rechts regierten Kommunen und Städten, aber auch auf der gesamtstaatlichen Ebene. Indem die regierende Rechte einen Gedenktag für die Opfer der titoistischen Vergeltungsjustiz[18] und einen weiteren schuf, in dessen Zentrum der Zusammenbruch des Ostblocks steht, wurde die offizielle Erinnerungskultur stark umgebaut. Obschon die Rechte bislang keine Initiative lancierte, um den ungeliebten »25 aprile« abzuschaffen, drangen rechte Topoi immer stärker in das populäre Geschichtsbewusstsein ein. Wie der Streit um die jüngste Vergangenheit ausgehen wird und wohin er das Land noch treibt, ist weder absehbar noch entschieden. Klar ist einzig, dass der Umbau der Erinnerungskultur inzwischen weit fortgeschritten ist. Mit feinem Gespür für diese Veränderung hielt der Filmregisseur Mario Monicelli jüngst fest: »Alle, die damals [nach 1943, A.M.] auf der Seite von Freiheit und Demokratie standen, müssen sich heute für ihre Haltung rechtfertigen oder zumindest die Erinnerung ihrer Unterdrücker als gleichberechtigt anerkennen.«[19]

Allerdings stiess der erinnerungskulturelle Vormarsch der Rechten zuweilen auch an Grenzen. Die zweimal versuchte Gleichstellung von RSI-Milizionären mit den Kämpfern der Resistenza liess sich bislang nicht durchsetzen. Ebenso scheiterte 2002 ein vom FI-Parlamentarier Fabio Garagnani eingebrachter und von vielen Postfaschisten unterstützter Gesetzesantrag, der künftig die ministerielle Prüfung aller Schulgeschichtsbücher anregte, um im Namen der »historischen Wahrheit« parteiische Darstellungen der Zeitgeschichte zu verhindern. Die Parlamentarier hatten sich durch den Regierungschef ermuntert gefühlt. Noch in der Opposition hatte Berlusconi gegen jene Lehrmittel polemisiert, die Stalin angeblich als Helden und ihn dagegen als windigen Geschäftemacher zeichnen würden.[20] Besorgnis rief der Gesetzesantrag nicht nur bei zahlreichen Geschichtsprofessoren hervor, sondern auch bei der Linksopposition und der von Umberto Eco angeführten Bewegung Libertà e Giustizia, die binnen kurzer Zeit Tausende von Unterschriften gegen das unmögliche Ansinnen zusammenbrachte.[21] Schliesslich forderten Garagnani und seine Gesinnungsfreunde nichts weniger als eine staatliche Kontrolle des Geschichtsbilds, um angeblich parteiischen Schulbuchautoren und ihren linken Machwerken das Handwerk zu legen.[22] Dieser Vorstoss kam nicht nur einem schweren Angriff auf die Unterrichtsfreiheit gleich, sondern auch einem auf die Meinungsvielfalt. Soweit wollte selbst die Regierung Berlusconi nicht gehen. Spitzenvertreter des Regierungslagers wie Marco Follini bezeichneten den Antrag jedenfalls als »Dummheit« und lehnten ihn ab, weil er eines demokratischen Landes unwürdig sei.[23]

Wer wissenschaftlich erklären will, weshalb revisionistische Thesen in der Zweiten Republik auf einen relativ fruchtbaren Boden fielen, muss die Antwort mehrschichtig konzipieren. In einer Langzeitperspektive ist zu konstatieren, dass die überwiegende Mehrheit der Italiener nie eine echte Aufarbeitung der eigenen Diktaturgeschichte leistete.[24] Begünstigt durch die Tatsache, dass es kein dem Nürnberger Tribunal vergleichbares internationales Strafgericht gegen die italienischen Kriegsverbrecher gab und der Prozess der gerichtlichen Aufarbeitung im Land selber durch die von Palmiro Togliatti verfügte Amnestie bereits 1946 zum Erliegen kam, konnte sich rund um die eigene Tätervergangenheit nie ein Schuldbewusstsein herausbilden. Der populäre Verweis auf das nationalsozialistische Unrechtsregime und die von Hitler angeordneten Menschheitsverbrechen tat ein Weiteres: er lenkte von der eigenen Schuld ab und gab der in Gang befindlichen Selbstabsolution einen zusätzlichen Schub.[25] Als der AN-Exponent Domenico Gramazio 2005 mit der These für Aufsehen sorgte, dass die Faschisten für die Shoah nicht verantwortlich waren, entgegnete der Oberrabbiner von Rom, dass eine kritische Selbstanalyse von Italiens Versagen bislang ausgeblieben sei.[26]

Dass eine Mehrheit der Italiener die wahre Natur des Faschismus zunehmend verdrängte, erklärt sich auch mit den drei in der Republik dominanten Erinnerungsmilieus. Auf je unterschiedliche Weise lenkten die schwarze (neofaschistische), graue (konservative) und rote (antifaschistische) Erinnerung von den harten Fakten ab.[27] Während die Neofaschisten das »Ventennio nero« nostalgisch verklärten und die RSI als vorbildliche Gesellschaftsordnung memorierten[28], setzte sich in bürgerlich-konservativen Kreisen bald eine nachsichtige Erinnerung durch. Hier wurde die faschistische Diktatur als ein historisch notwendiges Modernisierungsregime gesehen, in dem der »gute Onkel Mussolini« nichts Schlimmeres getan hatte als ein paar hundert politische Gegner wegzusperren.[29] Selbst im Resistenza-Narrativ wurde des »Duces« Diktatur letztlich als unwichtiges Intermezzo verniedlicht.

Die antifaschistische Meistererzählung suggerierte, dass die Italiener in den beiden Jahrzehnten nach dem »Marsch auf Rom« nie wirklich hinter dem Faschismus gestanden seien. Die meisten von ihnen hätten sich entweder mit der Waffe in der Hand am Kampf gegen den »nazifascismo« beteiligt oder aber auf dessen militärischen Erfolg gehofft, kolportierte sie. »Indem man die antifaschistische Version, dass kein Italiener wirklich Faschist war, einfach umkehrte«, formulierte es Filippo Focardi, »konnte man ohne schlechtes Gewissen behaupten, jeder sei Faschist gewesen, weil der Faschismus ja im Grunde gar nicht so verwerflich war.«[30] Vor diesem Hintergrund kam eine schonungslose Auseinandersetzung mit der Diktatur bis 1989 nie in Gang. Was in den Jahrzehnten nach dem Krieg an echter Gewissenserforschung fehlte, blieb auch aus, als der Eiserne Vorhang fiel.

Mit dem Zusammenbruch des Ostblocks lösten sich die traditionellen Bezugspunkte des historischen Denkens auf. In Italien, einem der Frontstaaten des Kalten Kriegs, geriet die antifaschistische Deutungshoheit über die Geschichte in eine schwere Krise, von der sie sich nie wieder erholte. Schon in den achtziger Jahren war der traditionelle Antifaschismus zunehmend mit der verkrusteten Parteienherrschaft identifiziert worden.[31] Nach 1989 wurde gegen diesen überdies ins Feld geführt, kommunistisch verseucht zu sein. Im Gefolge des Tangentopoli-Skandals tat sich ein identitäres Vakuum auf.[32] Nun wanderten anti-antifaschistische Positionen von der Peripherie ins Zentrum der gesellschaftlichen Debatten. Die rechte Gegenerinnerung predigte nicht den Schlussstrich, sondern die Umdeutung. Teilweise konnte sie dafür an Denkfiguren anknüpfen, die aus der neofaschistischen oder bürgerlich nachsichtigen Erinnerungstradition stammten. Teilweise bediente sie populäre Klischees wie das von den »guten Italienern«, die anders als die »hässlichen Deutschen« und die »blutrünstigen Titoisten« keine Täter waren, sondern prinzipiell auf der richtigen Seite gestanden waren.

Einen Teil seiner Wirkung verdankt der Revisionismus der Tatsache, dass dieser aus der Mitte der Gesellschaft heraus formuliert wird. In der Zweiten Republik sind anti-antifaschistische Positionen nicht ausschliesslich die Sache von Ewiggestrigen oder Extremisten am äussersten rechten Rand des politischen Spektrums. Im Unterschied zu anderen westeuropäischen Ländern werden sie in Italien oft von Ministern, Abgeordneten und Bürgermeistern, aber auch von Universitätshistorikern, einflussreichen Publizisten, Fussballidolen und Autoren populärwissenschaftlicher Werke (wie Giampaolo Pansa, Bruno Vespa und Mario Cervi) vorgetragen. Man kann von einem bürgerlichen Honoratiorenrevisionismus sprechen. Wer in Italien als Politiker die Meinung vertritt, dass Mussolinis Diktatur bis 1938 viele gute Dinge tat und Mussolini ein Patriot war, der das Land vor dem Schlimmsten bewahren wollte, riskiert nicht seine Karriere, sondern kann damit im rechten Meinungsspektrum punkten. Faschismusapologie ist hier nicht wirklich gesellschaftlich stigmatisiert. Sie ist eine Meinung unter anderen geworden – unbesehen davon, dass es sich dabei um einen Straftatbestand handelt. Fatal wirkt sich überdies das verräterische Schweigen der katholischen Kirche aus, die sich in vielen anderen Fragen regelmässig in die gesellschaftlichen Debatten einschaltet. Was den grassierenden Revisionismus betrifft, haben es Vatikan und Episkopat seit Jahren an klaren Stellungnahmen und Verurteilungen fehlen lassen.

Wirksam zur Geltung bringen kann sich der Revisionismus, weil die Rechte durch ihren Patron die Medienlandschaft beherrscht. Über sein mächtiges Firmenimperium, zu dem neben drei privaten Fernsehsendern (Italia 1, Rete 4 und Canale 5), diversen Zeitungen und Internetzeitschriften auch Magazine, Buchverlage, eine Kinokette und Vertriebsgesellschaften für Filme und Videos gehören, kann Berlusconi die Meinungen direkt beeinflussen.[33] Seine Fernsehstationen berichten wohlwollend und grundsätzlich positiv über die Politik der regierenden Rechten. Selbstredend finden auch revisionistische Themen leicht Eingang in die Programme. Diese Tendenz wirkt sich umso verheerender aus, als das öffentlich-rechtliche Fernsehen kein Gegengewicht mehr dazu bildet. Als Premier zog Berlusconi die Zügel auch beim staatlichen Fernsehen an. Zuweilen unterdrückten die von ihm abhängigen Rai-Direktoren missliebige Meinungen. 2002 feuerte die Rai die als zu regierungskritisch erachteten Journalisten Enzo Biagi und Michele Santoro sowie den Komiker Daniele Luttazzi. Zuvor hatte der Premier ihre Haltung an einer Pressekonferenz in Sofia als »kriminell« gegeisselt.[34]

Gleichzeitig orientierte sich die Rai, was die Programmstruktur betraf, immer stärker an der privaten Konkurrenz. Ihren Aufklärungsauftrag nehmen die drei staatlichen Kanäle nicht mehr sonderlich ernst. Stumpfsinnige Unterhaltung wird auch hier gross geschrieben. »Die italienischen Fernsehsender lullen die Zuschauer mit dümmlichen Shows und Ratespielen ein: mit vielen jungen Frauen in Minijupes, mit Fussball und viel unpolitischem Palaver. Die wenigen politischen Sendungen sind meist sehr Berlusconi-freundlich«[35], beschrieb der Schweizer Journalist Heiner Hug den pitoyabeln Zustand. Längst hat der Revisionismus auch die Rai erreicht.[36] Immer mal wieder lädt Starmoderator Bruno Vespa, ein Freund des Premiers, rechtsextreme Politiker wie Alessandra Mussolini oder Roberto Fiore, den Führer von Forza Nuova, aber auch andere Apologeten des »Ventennio nero« in die beliebte Diskussionssendung »Porta a Porta« ein.[37] Dort dürfen sie ihre extremen Ansichten zum Vortrage bringen, ohne dass scharf nachgefragt oder richtig gestellt würde. Nicht genug damit trugen einige von der Rai ausgestrahlte Rührstücke wie »Edda Ciano Mussolini«, »Perlasca« oder »Il cuore nel pozzo« revisionistische Sichtweisen ungefiltert in die Wohnstuben der Italiener. Es ist auffällig, wie sehr es gerade in Fernsehfilmen der letzten Jahre von »guten Faschisten« wimmelte, die bedrängten Menschen unter Einsatz ihres Lebens zu Hilfe kommen.

Das Spiel des Revisionismus wurde durch die weit verbreitete Ahnungslosigkeit erleichtert. Gerade in der jüngeren Generation, aber auch bei vielen Erwachsenen ist das zeitgeschichtliche Wissen sehr lückenhaft. Im Frühjahr 1994 sorgte eine Politologiestudentin für Kopfschütteln, die an einer Diskussion auf Rai Uno teilnahm, in der über die für das republikanische Selbstverständnis entscheidende Zeit zwischen 1943 und 1945 diskutiert wurde. Mitten in der Sendung stellte sich heraus, dass die Bedauernswerte nicht wusste, wer Pietro Badoglio war und damit auch nicht, was er im Faschismus und nach dem Sturz des Diktators für eine Rolle gespielt hatte. Es handelte sich keineswegs um einen Einzelfall.[38] In der Mitte der neunziger Jahre konnten zwei Drittel der Zwanzigjährigen die Mussolini-Diktatur nicht korrekt datieren. Viele von ihnen wussten nichts auf die Frage zu antworten, weshalb Adolf Hitler in Deutschland an die Macht gelangte.[39]

Heute wissen zahlreiche junge Leute selbst nicht mehr, welchen Ereignissen am 25. April gedacht wird, geschweige denn, dass sie etwas mit Namen wie Ferruccio Parri, Sandro Pertini oder Palmiro Togliatti verbinden könnten. 2004 konstatierte der Turiner Historiker Sergio Luzzatto einen »wachsenden Analphabetismus im Fach Faschismus«[40]. Einer Umfrage des »Corriere della Sera« nach zu schliessen, kann es um den Geschichtsunterricht an den öffentlichen Schulen nicht zum Besten bestellt sein. Selbst in den Gymnasien wird der Mussolini-Diktatur oft nicht jene kritische Beachtung zuteil, die sie verdienen würde.[41] Gerade in einem Land, in dem viele Menschen jeden Tag lange Stunden vor den Bildschirmen verbringen und der Fernseher oft die einzige kulturelle Einrichtung im Haushalt ist, wirkte es sich verhängnisvoll aus, dass es im Staatsfernsehen der letzten Jahre so wenige Filme zu sehen gab, die sich überzeugend mit dem »Ventennio nero« auseinandersetzen. All dies wiegt umso schwerer, als eine überzeugende wissenschaftliche Aufarbeitung der faschistischen Diktatur in den letzten Jahren geleistet wurde.[42] In Italien fehlt eine auf wissenschaftlichen Erkenntnissen abgestützte Erinnerungskultur. Eine solche würde kaum im Interesse der Rechten liegen.

Wie ist der Krieg der Erinnerung im heutigen Italien international einzuordnen? Die Zeit nach dem Ende der Blockkonfrontation war weltweit dadurch charakterisiert, dass eine wachsende Zahl von Ländern sich zu den dunklen Seiten ihrer Geschichte bekannte und sich bereit fand, Wiedergutmachung zu leisten.[43] Damit einher ging eine wachsende Sensibilität für jene Abermillionen von Menschen, die im 20. Jahrhundert Opfer von Staatskriminalität geworden waren. Insbesondere aus der traumatischen Erinnerung an die Shoah wurden transnationale Normen für eine friedlichere Welt formuliert.[44] In seiner grossen Synthese über das Nachkriegseuropa behauptete Tony Judt jüngst zu Recht, dass jedes europäische Land, das von NS-Deutschland besetzt gewesen war, sein eigenes »Vichy-Syndrom« entwickelt habe. Als Vichy-Syndrom umschreibt der britische Historiker die Schwierigkeit zahlreicher Gesellschaften, die ganze Vergangenheit so unheroisch anzunehmen, wie sie meistens war, und den daraus abgeleiteten Wunsch, sie etwas zu retuschieren, damit möglichst viele Bürger sich in ihr erkennen können.[45]

Früh schon bildete Italien seine eigene Version des Vichy-Syndroms aus: in der Form des Resistenza-Mythos. Während des Kalten Krieges zelebrierte und inszenierte das Land die Legende vom kollektiven Widerstand, ja vom gemeinschaftlichen Sieg über den »Nazifaschismus«. Grossmütig sah das Resistenza-Narrativ darüber hinweg, dass die meisten Italiener keine geborenen Regimegegner gewesen waren. Viele von ihnen, die 1945 den endgültigen Sturz und Tod Mussolinis bejubelten, waren dem »Duce« nur ein paar Jahre zuvor begeistert in all seine kriegerischen Abenteuer gefolgt, die schliesslich in einer schweren militärischen Niederlage endeten.[46] Immerhin trug die Lebenslüge vom kollektiven Widerstand dazu bei, die Gesellschaft nach dem Bürgerkrieg zu befrieden. Wer in der Nachkriegszeit als Antifaschist auftrat, bekam keine weiteren Fragen gestellt, selbst wenn er tief in die Diktatur verstrickt gewesen war. Das grosse Verdrängen beförderte und stützte die demokratische Nachkriegsentwicklung – ähnlich wie in Spanien nach 1975.[47] Darin ist die historische Leistung dieser nationalen Meistererzählung zu sehen.

Italien geriet erst in den neunziger Jahren auf die schiefe Bahn, als sich das Nachdenken über eigene Schuld weltweit zu einem Signum der Zeit entwickelte. Nach dem Kalten Krieg stellten sich viele Gesellschaften Westeuropas erstmals den dunklen Seiten ihrer Geschichte: Frankreich, Belgien und Österreich ebenso wie die Schweiz, Holland und die skandinavischen Staaten.[48] Im Juni 1991 erklärte Bundeskanzler Franz Vranitzky, dass viele Österreicher sich an den Verfolgungen im »Dritten Reich« beteiligt hätten und es deswegen eine »moralische Mitverantwortung für Taten unserer Bürger« gebe. Als erster Regierungschef rückte Vranitzky damit von der österreichischen Staatsdoktrin ab, dass das Land »das erste Opfer Hitlers« gewesen sei.[49] Bald nach seinem Amtsantritt erkannte Präsident Jacques Chirac 1995 die Mitverantwortung von Vichy-Frankreich für die Deportation und Ermordung von Juden an.[50] In der Schweiz wurde seit 1996 darüber debattiert, ob die Behörden mit ihrer restriktiven Flüchtlingspolitik nicht dazu beitrugen, dass das NS-Regime seine Ziele erreichen konnte.[51]

In vielen Staaten Europas lösten die Schatten der Vergangenheit öffentliche Debatten aus, eine Weile lang selbst in Russland, wo unter Michail Gorbatschow und Boris Jelzin in Ansätzen über die stalinistischen Verbrechen diskutiert wurde: »1991, auf dem Höhepunkt der demokratischen Hoffnungen, hielt die überwältigende Mehrheit der Bevölkerung Stalin für ein Monster, und nur ein Prozent glaubte, man werde sich in Zukunft noch an ihn erinnern.«[52] Spät zwar, aber umso intensiver machte sich Spanien unter Ministerpräsident José Luis Zapatero an die Aufarbeitung der Franco-Diktatur, die viel mit dem Mussolini-Regime gemeinsam hatte.[53] Nun wurden nicht nur Massengräber geöffnet, sondern auch die auf öffentlichem Grund stehenden Reiterstandbilder des Caudillo Francisco Franco weggeräumt, eines der letzten Ende 2008 auf einem Platz in Santander, der bis 2001 »Plaza del Generalísimo« hiess.[54] In Spanien diente die neue Erinnerungspolitik der Bekräftigung der Menschen- und Bürgerrechte sowie der Legitimation des demokratischen Rechtsstaats.[55]

Gemessen an dem, was in Westeuropa an historischer Aufarbeitung geleistet wurde, entwickelten sich die Dinge im Italien der Zweiten Republik gegenläufig. Von den »Rassengesetzen« abgesehen, deren Schändlichkeit mittlerweile auch die Rechte nicht mehr bestreitet, entfernte die revisionistische Generalüberholung der Geschichte die Italiener vom neuesten Stand des historischen Wissens. Anders als in Spanien verfolgte diese zu keinem Zeitpunkt das Ziel, den Opfern von Mussolinis Gewaltherrschaft Gerechtigkeit widerfahren zu lassen. Im Zeichen einer problematischen Aussöhnungsidee ging es vielmehr darum, angeblich »gute Faschisten« in ein imaginäres Pantheon aufzunehmen und deren politische Wahl von damals als ebenso legitim hinzustellen wie die der Antifaschisten. Man kann, ja muss darin den Versuch einer späten Täterrehabilitierung sehen.

»Italien hat im 20. Jahrhundert auf bemerkenswerte Weise als eine Art Versuchslabor für schlechte Ideen auf sich aufmerksam gemacht, die dann in anderen Teilen der Welt aufgegriffen worden sind«[56], hielt Alexander Stille fest. Konkret dachte der New Yorker Professor dabei an den Faschismus, die Mafia und den Linksterrorismus. Zu den schlechten Ideen zählt auch die bizarre Erinnerungspolitik der Berlusconi-Jahre. Zur Anomalie des heutigen Italiens gehört, dass diese nur noch von einer Minderheit als Skandal gesehen wird. Aus Liebe blind zu ihrem bevorzugten Urlaubsland, haben sich auch die wenigsten Europäer mit diesen Besorgnis erregenden Vorgängen beschäftigt. Viele bekommen sie nicht einmal mit, weil sie nur in der Berichterstattung überregionaler Tages- und Wochenzeitungen Beachtung finden. Zu wenig gestellt wird die Frage, was es zu bedeuten hat, dass es 65 Jahre nach dem Sturz des Faschismus gleichgültig sein soll, für welche Seite die Menschen damals Partei ergriffen und für welche Werte sie ihr Leben riskiert haben. Es ist an der Zeit, dass die Europäer viel genauer hinschauen und ihre Ansichten über das »Bel Paese« überdenken, auch wenn das schmerzt. Innerhalb von nicht einmal 20 Jahren veränderte Silvio Berlusconi Italien so einschneidend, dass es von den Gründervätern der Nachkriegsrepublik kaum mehr wieder erkannt würde. Gewiss würden etliche von ihnen über den heutigen Zustand des Landes erschrecken. Manche riefen wohl dazu auf, dem politisch-ideologischen Missbrauch der Geschichte einfallsreich entgegenzutreten. Schliesslich stellt ein solcher eine Gefahr für ein zivilisiertes Zusammenleben dar.

GLOSSAR

Alleanza Nazionale (AN)
wörtlich: Nationale Allianz. 1995 gegründete Nachfolgepartei des neofaschistischen MSI. Offiziell vertraten die »Postfaschisten« rechtsnationale Positionen. Allerdings blieben Spuren ihrer neofaschistischen Traditionen bis zum Schluss erhalten. Im Frühjahr 2009 ist die AN in der neuen rechten Sammelpartei Popolo della Libertà (PdL) aufgegangen, die von Silvio Berlusconi präsidiert wird.

arco costituzionale
Der »Verfassungsbogen« der Ersten Republik bestand aus all jenen Parteien, die an der Ausarbeitung der republikanischen Verfassung vom 1. Januar 1948 beteiligt waren und ihr aus dem Geist der Resistenza heraus ein antifaschistisches Gepräge gaben. Dazu gehörte die Democrazia Cristiana (DC), die Liberalen (PLI), die Republikaner (PRI), die Sozialdemokraten (PSDI), die Sozialisten (PSI) und die Kommunisten (PCI). Ausgeschlossen vom Verfassungsbogen waren insbesondere die im MSI organisierten Neofaschisten.

Casa delle Libertà
»Haus der Freiheiten«. Von Silvio Berlusconi angeführtes Wahlbündnis, bestehend aus Forza Italia, Alleanza Nazionale, Lega Nord und christdemokratischen Kleinparteien, das die Parlamentswahlen von 2001 gewann.

Comitato di Liberazione Nazionale (CLN)
Nationales Befreiungskomitee, gegründet am 9. September 1943. Das CLN vertrat eine Politik der antifaschistischen Einheit, in dem Kommunisten, Sozialisten, die Aktionspartei, Christdemokraten und Liberale mit dem Ziel zusammenarbeiteten, das Land vom »nazifascismo« zu befreien. Zwischen Juni 1944 und Mai 1947 stellte das CLN mit Ivanoe Bonomi, Ferruccio Parri und Alcide De Gasperi die Ministerpräsidenten des Landes.

compromesso storico
Im Rahmen des »Historischen Kompromisses« suchten Italiens Kommunisten unter Generalsekretär Enrico Berlinguer seit 1973 die Annäherung und politische Zusammenarbeit mit der Democrazia Cristiana. Durch eine breit abgestützte Reformpolitik sollte unter anderem der Gefahr einer autoritären Rechtswende begegnet werden.

Duce
wörtlich: »Führer«, abgeleitet vom lateinischen »dux«. Faschistische Umschreibung der diktatorischen Herrschaftsposition von Benito Mussolini.

Foibe
Tiefe Karstschlünde entlang der heutigen slowenischen und kroatischen Adriaküste. Nach Mussolinis Sturz stiessen Tito-Partisanen einige Tausend wirkliche oder angebliche Faschisten in diese tiefen Höhlen, wo sie kläglich starben. Im Nachkriegsitalien verlor sich die Erinnerung an diese Vergeltungsverbrechen rasch.

Forza Italia (FI)
1994 von Silvio Berlusconi gegründete Volkspartei, die in mancherlei Hinsicht das elektorale Erbe der Democrazia Cristiana antrat. Forza Italia fusionierte im Frühjahr 2009 mit Alleanza Nazionale zum Popolo della Libertà.

mani pulite
»saubere Hände«. Richterpool, der seit 1992 wegen Schmiergeldzahlungen, illegaler Parteienfinanzierung und Amtsmissbrauch gegen zahlreiche Spitzenpolitiker der Ersten Republik ermittelte.

Movimento Sociale Italiano
MSI, wörtlich: Italienische Sozialbewegung. 1946 gegründetes Sammelbecken der Neofaschisten. Die Partei trauerte der Repubblica Sociale Italiana nach, die vom Herbst 1943 bis April 1945 bestand und mit dem nationalsozialistischen Deutschland kollaborierte. 1972 errang der MSI einen Wähleranteil von 8,7 Prozent. Meist lag dieser zwischen 4 und 6 Prozent. Obwohl zunehmend ins parlamentarische Spiel integriert, war der MSI bis 1993 an keiner italienischen Regierung beteiligt.

missini
volkstümliche Bezeichnung für die im MSI organisierten Neofaschisten.

partitocrazia
»Parteienherrschaft«. Abschätzige Charakterisierung der Ersten Republik seit 1980.

Popolo della Libertà
»Volk der Freiheit«. Name der neuen konservativen Sammelpartei, die Ende März 2009 unter anderem aus der Fusion von Forza Italia und der Alleanza Nazionale hervorging.

Republik, Erste
Bezeichnung für die demokratische Staatsform Italiens zwischen 1946 und 1994.

Republik, Zweite
Italien seit dem politischen Erdbeben von 1994. Nach wie vor ist die Verfassung vom 1. Januar 1948 in Kraft.

saluto romano
wörtlich: »römischer Gruss«, auch faschistischer Gruss genannt. Seit 1932 sollte der »römische Gruss« das bürgerliche Händeschütteln ersetzen. Er diente dem Hitler-Gruss als Vorbild und ist in Italien das Pendant dazu.

tangenti
italienische Bezeichnung für Schmiergelder.

tangentopoli
eigentlich: »Stadt der Schmiergeldzahlungen«. Gemeint ist die Wirtschaftsmetropole Mailand, eine sozialistische Hochburg zur Zeit der Ersten Republik, in der Schmiergeldzahlungen eine gängige Praxis waren.

Toponomastik
Fachbegriff für die öffentlichen Benennungen von Strassen, Plätzen und Parks.

Ulivo
Wahlbündnis der Mitte-Links-Parteien, mit dem Romano Prodi 1996 die Parlamentswahlen gewann.

Ventennio nero
Wörtlich: die beiden schwarzen Jahrzehnte. Es handelt sich um ein Synonym für die faschistische Diktatur zwischen 1922 und 1943.

ANMERKUNGEN

Vorwort

1 Leoluca Orlando, Überall Berlusconis, in: Süddeutsche Zeitung, 9. Juli 2009.

2 Paul Kreiner, Getöse statt Glamour, in: Tagesspiegel, 11. September 2008.

3 Berlusconi-Ministerin schockiert mit Hitler-Gruss, 17. Juni 2009, in: stern.de/politik/ausland/vittoria-brambilla-berlusconi-ministerin-schockiert-mit-hitler-Gruss-703888.html.

4 Näheres dazu bei Paul Ginsborg, Berlusconi. Politisches Modell der Zukunft oder italienischer Sonderweg?, Berlin 2005; David Lane, Berlusconi's Shadow. Crime, justice and the pursuit of power, London 2005; Marc Lazar, L'Italie à la derive. Le moment Berlusconi, Paris 2006; Alexander Stille, Citizen Berlusconi, München 2006 und Massimo Giannini, Lo statista. Il ventennio berlusconiano tra fascismo e populismo, Mailand 2009.

5 Nicola Tranfaglia, La transizione italiana. Storia di un decennio, Mailand 2003.

6 Vgl. Claudio Magris, Der düstere Traum von einem Leben ohne Gesetz. Dankesrede für den Friedenspreis des Deutschen Buchhandels, in: Süddeutsche Zeitung, 19. Oktober 2009. Ähnlich pessimistisch äusserte sich jüngst Antonio Tabucchi, Erkennst Du mich, Luft?, in: Süddeutsche Zeitung, 22. Oktober 2009. Tabucchi spricht von einem schwer aufzuhaltenden Klima des kulturellen Verfalls.

7 Vgl. »Vogliono fare cadere il governo«. Berlusconi: toghe sovversive, in: Corriere della Sera, 27. November 2009 und »Berlusconi: clima da guerra civile. I giudici vogliono farmi cadere«, in: La Repubblica, 27. November 2009.

8 Magris: »L'Iitalia scivola mi fa paura il populismo«, in: La Repubblica, 2. November 2009. Vgl. auch Franz Haas, Die Wüste wächst im Lande Italien. Das Bel Paese im Würgegriff von Berlusconis Kampfmedien, in: Neue Zürcher Zeitung, 26. Oktober 2009.

9 Palermos Ex-Bürgermeister Leoluca Orlando, der der Oppositionspartei Italia dei Valori angehört, meinte in einem Interview mit der »Süddeutschen Zeitung« unlängst: »Wir haben neue Medien, eine neue Mafia und eine neue Diktatur, die wie eine Demokratie aussieht.« Vgl. »Berlusconi pervertiert sein Amt«. Leoluca Orlando im Interview, 6. November 2009, in: www.sueddeutsche.de/politik/167/493513/text/print.html.

10 Vgl. Massimo Giannini, Ciampi: no a leggi ad personam, in: La Repubblica, 23. November 2009.

11 Früh erkannt von Jens Renner, Der neue Marsch auf Rom. Berlusconi und seine Vorläufer, Zürich 2002, S. 49-65; Paul Ginsborg, Berlusconi. Politisches Modell der Zukunft oder italienischer Sonderweg?, Berlin 2005, S. 137ff.

12 Aram Mattioli, Totalitarismus auf italienisch? Die faschistische Diktatur im Wandel des historischen Urteils, in: Enno Rudolph, Stefano Poggi (Hg.), Diktatur und Diskurs. Zur Rezeption des europäischen Totalitarismus in den Geisteswissenschaften, Zürich 2005, S. 305-335.

1. Einleitung

1 Näheres zur Geschichte von Nachkriegsitalien bei Enzo Santarelli, Storia critica della Repubblica. L'Italia dal 1945 al 1994, Turin 1997[3]; Aurelio Lepre, Storia della prima Repubblica. L'Italia dal 1943 al 1998, Bologna 1998; Friederike Hausmann, Kleine Geschichte Italiens von 1945 bis Berlusconi. Aktualisierte und erweiterte Neuausgabe, Berlin 2002; Paul Ginsborg, Storia d'Italia dal dopoguerra ad oggi, Turin 2006; Christian Jansen, Italien seit 1945, Göttingen 2007.

2 Vgl. zum politischen System Italiens seit dem Zweiten Weltkrieg Maurizio Cotta, Luca Verzichelli, Political Institutions in Italy, Oxford 2007; Stefan Köppl, Das politische System Italiens. Eine Einführung, Wiesbaden 2007.

3 Die genauen Angaben zu den in diesem Buch erwähnten oder analysierten Filmen finden sich im Quellenverzeichnis, S. 187f.

4 Nicola Tranfaglia, La transizione italiana. Storia di un decennio, Mailand 2003.

5 Werner Raith, Der Korruptionsschock. Demokratie zwischen Auflösung und Erneuerung: Das Beispiel Italien, Reinbek bei Hamburg 1994; Jens Petersen, Quo vadis, Italia? Ein Staat in der Krise, München 1995.

6 Marc Lazar, L'Italie à la derive. Le moment Berlusconi, Paris 2006, S. 32.

7 Lorenzo Fuccaro, Berlusconi: il miracolo lo faccio io, in: Corriere della Sera, 27. Januar 1994.

8 Alexander Stille, Citizen Berlusconi, München 2006, S. 146.

9 Lorenzo Fuccaro, Berlusconi: il miracolo lo faccio io, in: Corriere della Sera, 27. Januar 1994.

10 Dirk Feustel, One Man Show. Silvio Berlusconi und die Medien, Marburg 2007.

11 Paul Ginsborg, Berlusconi. Politisches Modell der Zukunft oder italienischer Sonderweg?, Berlin 2005, S. 58.

12 Wie Berlusconi den AC Milan zum eigenen Vorteil nutzt, in: www.tagesschau.de/ausland/meldung44102.html. Zu dessen Selbstdarstellungsstrategien jetzt Marco Belpoliti, Il corpo del capo, Parma 2009.

13 Näheres zu dessen Bedeutung in Birgit Schönau, Calcio. Die Italiener und ihr Fussball, Köln 2005.

14 Vgl. Antonia Gohr, Die Lega Nord – eine Herausforderung für Italien: zwischen Föderalismus und Separatismus, Frankfurt am Main 2001 sowie Christian Christen, Italiens Modernisierung von Rechts. Berlusconi, Bossi, Fini oder die Zerschlagung des Wohlfahrtsstaates, Berlin 2001, S. 69-102.

15 In einer sezessionistischen Anwandlung propagierte die Lega Nord 1996 gar die Abspaltung von Norditalien und die Gründung eines Staates Padanien.

16 Piero Ignazi, Postfascisti? Dal Movimento sociale italiano ad Alleanza Nazionale, Bologna 1994; Ders. Il polo escluso. Profilo storico del Movimento sociale italiano, Bologna 1998[2] sowie Petra Rosenbaum. Neofaschismus in Italien. Frankfurt am Main, Köln 1975 und Anna Cento Bull, Italian Neofascism. The strategy of tension and the politics of nonreconciliation, New York 2007.

17 Nicola Rao, Neofascisti! La Destra italiana da Salò a Fiuggi nel ricordo dei protagonisti, Rom 1999, S. 221.

18 Bei den Kommunalwahlen vom November 1993 gewannen die Neofaschisten in rund 50 Kommunen, darunter auch in Hauptorten wie Latina, Caltanissetta und Chieti, das Amt des Bürgermeisters. Alessandra Mussolini, die Enkelin des Diktators, erzielte bei den Bürgermeisterwahlen von Neapel im zweiten Durchgang respektable 44 Prozent der abgegebenen Stimmen.

19 Piero Ignazi, Extreme Right Parties in Western Europe, Oxford 2006[2]; Oskar Niedermayer, Richard Stöss, Melanie Haas (Hg.), Die Parteiensysteme Westeuropas, Wiesbaden 2006.

20 Stille, Citizen Berlusconi, S. 17.

21 Intervista. Il segretario di AN dopo la vittoria, in: La Stampa, 1. April 1994. In diesem Interview kündigte der AN-Chef einen verstärkten Kampf gegen die angebliche kulturelle Hegemonie der Linken an, meinte damit wohl aber vor allem die antifaschistischen Traditionen der Ersten Republik.

22 Einen guten Überblick vermittelt Guido Caldiron, Lessico postfascista. Parole e politiche della destra al potere, Rom 2002.

23 Intervista. Il segretario di AN dopo la vittoria, in: La Stampa, 1. April 1994.

24 Barbara Palombelli, E venne Santa Irene ..., in: La Repubblica, 23. April 1994.

25 Vincenzo Nigro, Berlusconi: Non ho ministri fascisti, La Repubblica, 28. Mai 1994; Riccardo Luna, Ma un vero liberale non loda Mussolini, in: La Repubblica, 29. Mai 1994.

26 Barbara Spinelli, La Tv e l'Italia malata, in: La Stampa, 8. April 1994.

27 Filippo Focardi, La guerra della memoria. La Resistenza nel dibattito politico italiano dal 1945 a oggi, Rom, Bari 2005.

28 Jürgen Habermas, Vom öffentlichen Gebrauch der Historie, in: Die Zeit, 7. November 1987.

29 Einen guten Überblick zum Stand der Diskussion vermitteln Richard J.B. Bosworth, The Italian Dictatorship. Problems and Perspectives in the Interpretation of Mussolini and Fascism, London 1998; Zur Neubewertung des italienischen Faschismus. Enzo Collotti im Gespräch mit Lutz Klinkhammer, in: Geschichte und Gesellschaft 26 (2000), S. 285-306; Emilio Gentile, Fascismo. Storia e interpretazione, Rom, Bari 2002; Sven Reichardt, Neue Wege der vergleichenden Faschimusforschung, in: Mittelweg 36 16 (2007), S. 9-25 sowie Wolfgang Schieder, Faschistische Diktaturen. Studien zu Italien und Deutschland, Göttingen 2008.

30 Angelehnt an die Definition von Manfred G. Schmidt, Wörterbuch zur Politik, Stuttgart 1995, S. 745f.

31 Astrid Erll, Kollektives Gedächtnis und Erinnerungskulturen, Stuttgart, Weimar 2005, S. 7.

32 Ebda.

33 Näheres zu Begriff und Konzept bei Christoph Cornelissen, Was heisst Erinnerungskultur? Begriff – Methoden – Perspektiven, in: Geschichte in Wissenschaft und Unterricht 54 (2003), S. 548-563, bes. S. 555.

34 Gerhrad Paul, Das Jahrhundert der Bilder. Die visuelle Geschichte und der Bildkanon des kulturellen Gedächtnisses, in: Ders. (Hg.), Das Jahrhundert der Bilder. 1949 bis heute, Göttingen 2008. S. 26f. »Bilder sind so nicht nur das Medium, mit und in dem Politik, Kultur und Werbung gemacht werden, sondern auch der Stoff, in dem sich unser Bild von der Vergangenheit formt, Geschichte entsteht.«

35 Näheres bei Brigitte Bailer-Galanda, Wolfgang Benz, Wolfgang Neugebauer (Hg.), Die Auschwitzleugner. »Revisionistische« Geschichtslüge und historische Wahrheit, Berlin 1996.

36 Vincenzo Ciampi, Revisionisti storici, revisionisti d'accato: il »male assoluto« è l'ignoranza, in: www.vincenzociampi.it.

37 Die vollständigen Angaben zu diesen Werken finden sich in der Bibliographie unter der Rubrik »Die Erinnerungskultur an Diktatur und Krieg« ganz am Ende des Buches.

38 Angelo Del Boca (Hg.), La storia negata. Il revisionismo e il suo uso politico, Vicenza 2009.

39 »Berlusconi spielt mit der Empörung der Bevölkerung«, in: Tages-Anzeiger, 28. Februar 2009.

40 Birgit Schönau, Dschungelcamp Italien, in: Die Zeit, 12. März 2009.

41 Stefan Ulrich, Nachhilfestunden in Demokratie, in: Süddeutsche Zeitung, 9. Oktober 2008. Staatspräsident Giorgio Napolitano wies den Premier wiederholt darauf hin, dass Italien eine parlamentarische Demokratie ist und die Verfassung vorsehe, dass die Abgeordneten die Gesetze beschliessen. Berlusconi regiert lieber mit Dekreten.

42 Costituzione, il Pd in piazza. »Berlusconi, troppo potere«, 12. Februar 2009, in: La Repubblica.it. Zum Hintergrund vgl. Birgit Schönau, O weh, der Retter naht, in: Die Zeit, 12. Februar 2009.

2. Die Erosion des antifaschistischen Grundkonsenses

1 Vgl. Gerhard Schreiber, Deutsche Kriegsverbrechen in Italien. Täter, Opfer, Strafverfolgung, München 1996; Joachim Staron, Fosse Ardeatine und Marzabotto: Deutsche Kriegsverbrechen und Resistenza. Geschichte und nationale Mythenbildung in Deutschland und Italien (1944-1999), Paderborn, München 2002.

2 Unter Meistererzählung werden im Folgenden populäre Diskurse über Vergangenheit verstanden, die feste dramaturgische Muster (wie Ursprungsmythen, Heldenlegenden und Kriegsberichte) kennen und sich durch breit akzeptierte Vorstellungskomplexe (über

Erbfeinde und Staatsgründungen) auszeichnen. Es versteht sich von selbst, dass »master narratives« das historische Geschehen in seiner Komplexität reduzieren, diesem stets eine eigene Färbung verleihen und ihm eine ideelle Bedeutung für die aktuelle Gesellschaft zuschreiben. »Master narratives« dienen nicht nur der Orientierung in der Zeit, sondern insbesondere der kollektiven Identitätsbildung und vor allem der Legitimation von nationalen Mainstream-Positionen. Dabei handelt es sich stets um mentale Konstrukte. Vgl. als Fallstudie Guy P. Marchal, Schweizer Gebrauchsgeschichte. Geschichtsbilder, Mythenbildung und nationale Identität, Basel 2007 und in allgemeiner Perspektive jetzt vor allem Stefan Berger, Chris Lorenz (Hg.), The Contested Nation. Ethnicity, Class, Religion and Gender in National Histories, Basingstoke 2009.

3 Nel 35° anniversario dell'eccidio di Boves, 12. November 1978, in: Sandro Pertini, Scritti e discorsi, Bd. 2: 1964-1985, hg. von Simone Neri Serneri, Antonio Casali e Giovanni Errera, Rom 1994, S. 178.

4 Ebda.

5 Ebda, S. 180.

6 Ebda, S. 176.

7 Marc Lazar, L'Italie à la derive. Le moment Berlusconi, Paris 2006, S. 32.

8 Christian Jansen, Italien seit 1945, Göttingen 1945, S. 11. Zu Recht spricht der Autor davon, dass das liberale Italien vor 1922 einer »parlamentarisch verfassten Oligarchie« geglichen habe.

9 La Costituzione della Repubblica Italiana, in: www.quirinale.it/qrnw/statico/costituzione/costituzione.htm.

10 Nicola Gallerano, Le verità della storia. Scritti sull'uso pubblico del passato, Rom 1999, S. 89.

11 Vgl. Piero Ignazi, Il polo escluso. Profilo storico del Movimento sociale italiano, Bologna 1998[2].

12 Eva Hortenbach, Die literarische und filmische Verarbeitung von Resistenza-Erfahrungen. Der italienische Widerstand in Werken von Vittorini, Calvino, Pavese und Cassola und in Filmen von Rosselini und Comencini, Stuttgart 2004; Lea Steger, Die Literatur der italienischen Resistenza. Die literarische Verarbeitung des bewaffneten Widerstands in Italien, Frankfurt am Main 2007.

13 Christoph Cornelissen, Stufen der Vergangenheitspolitik in Deutschland und Italien seit 1945, in: Jürgen Zimmerer (Hg.), Verschweigen – Erinnern – Bewältigen. Vergangenheitspolitik nach 1945 in globaler Perspektive (= Comparativ 14), Leipzig 2004, S. 32.

14 Jens Petersen, Der Ort der Resistenza in Geschichte und Gegenwart Italiens, in: Quellen und Forschung aus italienischen Archiven und Bibliotheken 72 (1992), S. 551.

15 Ausführlich dazu jetzt Filippo Focardi, La guerra della memoria. La Resistenza nel dibattito politico italiano dal 1945 a oggi, Rom, Bari 2005.

16 Jens Petersen, in: Kolloquien des Instituts für Zeitgeschichte (Hg.), Der italienische Faschismus. Probleme und Forschungstendenzen, München, Wien 1983, S. 19.

17 Francesco Germinario, L'altra memoria. L'estrema destra, Salò e la resistenza, Turin 1999.

18 Alexander Nützenadel, Der italienische Faschismus – Eine Bilanz neuerer Forschung, in: Neue Politische Literatur 44 (1999), S. 311.

19 Wolfgang Schieder, Die Verdrängung der faschistischen Tätervergangenheit im Nachkriegsitalien, in: Asfa- Wossen Asserate, Aram Mattioli (Hg.), Der erste faschistische Vernichtungskrieg. Die italienische Aggression gegen Äthiopien 1935-1941, Köln 2006, S. 188.

20 Claudio Pavone, Introduction, in: Journal of modern Italian studies 9 (2004), S. 274.

21 Hans Woller, Die Abrechnung mit dem Faschismus in Italien 1943 bis 1948, München 1996, S. 402 und Kerstin von Lingen, »Giorni di Gloria«. Wiedergeburt der italienischen Nation in der Resistenza, in: Dies. (Hg.), Kriegserfahrung und nationale Identität in Europa nach 1945, Paderborn, München 2009, S. 397.

22 James Walston, History and Memory of the Italian Concentration Camps, in: The Historical Journal 40 (1997), S. 169.

23 Richard J.B. Bosworth, Mussolinis Italy. Life under the Dictatorship 1915-1945, London 2005, S. 4.

[24] Vgl. Norberto Bobbio, Autobiografia, hg. von Alberto Papuzzi, Rom, Bari 1997, S. 3. »Nei venti mesi fra il settembre 1943 e l'aprile 1945 sono nato a una nuova esistenza, completamenta diversa da quella precedente, che io considero come una pura e semplice anticipazione della vita autentica, iniziata con la Resistenza ...« Jetzt am Beispiel von Schriftstellern und Regisseuren wie Elio Vittorini, Alberto Moravia, Ignazio Silone und Roberto Rosselini breit gezeigt von Mirella Serri, I redenti. Gli intelletuali che vissero due volte 1938-1948, Mailand 2005.

[25] Alessandro Campi, Mussolini und die italienische Nachkriegsgesellschaft. Italien zwischen Erinnern und Vergessen, in: Christoph Cornelissen, Lutz Klinkhammer, Wolfgang Schwentker (Hg.), Erinnerungskulturen. Deutschland, Italien und Japan seit 1945, Frankfurt am Main 2003, S. 110f.

[26] Zur frühen Abrechnung mit der faschistischen Diktatur Hans Woller, Die Abrechnung mit dem Faschismus in Italien 1943 bis 1948, München 1996 und Mimmo Franzinelli, L'amnistia Togliatti. 22 giugno 1946. Colpo di spugna sui crimini fascisti, Mailand 2006.

[27] Vittoria Foa, Questo Novecento, Turin 1996, S. 145.

[28] Enzo Collotti, Lutz Klinkhammer, Il fascismo e l'Italia in Guerra. Una conversazione fra storia e storiografia, Rom 1996, S. 21.

[29] Vgl. Carlo Gentile, Marzabotto 1944; Steffen Prauser, Rom/Fosse Ardeatine 1944 und Carlo Gentile, Sant'Anna di Stazzema, in: Gerd R. Überschär, (Hg.), Orte des Grauens. Verbrechen im Zweiten Weltkrieg, Darmstadt 2003, S. 136-146, S. 207-215 u. S. 231-236.

[30] Davide Bidussa, Il mito del bravo italiano, Mailand 1994 und Angelo Del Boca, Italiani, brava gente?, Vicenza 2005.

[31] Gian Enrico Rusconi, Die italienische Resistenza auf dem Prüfstand, in: Vierteljahrshefte für Zeitgeschichte 42 (1994), S. 379-402.

[32] Thomas Schmid, Italiens nächster Alptraum, in: Facts, 3. Mai 2007.

[33] Gallerano, La verità della storia, S. 105

[34] Giorgio Rochat, La Resistenza, in: Enzo Collotti (Hg.), Fascismo e antifascismo. Rimozioni, revisioni, negazioni, Rom, Bari 2000, S. 288.

[35] Vgl. Yvan Gouesbier, »La maison de sable«. Histoire et politique en Italie. De Benedetto Croce à Renzo De Felice, Rom 2007.

[36] Craxi e i missini per un'ora e mezzo a parlare di riforme, in: La Repubblica, 23. Dezember 1987.

[37] La »lunga marcia« dei reduci repubblichini, in: La Repubblica, 1. Oktober 1994.

[38] Anna Cento Bull, Italian Neofascism. The strategy of tension and the politics of nonreconciliation, New York 2007.

[39] Christain Christen, Italiens Modernisierung von Rechts. Berlusconi, Bossi, Fini oder die Zerschlagung des Wohlfahrtsstaates, Berlin 2001, S. 116.

[40] Almirante da Pertini per il voto di Bolzano, in: La Repubblica, 19. Mai 1985.

[41] Craxi e i missini per un'ora e mezzo a parlare di riforme, in: La Repubblica, 23. Dezember 1987.

[42] Sergio Turone, Storiografia e politica, in: Jader Jacobelli (Hg.), Il fascismo e gli storici oggi, Rom, Bari 1988, S. 130.

[43] Alexander Stille, Citizen Berlusconi, München 2006, S. 66ff.

[44] Ebda, S. 72. »Der Sozialistenchef weilte oft als Gast in Berlusconis fabelhafter neuer Villa in Arcore. Sie feierten zusammen Silvester, und Craxi war Trauzeuge bei Berlusconis zweiter Eheschliessung. Die Bedeutung, die diese Beziehung für den Erfolg Berlusconis hatte, lässt sich kaum überschätzen.«

[45] Paolo Mieli, Graziani avra un'museo proprio come Mussolini, in: La Repubblica, 7. Januar 1986.

[46] Vgl. zu seiner Rolle im faschistischen Italien etwa Aram Mattioli, Experimentierfeld der Gewalt. Der Abessinienkrieg und seine internationale Bedeutung 1935-1941, Zürich 2005 (mit weiteren bibliographischen Hinweisen) und zu seinem ausgebliebenen Kriegsverbrecherprozess Ders., Der unrichtbare Dritte, in: Die Zeit, 15. September 2005.

[47] Allein Giordano Bruno Guerri legte Lebensbeschreibungen von Galeazzo Ciano, Italo Balbo, Luigi Bolla und Giuseppe Bottai, den angeblich »kritischen Faschisten«, vor.

48 Nicola Tranfaglia, Fascismo e mass media: Dall'intervista di De Felice agli sceneggiati televisivi, in: Passato e presente, Nr. 3, 1983, S. 143ff.

49 Ebda, S. 145.

50 Aldo Grasso, Storia della televisione italiana, Mailand 2000, S. 851.

51 Vgl. Nicola Caracciolo, Tutti gli uomini del duce. Prefazione di Giordano Bruno Guerri, Mailand 1982. Zur Rolle der Geschichte im staatlichen Fernsehen Guido Crainz, I programmi televisivi sul fascismo e la Resistenza, in: Enzo Collotti (Hg.), Fascismo e antifascismo. Rimozioni, revisioni, negazioni, Rom, Bari 2000, S. 463-491.

52 Beniamino Placido, Il Duce in casa? Solo un diavolo piccolo piccolo, in: La Repubblica, 16. April 1985.

53 Alberto Negrin: Quel Mussolini non è mio, in: La Repubblica, 12. September 1985; Benito Mussolini in den Netzen von Macht und Liebe, in: Hamburger Abendblatt, 16. April 1988.

54 Torna »Io e il Duce«: Mussolini in famiglia, in: La Repubblica, 18. August 1991.

55 Natalia Aspesi, Chi ha paura di Claretta?, in: La Repubblica, 6. September 1984; Dies., Si litiga: Viva Claretta, abbasso Claretta, in: La Repubblica, 8. September 1984.

56 Süsser Ben, in: Der Spiegel, 24. September 1984.

57 Renzo De Felice, Der Faschismus. Ein Interview mit Michael Ledeen. Mit einem Nachwort von Jens Petersen, Stuttgart 1977, S. 30.

58 Renzo De Felice, Mussolini il Duce, Bd. 2: Lo stato totalitario 1936-1940, Turin 1981, S. 312.

59 Intervista di Giuliano Ferrara a Renzo De Felice, 27. Dezember 1987, in: Jader Jacobelli (Hg.), Il fascismo e gli storici oggi, Rom, Bari 1988, S. 6. In diesem ursprünglich im »Corriere della Sera« erschienenen Interview sagt De Felice wörtlich: »So che il fascismo italiano è al riparo dall'accusa di genocidio, è fuori dal cono d'ombra dell'Olocausto.«

60 Brunello Mantelli, Faschismus, Geschichte Italiens, Selbstverständnis der Republik. Kritische Anmerkungen zur jüngsten Debatte über die Beziehung von Geschichte und Gegenwart, in: Faschismus und Faschismen im Vergleich. Wolfgang Schieder zum 60. Geburtstag, hg. von Christopf Dipper, Rainer Hudemann, Jens Petersen, Köln 1998, S. 99.

61 Vgl. zu dessen Positionen etwa Gianpasquale Santomassimo, Il ruolo di Renzo De Felice, in: Enzo Collotti (Hg.), Fascismo e antifascismo. Rimozioni, revisioni, negazioni, Rom, Bari 2000, S. 415-429; Pasquale Chessa, Francesco Villari (Hg.), Interpretazioni su Renzo De Felice, Mailand 2002; Jens Renner, Der neue Marsch auf Rom. Berlusconi und seine Vorläufer, Zürich 2002, S. 49-65; Emilio Gentile, Renzo De Felice, Lo storico e il personaggio, Rom, Bari 2003 und Wolfgang Schieder, Die Verdrängung der faschistischen Tätervergangenheit im Nachkriegsitalien, in: Asserate, Mattioli, Vernichtungskrieg, S. 188ff.

62 Stroncato, esaltato e incompreso, in: La Repubblica, 1. Juni 2005.

63 Renner, Marsch auf Rom, S. 53.

64 Intervista di Giuliano Ferrara a Renzo De Felice, 27. Dezember 1987, in: Jacobelli, Il fascismo, S. 3.

65 Ebda, S. 4.

66 Ebda, Intervista di Giuliano Ferrara a Renzo De Felice, 8. Januar 1988, in: Jacobelli, Il fascismo, S. 8.

67 L'antifascismo è inutile? Ora la polemica infuria, in: La Repubblica, 29. Dezember 1987.

68 PSI, partito di forchettoni. Cosi il MSI ringrazia Craxi, in: La Repubblica, 3. Januar 1988.

69 Gianfranco Fini, in: Panorama, 10. Januar 1988, zitiert in: Corrado De Cesare (Hg.), L'ex fascista del Duemila. Le radici nere di Gianfranco Fini, Mailand 2008^2, S. 41. Den Hinweis auf diese Aussage verdanke ich dem Publizisten Thomas Schmid.

70 Piero Ignazi, Extreme Right Parties in Western Europe, Oxford, New York 2006^2, S. 36. Vgl. zum Neofaschimus im Kalten Krieg Petra Rosenbaum, Neofaschismus in Italien, Frankfurt am Main, Köln 1975 sowie Anna Cento Bull, Italian Neofascism. The strategy of tension and the politics of nonreconciliation, New York 2007.

71 Non ci faremo sedurre dal Craxismo. E' sempre il fascismo il nostro sogno, in: La Repubblica, 15. Dezember 1987.

72 Jens Petersen, Der Ort Mussolinis in der Geschichte Italiens nach 1945, in: Christof Dipper, Lutz Klinkhammer, Alexander Nützenadel (Hg.), Europäische Sozialgeschichte. Festschrift für Wolfgang Schieder, Berlin 2000, S. 516.

73 Thomas Götz, Italiens Rechte sucht ein neues Image, in: Berliner Zeitung, 26. Februar 1998.

74 Näheres dazu bei Roland Höhne, Der Sieg der Demokratie. Die Transformation der neofaschistischen italienischen Sozialbewegung MSI in die rechtsnationale Alleanza Nazionale, in: Jahrbuch Extremismus und Demokratie 19 (2007), S. 93ff. Nützlich für eine schnelle Orientierung auch Corrado De Cesare (Hg.), L'ex fascista del Duemila. Le radici nere di Gianfranco Fini, Mailand 2008².

75 Auf der Grundlage von Kaderbefragungen belegt bei Piero Ignazi, Postfascisti? Dal Movimento sociale italiano ad Alleanza Nazionale, Bologna 1994, S. 80ff.

76 Ebda, S. 87.

77 Ebda, S. 88f.

78 Roberto Bianchin, Trieste si ribella. Il MSI è pronto a sconfinare, in: La Repubblica, 8. November 1992 und Ders., Trieste, la febbre dell'est, in: La Repubblica, 10. November 1992.

79 Roberto Bianchin, Osimo 2, la rivincita, in: La Repubblica, 31. Oktober 1992.

80 John Tagliabue, Italian Coalition Trips on Old Yugoslavia Issue, in: New York Times, 25. April 1994.

81 Intervista. Il segretario di AN dopo la vittoria, in: La Stampa, 1. April 1994.

82 Nicola Rao, Neofascisti! La Destra italiana da Salò a Fiuggi nel ricordo dei protagonisti, Rom 1999, S. 223.

83 Pierluigi Battista, Intervista un leader e le ombre del passato, in: La Stampa, 3. Juni 1994.

84 Ebda.

85 Ebda.

86 Ebda.

87 Ebda.

88 In un'intervista a La Stampa ha detto: »Il fascismo? Buono fino al' 38«, in: La Stampa, 4. Juni 1994.

89 Fini: fascismo buono fino al' 38, in: Corriere della Sera, 4. Juni 1994.

90 »Ho la rabbia nel cuore.« Delors all'attacco di Fini, in: La Repubblica, 6. Juni 1994.

91 Alessandra Longo, Fini si accontenta: »Ecco servito chi ci ha attaccato sul fascismo«, in: La Repubblica, 13. Juni 1994.

92 Vgl. Francesco Germinario, Da Salò al governo. Immaginario e cultura politica della destra italiana, Turin 2005.

93 Alan Cowell, Berlusconi and Cabinet with Neo-Fascists Take Office in Italy, in: The New York Times, 12. Mai 1994.

94 Pierluigi Battista, Intervista un leader e le ombre del passato, in: La Stampa, 3. Juni 1994.

95 Ignazi, Postfascisti, S. 107.

96 Piero Ignazi, Partiti politici in Italia, Bologna 2008, S. 11f.

97 Ebda, S. 15.

98 Ignazi, Postfascisti, S. 113.

99 Ignazi, Partiti politici, S. 15ff.

100 Rinaldo Vignati, La memoria del fascismo, in: Roberto Chiarini, Marco Maraffi (Hg.), La destra allo specchio. La cultura politica di Alleanza Nazionale, Venedig 2001, S. 43-83.

101 Eugenio Scalfari, Silvio for President, in: La Repubblica, 12. Dezember 1993.

102 Orazio La Rocca, E solo propaganda per dimenticare ci vuole ben altro, in: La Repubblica, 12. Dezember 1993.

103 Ebda.

104 Maurizio Tropeano, Il leader di An: »Siamo post-fascisti, ma dire che ci fu consenso per Mussolini è un giudizio storico«, in: La Stampa, 5. Juni 1994 und Marisa Fumagalli, Poi Alessandra contesta Fini: »non siamo postfascisti«, in: Corriere della Sera, 7. Januar 1994.

105 Roland Höhne, Der Sieg der Demokratie. Die Transformation der neofaschistischen italienischen Sozialbewegung MSI in die rechtsnationale Alleanza Nazionale, in: Jahrbuch Extremismus und Demokratie 19 (2007), S. 89-114.

[106] Gianfranco Fini, La mia destra. Intervista con Paolo Francia, Rom 1994.
[107] Dino Cofrancesco, Fini, leader a due facce, in: Corriere della Sera, 28. August 1994.
[108] Fini al »Financial« »Mai più fascisti«, in: La Repubblica, 3. Dezember 1994.
[109] Umberto Rosso, Rauti, addio con rancore. »Questa è la vecchia DC«, in: La Repubblica, 28. Januar 1995.
[110] Guido Credazzi, Fini »antifascista« seppelisce il MSI, in: Corriere della Sera, 28. Januar 1995.
[111] Rao, Neofascisti, S. 237.
[112] Mino Fuccillo, L'ultimo saluto romano, in: La Repubblica, 28. Januar 1995.
[113] Ignazi, Extreme Right Parties, S. 45.
[114] Sebastian Mahner, Vom rechten Rand in die politische Mitte? Die Alleanza Nazionale zehn Jahre nach ihrer Gründung im europäischen Vergleich, Münster 2005, S. 55f.
[115] Ignazi, Extreme Right Parties, S. 46.
[116] Mahner, Vom rechten Rand in die politische Mitte, S. 80.
[117] Ebda, S. 64.
[118] Barabra Jerkov, Ma la fiamma non si tocca. E il nostro legame con il MSI, in: La Repubblica, 25. November 2003.
[119] Vgl. Aram Mattioli, Die Resistenza ist tot, es lebe Onkel Mussolini. Vom Umdeuten der Geschichte im Italien Berlusconis, in: Mittelweg 36 17 (2008), S. 75-93.
[120] Ignazi, Extreme Right Parties, S. 49.
[121] Alessandra Longo, Fini andrà ad Auschwitz, in: La Repubblica, 30. Januar 1999.
[122] Ignazi, Partiti politici, S. 21.
[123] Alessandra Longo, Non c'è tragedia più grande. Fini nel lager di Auschwitz, in: La Repubblica, 20. Februar 1999.
[124] Fini entschuldigt sich für die Verbrechen des Faschismus, in: Neue Zürcher Zeitung, 13. September 2002.
[125] Una lunga marcia dal Mussolini grande statista al no al razzismo, in: La Repubblica, 13. September 2002 und Der Duce wäre stolz auf sie, in: Neue Zürcher Zeitung, 16. März 2005.
[126] Giovanna Casadio, Sarà il museo dell'Olocausto la prima tappa del viaggio di Fini, in: La Repubblica, 22. November 2003.
[127] Alessandra Longo, Israele, il pellegrinaggio di Fini a Gerusalemme. L'ultimo esame, in: La Repubblica, 23. November 2003.
[128] Alberto Stabile, L'ultimo strappo di Fini. Salò pagina vergognosa und Giovanna Casadio, Luzzatto loda l'ex nemico. Ha rotto col fascismo, in: La Repubblica, 25. November 2003.
[129] Positives Echo auf Finis Israel-Visite, in: Neue Zürcher Zeitung, 26. November 2003.
[130] Giulio Anselmi, L'uscità dall'ambiguità, in: La Repubblica, 25. November 2003.
[131] Austritt Alessandra Mussolinis aus der Alleanza Nazionale, in: Neue Zürcher Zeitung, 28. November 2003.
[132] Jens Urbat, Rechtspopulisten an der Macht. Silvio Berlusconis Forza Italia im neuen italienischen Parteiensystem, Hamburg, Berlin 2007, S. 237.
[133] Massimo Vanni, Matteoli guida il mal di pancia di AN all'abbraccio con Fini, l'antifascista, in: La Repubblica, 29. November 2003.
[134] Rinaldo Vignati, La memoria del fascismo, in: Chiarini Maraffi, La destra allo specchio, S. 67f.
[135] Carmelo Lopapa, Dirigenti con Fini, militanti delusi è strappo anche tra i siciliani di AN, in: La Repubblica, 29. November 2003.
[136] Ebda.
[137] Vgl. zu den Einstellungen gegenüber dem Faschismus um 1998 Ignazi, Partiti politici, S. 21.
[138] Lello Parise, Puglia, bel suol d'amore irritata con Fini, in: La Repubblica, 24. Januar 2002.
[139] L'irrestibile fascismo pugliese contro il sogno di Fini il Moderno, in: La Repubblica, 5. April 2002.
[140] Simonetta Fiori, Squitieri assolve le leggi razziali e il rabbino di Roma insorge, in: La Repubblica, 9. Juli 2003 sowie Giovanna Casadio, Fini con danna Squitieri. Leggi razziali ripugnanti, in: La Repubblica, 11. Juli 2003.

141 Giovanna Casadio, Dona casetta pro Priebke deputato espulso da AN, in: La Repubblica, 20. November 2003.

142 Vgl. zu dessen politischer Biographie Stefano Fella, From Fiuggi to the Farnesina: Gianfranco Fini's remarkable journey, in: Journal of Contemporary European Studies 14 (2006), S. 11-23 und in gedrängter Form auch Thomas Schmid, Italiens nächster Alptraum, in: Facts, 3. Mai 2007.

143 Fini: »Destra si riconosca nei valori antifascisti.« Ma all'opposizione il chiarimento non basta, in: La Repubblica, 13. September 2008.

144 Kampf um die rechte Gesinnung, in: Tagesspiegel, 16. September 2008.

145 Presidente della U.N.C.R.S.I., Ufficiale Bersagliere Ajmone Finestra, Combattente R.S.I, in riposte alle dichiarizioni di Gianfranco Fini, 14. September 2008, in: www.politicamentecorretto.com/index.php?mode=print&news=7903.

146 I giovani di AN contro Fini: »Non saremo mai anti-fascisti«, in: www.romagnaoggi.it/politica/2008/9/16/102835/stampa.

147 Hansjakob Stehle, Nettes über den Duce, in: Die Zeit, 3. Juni 1994.

148 »Ein postmoderner Faschist«. Der Philosoph und Europapolitiker Gianni Vattimo über Italiens Ministerpräsidenten Silvio Berlusconi, in: Berliner Zeitung, 2. Februar 2002.

149 Stille, Citizen Berlusconi, S. 68.

150 Friederike Hausmann, Kleine Geschichte Italiens von 1945 bis Berlusconi, Berlin 2002, S. 118-123; Christian Jansen, Italien seit 1945, Göttingen 2007, S. 185f.; Stille, Citizen Berlusconi, S. 74ff.

151 Friedrike Hausmann, Italien, München 2009, S. 214.

152 Berlusconi für Mussolini, in: Neue Zürcher Zeitung, 30. Januar 2005.

153 Aldo Cazzullo, Mussolini: Silvio un vero leader, Fini è come Badoglio, in: Corriere della Sera, 17. Februar 2005.

154 Angelo Carotenuto, Il Cavaliere affacciato al balcone dalla strada un coro: »Duce, Duce«, in: La Repubblica, 8. April 2006. Vgl. auch die Filmaufnahme auf YouTube: Al comizio di Berlusconi la gente fa il saluto romano e grida: »Duce, duce«, 2006 und als anderes Beispiel auch Thomas Götz, Berlusconi mobilisiert den Volkszorn, in: Berliner Zeitung, 26. Oktober 1998.

155 Birgit Schönau, Rechte Freunde, in: Die Zeit, 23. März 2006.

156 Julius Müller-Meiningen, »Mein Herz schlägt für euch«, in: Süddeutsche Zeitung, 15. November 2007; Kordula Doerfler, Berlusconi verliert Schlacht, in: Tages-Anzeiger, 17. November 2007.

157 Berlusconi stützt Faschisten, in: Süddeutsche Zeitung, 11. März 2008. Vgl. auch Berlusconi-Parteifreund bekennt sich zum Faschismus, in: Spiegel Online, 11. März 2008.

158 Gianluca Luzi, 25 aprile, ci sarà anche Berlusconi, in: La Repubblica, 22. April 2009. Diese Tradition brach er 2009 erstmals, als er den Nationalfeiertag in dem im abruzzischen Erdbebengebiet gelegenen Dorf Onna beging, wo Wehrmachtssoldaten am 11. Juni 1944 17 unschuldige Zivilisten massakriert hatten. Zuvor hatte ihn Verteidigungsminister Ignazio La Russa öffentlich zum Fernbleiben aufgefordert. Berlusconi begründete seinen Schritt damit, dass der 25. April nicht länger nur der Linken überlassen bleiben solle, die den Nationalfeiertag traditionell als »Parteifest« begehe. Eine wirkliche Anerkennung der Resistenza und ihrer Bedeutung für die demokratische Nachkriegsentwicklung Italiens kann aus seiner erstmaligen Teilnahme deshalb kaum abgelesen werden.

159 John Hooper, Cries of »Duce! Duce!« salute Rome's new mayor, in: www.guardian.co.uk/world/2008/apr/30/italy/print.

160 Nazismo una follia, ma il comunismo ..., in: La Repubblica, 27. Januar 2006.

161 Silvio Berlusconi, Azzura, la nave della libertà. Da »Una storia italiana« (2000), in: www.forza-italia.it/silvioberlusconi/10_azzura.htm. Vgl. auch Silvio Berlusconi, L'anticomunismo è un dovere morale della memoria (Rimini, 24 agosto 2000), in: Ders., La forza di un sogno. Introduzione di Sandro Bondi, Mailand 2004, S. 33-64, bes. S. 38.

162 Nazismo una follia, ma il comunismo ..., in: La Repubblica, 27. Januar 2006.

163 AA.VV., Il libro nero del comunismo. Recensione di Stefano Doroni, 11. September 2005, in: www.ragionpolitica.it/testo.3867.

164 Heinrich August Winkler, Der Stoss kommt von links, in: Die Zeit, 21. November 1997.
165 Giovanni Valentini, L'autogol del Cavaliere, in: La Repubblica, 2. März 1998.
166 Roberto Zuccolini, E l'autore del » Libro nero« da torto a Berlusconi, in: Corriere della Sera, 6. März 1998.
167 Barbara Jerkov, Se vince la sinistra miseria, terrore e morte, in: La Repubblica, 17. Januar 2005.
168 Marco Galluzzo, Berlusconi: il leader pd è un cattocomunista, in: Corriere della Sera, 13. März 2009.
169 Stefano Doroni, Quale storia per gli italiani?, 14. Oktober 2005, in: www.ragionpolitica.it/testo.3985.
170 Vinzenzo Nigro, Berlusconi: Non ho ministri fascisti, in: La Repubblica, 28. Mai 1994.
171 Ebda.
172 Vgl. »Mussolini non uccise«: bufera su Berlusconi, in: Corriere della Sera, 12. September 2003; Oliver Meiler, Berlusconi wertet Mussolini auf, in: Tages-Anzeiger, 12. September 2003; Wirbel um eine Äusserung Berlusconis über Mussolini, in: Neue Zürcher Zeitung, 12. September 2003; Berlusconi und die Opfer des Faschismus. Von einer peinlichen Äusserung zur nächsten, in: Neue Zürcher Zeitung, 13./14. September 2003.
173 Mussolini non è Saddam, non ha ucciso nessuno, in: Corriere della Sera, 12. September 2003.
174 Maurizio Caprara, Berlusconi: il fascismo? Non fu criminale, in: Corriere della Sera, 21. Dezember 2005.
175 Ebda.
176 Birgit Schönau, Tore für den Duce, in: Die Zeit, 17. Februar 2005, S. 61. Paolo Di Canio wurde vom italienischen Fussballverband nach dem ersten Vorfall zu einer Geldstrafe von 10.000 Euro verurteilt. Der Stürmer sah sein Fehlverhalten nicht ein. Bei Spielen gegen AS Livorno und Juventus Turin wiederholte er den »römischen Gruss«, die italienische Variante des »Hitlergrusses«, am 11. und 17. Dezember 2005. Dafür wurde er erneut mit 10.000 Euro gebüsst und mit einer Spielsperre belegt. Lazio Roms rechtsextremer Fanclub »Irriducibili« organisierte daraufhin eine Protestdemonstration vor dem Sitz des italienischen Fussballverbandes. Als Geste der Solidarität mit Paolo Di Canio starteten drei Fan-Clubs von Lazio Rom eine Sammelaktion, um die Geldbusse für ihren »Star« aufzubringen.
177 Hansjakob Stehle, Nettes über den Duce, in: Die Zeit, 3. Juni 1994.
178 Gianluca Luzi, Un' impronta sovietica nella nostra Costituzione, in: La Repubblica, 13. April 2003.
179 Birgit Schönau, Rechte Freunde, in: Die Zeit, 23. März 2006.

3. Elemente des revisionistischen Erinnerungsdiskurses

1 Paul Ginsborg, Berlusconi. Politisches Modell der Zukunft oder italienischer Sonderweg?, Berlin 2005, S. 137f.
2 Piero Ignazi, Extreme Right Parties in Western Europe, Oxford, New York 2006², S. 51.
3 Näheres dazu in Paolo Berizzi, Bande nere. Come vivono, chi sono, chi protegge i nuovi nazifascisti, Mailand 2009, S. 10ff. Zur neofaschistischen Rechten zählten 2008 fünf sehr umtriebige Kleinparteien: nämlich Forza nuova, Fiamma tricolore, La Destra, Azione sociale, Fronte sociale nazionale. Paolo Berizzi schätzt, dass rund 150.000 Italiener unter 30 Jahren heute im Kult des Faschismus und Neofaschismus leben, wovon viele auch Hitler-Anhänger sind.
4 Cristina Baldassini, L'ombra di Mussolini. L'Italia moderata e la memoria del fascismo (1945-1960), Soveria Mannelli 2008.
5 Indro Montanelli, Il buonuomo Mussolini, Mailand 1947, S. 98.
6 Giovanni Belardelli, Il fascismo »umano« dei rotocalchi. Tutto caci e lacrime, in: Corriere della Sera, 7. April 2008.

7 Filippo Focardi, Die Unsitte des Vergleichs. Die Rezeption von Faschismus und Nationalsozialismus in Italien und die Schwierigkeiten, sich der eigenen Vergangenheit zu stellen, in: Gian Enrico Rusconi, Hans Woller (Hg.), Parallele Geschichte? Italien und Deutschland 1945-2000, Berlin 2006, S. 114f.

8 Ebda., S. 111.

9 Aram Mattioli, Totalitarismus auf italienisch? Die faschistische Diktatur im Wandel des historischen Urteils, in: Enno Rudolph, Stefano Poggi (Hg.), Diktatur und Diskurs. Zur Rezeption des europäischen Totalitarismus in den Geisteswissenschaften, Zürich 2005, S. 305-335.

10 Hannah Arendt, Elemente und Ursprünge totaler Herrschaft. Antisemitismus, Imperialismus, Totalitarismus, München 2000[7], S. 542 u. S. 544.

11 Ebda., S. 664.

12 Il Giornale, 1. Februar 2005.

13 »Fascismo bonario«: un ricordo di Luzi divide gli storici, in: Corriere della Sera, 2. Februar 2005.

14 Kritisch dazu Emilio Gentile, Il fascismo regime totalitario?, in: La Repubblica, 23. Februar 2006.

15 Fisichella: »Il fascismo«? Regime sì, ma non totalitario, in: Corriere della Sera, 29. Oktober 2002. Vgl. auch Dino Martirano, Fisichella: il re frenò il fascismo, in: Corriere della Sera, 20. November 1994. »Fu merito della monarchia se il fascismo non degenerò in un regime totalitario.«

16 Chiusi i conti con il fascismo. Non siamo eredi del Ventennio, in: La Repubblica, 4. November 2003.

17 So zum Beispiel von Jerzy W. Borejsza, Schulen des Hasses. Faschistische Systeme in Europa, Frankfurt am Main 1999; Robert Paxton, Anatomie des Faschismus, München 2006 und Wolfgang Schieder, Faschistische Diktaturen. Studien zu Italien und Deutschland, Göttingen 2008.

18 Nicola Labanca. Oltremare. Storia dell'espansione coloniale italiana, Bologna 2002, S. 175.

19 Vgl. für eine schnelle Orientierung etwa Luca Baldissera, Paolo Pezzino (Hg.), Crimini e memorie di guerra. Violenze contro le popolazioni e politiche del ricordo, Neapel 2004; Brunello Mantelli, Die Italiener auf dem Balkan 1941-1943, in: Christof Dipper, Lutz Klinkhammer, Alexander Nützenadel (Hg.), Europäische Sozialgeschichte. Festschrift für Wolfgang Schieder, Berlin 2000, S. 57-74.

20 Emilio Gentile, Fascismo. Storia e interpretazione, Rom, Bari 2002, S. VII. Wiederholt in Simonetta Fiori, Il Fascismo negato. Falsi miti e luoghi comuni, in: La Repubblica, 11. September 2008.

21 Früh schon gesehen von Nicola Tranfaglia, Tutti assolti ..., in: La Repubblica, 12. November 1989.

22 Näheres dazu in Millicent Marcus, Italian Film in the Shadow of Auschwitz, Toronto, Buffalo 2007.

23 Ausführlich dazu Klaus Voigt, Villa Emma. Jüdische Kinder auf der Flucht 1940-1945, Berlin 2002.

24 Silvia Fumarola, L'Olocausto dei bambini, in: La Repubblica, 14. Mai 2004; Sandra Cesarale, »La fuga degli innocenti« porta su Raiuno l'odissea di 50 ragazzini ebrei, in: Corriere della Sera, 14. Mai 2004.

25 Carlo Moos, Ausgrenzung, Internierung, Deportation. Antisemitismus und Gewalt im späten italienischen Faschismus (1938-1945), Zürich 2004.

26 Bezeichnenderweise ist die spektakuläre Grossproduktion »The Lion of the Desert« (1981), die den von General Rodolfo Graziani entfesselten Besatzungsterror in der Kolonie Libyen schonungslos anprangert, eine Regiearbeit des Syrers Moustapha Akkad.

27 Christoph U. Schminck-Gustavus, Kephalloniá 1943-2003. Auf den Spuren eines Kriegsverbrechens, Bremen 2004.

28 Maria Pia Fusco, Ciampi incontra il cinema, in: La Repubblica, 10. April 2001.

29 Wörtlich: »Mars oder Tod« »Atmet, das ist ein Befehl!«

30 Natalia Aspesi, Guzzanti: Fascisti su Marte é la mia voglia di fare cinema, in: La Repubblica, 17. Oktober 2006; Il Secolo loda il fascista Guzzanti, in: La Repubblica, 18. Oktober 2006.

31 Natalia Aspesi, Venezia 2008. Avati, la tragedia fascista in un inferno familiare, in: La Repubblica, 1. September 2008; Cristina Paternò, Pupi Avati: Fascismo quotidiano, olte gli stereotipi, in: http.//news.cinecitta.com/people/intervista.asp?id=5590.

32 Nicola Rao, Neofascisti! La Destra italiana da Salò a Fiuggi nel ricordo dei protagonisti, Rom 1999, S. 247.

33 Alemanno: »Il fascismo? Fondamentale per la modernizzazione del nostro Paese«, in: Corriere della Sera, 11. Mai 2008; Italy needed fascism, says the new Duce, in: The Sunday Times, 11. Mai 2008.

34 Paolo G. Brera, Roma, Sgarbi consulente di Alemanno. Via il muro alla teca dell'Ara Pacis, in: La Repubblica, 12. Mai 2008.

35 Edoardo Sassi, Foro Italico, la destra riscopre lo »spirito del Ventennio«, in: Corriere della Sera, 14. Oktober 2008; Simonetta Fiori, Solo ginnastica, niente dittatura. La destra celebra l'Opera Balilla, in: La Republicca, 17. Oktober 2008.

36 Bordon W. Painter, Mussolini's Rome. Rebuilding the Eternal City, Basingstoke 2005, S. 40-49. Vgl. zu den ideologischen Implikationen vor allem Emilio Gentile, Fascismo di pietra, Rom, Bari 2007.

37 Giacomo Galeazzi, Lizzani rivaluta il fascismo, in: La Stampa, 17. September 2007.

38 Monica Guerzoni, »Rivalutazioni striscianti da bloccare subito«, in: Corriere della Sera, 12. Mai 2008.

39 Brunello Mantelli, Kurze Geschichte des italienischen Faschismus, Berlin 1999, S. 9.

40 Näheres dazu in Federico Caprotti, Mussolini's Cities. Internal Colonialism in Italy, 1930-1939, New York 2007; Emilio Gentile, Fascismo di pietra, Rom, Bari 2007; Paolo Nicoloso, Mussolini architetto. Propaganda e paesaggio urbano nell'Italia fascista, Turin 2008 und Aram Mattioli, Gerald Steinacher (Hg.), Für den Faschismus bauen. Architektur und Städtebau im Italien Mussolinis, Zürich 2009.

41 Vgl. insbesondere Sergio Luzzatto, Il Duce. Das Leben nach dem Tod, Frankfurt am Main 2008.

42 Jens Petersen, Der Ort Mussolinis in der Geschichte Italiens nach 1945, in: Dipper, Klinkhammer, Nützenadel, Europäische Sozialgeschichte, S. 507. Jens Petersen spricht von »Omnipräsenz«.

43 Einen Eindruck von diesem dubiosen Handel geben folgende Websides: Predappio Tricolore souvenir, Predappio (www.mussolini.net) und Il Ventennio. » ... i migliori anni della nostra Patria« (www.ilventennio.it).

44 Jens Petersen, Mussolini – der Mythos des allgegenwärtigen Diktators, in: Wilfried Nippel (Hg.), Virtuosen der Macht. Herrschaft und Charisma von Perikles bis Mao, München 2000, S. 169.

45 Näheres dazu in Harald Dunajtschik, Aram Mattioli, Die »Città nuova« von Bozen – eine Gegenstadt für eine Parallelgesellschaft, in: Mattioli, Steinacher, Für den Faschismus bauen, S. 259-286.

46 Alexander Smoltczyk, La Duce Vita, in: Der Spiegel, 26. Juni 2006, S. 108.

47 Andrea Chiarini, Cinquemilla alla messa del duce, in: La Republicca, 29. April 2002.

48 Vgl. Amos Elon, Der Körper des Duce. Das Grab von Mussolini ist heute eine Pilgerstätte für Faschisten, in: Le monde diplomatique, 10. März 2008.

49 Richard Boudreaux, A New Day for il Duce, in: Los Angeles Times, 10. Mai 2002.

50 Thomas Götz, Schwarzer Tag, in: Berliner Zeitung, 31. Juli 2001.

51 Das Mussolinidorf. Wohin Italiens Faschisten pilgern, in: Kulturzeit auf 3sat, 22. Juni 2004. Online-Fassung abrufbar unter www.3sat.de/kulturzeit/themen/67407/index.

52 Casa Natale di Mussolini. Provincia di Forlì, Cesena. Il cuore verde della Romagna, in: www.turismo.fc.it

53 Cristina Nadotti, Rieti, la montagna del duce è un monumento da restaurare, in: La Repubblica, 30. Januar 2004.

54 »Sul monte torni il volto del duce. Così riconquisteremo i turisti«, in: Corriere della Sera, 1. Februar 2004.

55 Giorgia Olivieri, L'arte di regime di Sironi e Messina, in: La Repubblica, 18. April 2009.
56 Vgl. den Ausstellungskatalog Arrigo Petacco, Mussolini ritrovato. Storia di una collezione proibita, Bologna 2009.
57 Zusammengetragen wurde die Sammlung ursprünglich vom Mussolini-Biographen Duilio Susmel, der die »Opera omnia« des Diktators herausgab. Nach eigenen Angaben erwarb Guilio Bargellini die Sammlung 1984 bei einem Antiquar. Ein Vierteljahrhundert später liess der erfolgreiche Unternehmer sie ins Museo d'arte delle generazioni italiane del '900 integrieren, das er einige Jahre zuvor selbst ins Leben gerufen hatte.
58 Giorgia Olivieri, L'arte di regime di Sironi e Messina, in: La Repubblica, 18. April 2009.
59 Martines: il destino di Edda Ciano che un giorno si ribellò al Duce, in: La Repubblica, 10. November 2004; Silvia Fumarola, Edda Ciano la ribelle. Una donna contro tutti, in: La Repubblica, 21. Mai 2005.
60 Cossiga: Mussolini statista del secolo, in: La Repubblica, 31. Dezember 1999. Gianfranco Fini nannte den liberalen Premier Giovanni Giolitti.
61 Rückzug des »Picconatore« Francesco Cossiga, in: Neue Zürcher Zeitung, 30. Dezember 2005.
62 E Pertini lo statista più amato dal popolo italiano, in: La Repubblica, 16. April 1994.
63 Filippo Focardi, Die Erinnerung an den Faschismus und der »Dämon der Analogie«, in: Christiane Liermann , Marta Margotti, Bernd Sösemann, Francesco Traniello (Hg.), Vom Umgang mit der Vergangenheit: Ein deutsch-italienischer Dialog, Tübingen 2007, S. 177.
64 Simona Poli, Al voto per togliere la cittadinanza a Mussolini, in: La Repubblica, 6. April 2009.
65 E Firenze revoca la cittadinanza a Mussolini, in: Corriere della Sera, 7. April 2009.
66 Alessandro Campi, Mussolini und die italienische Nachkriegsgesellschaft. Italien zwischen Erinnern und Vergessen, in: Christoph Cornelissen, Lutz Klinkhammer, Wolfgang Schwentker (Hg.), Erinnerungskulturen. Deutschland, Italien und Japan seit 1945, Frankfurt am Main 2003, S. 108.
67 Luzzatto, Il Duce, S. 201.
68 Ebda., S. 168.
69 Jens Petersen, Der Ort Mussolinis in der Geschichte Italiens nach 1945, in: Christof Dipper, Lutz Klinkhammer, Alexander Nützenadel, Europäische Sozialgeschichte, S. 519.
70 Vgl. Luca Baldissara, Paolo Pezzino (Hg.), Giudicare e punire. I processi per crimini di guerra tra diritto e politica, Neapel 2004; Michele Battini, Peccati di memoria. La mancata Norimberga italiana, Rom, Bari 2003; Mimmo Franzinelli, L'amnistia Togliatti. 22 giugno 1946. Colpo di spugna sui crimini fascisti, Mailand 2006.
71 Sergio Luzzatto, Sangue d'Italia. Interventi sulla storia del novecento, Rom 2008, S. 132.
72 Vgl. zur Abrechnung mit dem Faschismus vor allem Hans Woller, Die Abrechnung mit dem Faschismus in Italien 1943 bis 1948, München 1996; Hans Woller, Der Rohstoff des kollektiven Gedächtnisses. Die Abrechnung mit dem Faschismus in Italien und ihre erfahrungsgeschichtliche Dimension, in: Christoph Cornelissen, Lutz Klinkhammer, Wolfgang Schwentker (Hg.), Erinnerungskulturen. Deutschland, Italien und Japan seit 1945, Frankfurt am Main 2003, S. 67-76.
73 Alessandro Campi, Mussolini, Bologna 2001, S. 43.
74 Robert A. Ventresca, Mussolini's Ghost. Italy's Duce in History and Memory, in: History & Memory 18 (2006), S. 90.
75 Filippo Focardi, Die Unsitte des Vergleichs. Die Rezeption von Faschismus und Nationalsozialismus in Italien und die Schwierigkeiten, sich der eigenen Vergangenheit zu stellen, in: Rusconi, Woller, Parallele Geschichte?, S. 130ff. und Luzzatto, Il Duce, S. 170ff.
76 Sergio Luzzatto, Così il Duce distrusse la famiglia segreta, in: Corriere della Sera, 14. Januar 2005.
77 Montanelli, Il buonuomo, S. 98.
78 Mussolini? Demagogo e ciarlatano ma non sanguinario, 10. November 1998, in: Indro Montanelli, Le nuove stanze, Mailand 2001, S. 200.
79 Vgl. Sven Reichardt, Faschistische Kampfbünde. Gewalt und Gemeinschaft im italienischen Squadrismus und in der deutschen SA, Köln, Weimar 2002, S. 696f. »Gewalt besass

im Faschismus keinen rein instrumentellen Charakter. Sie war nicht lediglich Mittel zu einem ideologisch anders gesetzten Endzweck, sondern wurde selbst zum Inhalt des faschistischen Lebensstils.« »Bevor aus der Nation eine Schule des Hasses wurde, war aus der faschistischen Bewegung eine Kaserne der Gewalt geworden.« So unternahmen die faschistischen Squadren mehr Gewaltaktionen als die SA zehn Jahre später und gingen dabei deutlich effizienter vor. (S. 716)

80 Montanelli, Il buonuomo, S. 100.

81 Renzo De Felice, Rosso e nero, hg. von Pasquale Chessa, Mailand 1995, S. 114f.

82 Vgl. Lutz Klinkhammer, Zwischen Bündnis und Besatzung. Das nationalsozialistische Deutschland und die Republik von Salò 1943-1945, Tübingen 1993; Monica Fioravanzo, Mussolini e Hitler. La Repubblica sociale sotto il Terzo Reich, Rom 2009.

83 Nello Ajello, Quel che resta di De Felice, in: La Repubblica, 14. Mai 2000.

84 Scharf gesehen von Gianpasquale Santomassimo, Il ruolo di Renzo De Felice, in: Enzo Collotti (Hg.), Fascismo e antifascismo. Rimozioni, revisioni, negazioni, Rom, Bari 2000, S. 415-429, bes. S. 426. Vgl. auch Lutz Klinkhammer, Der »Duce« im Schatten Hitlers? Mussolini im Lichte der italienischen Historiographie, in: Georg Christoph Berger Waldenegg, Francisca Loetz (Hg.), Führer der extremen Rechten. Das schwierige Verhältnis der Nachkriegsgeschichtsschreibung zu »grossen Männern« der eigenen Vergangenheit, Zürich 2006, S. 99.

85 Wolfgang Schieder, Faschismus, in: Richard van Dülmen (Hg.), Fischer Lexikon Geschichte, Frankfurt am Main 2003, S. 217.

86 Kritisch zu dieser Haltung Angelo Del Boca, Italiani, brava gente?, Vicenza 2005.

87 Angelo Del Boca, L'Africa nella coscienza degli Italiani. Miti, memorie, errori, sconfitte, Rom, Bari 1992.

88 Giorgio Bocca, Ogni impero ha le sue colpe, in: L'Espresso, 29. September 1995.

89 Mario Lenci, Sergio Baccelli, Riflessi coloniali sulla toponomastica urbana italiana. Un primo sondaggio, in: I sentieri della ricerca. Rivista di storia contemporanea, Nr. 7/8, September 2008, S. 161-182.

90 Grazia De Michele, La storia dell'Africa e del colonialismo italiano nei manuali di storia in uso nelle scuole superiori, in: I sentieri della ricerca. Rivista di storia contemporanea, Nr. 3, Juni 2006, S 137f. u. S. 160f.

91 Die EU distanziert sich von Äusserungen Berlusconis, in: Neue Zürcher Zeitung, 28. September 2001.

92 Ebda.

93 Giovanna Casadio, Fini rivaluta le colonie italiane. Guardate come stanno oggi, in: La Republicca, 26. September 2006.

94 Aram Mattioli, Die vergessenen Kolonialverbrechen des faschistischen Italien in Libyen 1923-1933, in: Fritz Bauer Institut (Hg.), Völkermord und Kriegsverbrechen in der ersten Hälfte des 20. Jahrhunderts, Frankfurt am Main, New York 2004, S. 203-226.

95 Vgl. Aram Mattioli, Experimentierfeld der Gewalt. Der Abessinienkrieg und seine internationale Bedeutung 1935-1941, Zürich 2005 sowie Asfa-Wossen Asserate, Aram Mattioli (Hg.), Der erste faschistische Vernichtungskrieg. Die italienische Aggression gegen Äthiopien 1935-1941, Köln 2006.

96 Vgl. Vincent Courcelle-Labrousse, Nicolas Marmié, La guerre du Rif (Maroc 1921-1926), Paris 2008 sowie Sebastian Balfour, Deadly Embrace. Morocco and the road to the Spanish Civil War, Oxford 2002.

97 Kathlen Nelson, Alan Sullivan (Hg.), John Melly of Ethiopia, London 1937, S. 240.

98 Ausführlich dazu jetzt Matteo Dominioni, Lo sfascio dell'impero. Gli Italiani in Etiopia 1936-1941, Rom, Bari 2008.

99 Benito Mussolini an Rodolfo Graziani, 8. Juli 1936, zitiert in: Giorgio Rochat, Guerre italiane in Libuia e in Etiopia 1921-1939, Treviso 1991, S. 184.

100 Paolo Rumiz, Etiopia, la vergogna italiana. Mille morti nella foiba abissina, in: La Repubblica, 22. Mai 2006.

101 Aram Mattioli, Der unrichtbare Dritte, in: Die Zeit, 15. September 2005, S. 92.

102 Mattioli, Experimentierfeld der Gewalt, S. 173ff.

[103] So die einflussreiche Meinung von Indro Montanelli. Eine deutsche Übersetzung seines immer wieder aufgelegtem Buches »Qui non riposono« erschien 1946 im renommierten Züricher »Europa Verlag« unter dem Titel »Drei Kreuze. Eine italienische Tragödie«. Die Zitate finden sich in der deutschsprachigen Ausgabe auf den S. 70 u. 73.

[104] Alessandro Lessona, Un ministro di Mussolini racconta, Mailand 1973, S. 115.

[105] Alle Nachweise bei Angelo Del Boca, Una lunga battaglia per la verità, in: Ders. (Hg.), I gas di Mussolini. Il fascismo e la guerra d'Etiopia, Rom 2007, S. 151f. u. S. 202.

[106] Angelo Del Boca, Gli Italiani in Africa Orientale, Bd. 2: La conquista dell'Impero, Rom, Bari 1979, S. 497.

[107] Il Giornale, 9. Oktober 1985.

[108] Ausführlich dazu Claudio Tosatto, Un film e la storia. Lion of the Desert, 1982, in: Studi Piacentini, Nr. 36, 2004, S. 173-188.

[109] Francesco Germinario, Gas und »zivilisatorischer Kolonialismus«. Eine historisch aufschlussreiche Debatte im sommerlichen Italien, in: 1999. Zeitschrift für Sozialgeschichte des 20. und 21. Jahrhunderts 11 (1996), S. 97-109 sowie Angelo Del Boca, Una lunga battaglia per la verità, in: Ders. (Hg.), I gas di Mussolini. Il fascismo e la guerra d'Etiopia, Rom 2007, S. 147-177.

[110] Angelo Del Boca, Il Negus. Vita e morte dell'ultimo re di re, Rom, Bari 1995.

[111] Indro Montanelli, Negus. Grande, tragico re, in: Il Corriere della Sera, 11. August 1995.

[112] Angelo Del Boca, Una lunga battaglia per la verità, in: Ders., I gas di Mussolini, S. 162ff., bes. S. 168f.

[113] Vinzenzo Nigro, Scalfaro elogia gli Italiani. »Ammiro il vostro coraggio«, in: La Repubblica, 26. November 1997.

[114] Bartholomäus Grill, Gelobte Stele, in: Die Zeit, 17. November 2005; Geneviève Lüscher, Der Stachel der Erinnerung, in: Der kleine Bund, 11. November 2006, Dies., Ein Obelisk ist endlich zu Hause, in: NZZ am Sonntag, 28. September 2008.

[115] Vgl. die entsprechenden Abschnitte in Torben Fischer, Matthias N. Lorenz (Hg.), Lexikon der »Vergangenheitsbewältigung« in Deutschland. Debatten- und Diskursgeschichte des Nationalsozialismus nach 1945, Bielefeld 2007 und Peter Reichel, Erfundene Erinnerung. Weltkrieg und Judenmord in Film und Theater, Frankfurt am Main 2007.

[116] Ulrich Beuttler, Über den Dokumentarfilm »Fascist legacy« von Ken Kirby. Ein Beitrag zur längst fälligen Diskussion über die italienischen Kriegsverbrechen, in: Andrea Di Michele, Gerald Steinacher (Hg.), Faschismen im Gedächtnis/ La memoria dei fascismi (= Geschichte und Region 13), Innsbruck, Wien 2004, S. 175-188.

[117] Nicola Tranfaglia, Tutti assolti ..., in: La Repubblica, 12. November 1989.

[118] Ulrich Beuttler, Über den Dokumentarfilm »Fascist legacy« von Ken Kirby. Ein Beitrag zur längst fälligen Diskussion über die italienischen Kriegsverbrechen, in: Di Michele, Steinacher, Faschismen im Gedächtnis, S. 177.

[119] Ebda., S. 178

[120] Inzwischen kann man sich Ken Kirbys Dokumentation auf »YouTube« relativ einfach am eigenen PC anschauen.

[121] Angelo Del Boca, La giornata della memoria, 14 luglio 2006, in: www.eddyburg.it/article/articleview/6998/0/153/. Vgl. zu dessen Lebensweg und politischem Engagement jetzt Angelo Del Boca, Il mio novecento, Vicenza 2008.

[122] Robert S. Wistrich, Hitler and the Holocaust, New York 2001, S. 186.

[123] Vgl. Jonathan Steinberg, Deutsche, Italiener und Juden. Der italienische Widerstand gegen den Holocaust, Göttingen 1992; Daniel Carpi, Between Mussolini and Hitler. The Jews and the Italian Authorities in France and Tunesia, Hanover (New Hampshire) 1994. Wissenschaftlich unhaltbar wird das Argument dann, wenn die Rettungsaktionen mit rein humanitären Motiven erklärt, unkritisch verallgemeinert und als typisch italienische Verhaltensweise interpretiert werden. General Mario Roatta zum Beispiel, der in seinem dalmatinischen Befehlsbereich Juden vor der Deportation in die Todesfabriken bewahrte, ging zur selben Zeit mit unbeschreiblicher Härte gegen slawische »Partisanen« vor. Vgl. dazu die wichtigen Überlegungen in: Zur Neubewertung des italienischen Faschismus. Enzo Collotti im Gespräch mit Lutz Klinkhammer, in: Geschichte und Gesellschaft 26 (2000), S. 285-306.

124 Vgl. als Beispiel für diese problematische Form der Erinnerung Nicola Caracciolo, Gli ebrei e l'Italia durante la guerra 1940-45, Rom 1986.

125 Hannah Arendt, Eichmann in Jerusalem. Ein Bericht von der Banalität des Bösen, München 1965[2], S. 220.

126 Steinberg, Deutsche, Italiener und Juden, S. 21, 286, 292f. u. 307.

127 Frauke Wildvang, Der Feind von nebenan. Judenverfolgung im faschistischen Italien 1936-1944, Köln 2008, S. 10.

128 Vgl. Renzo De Felice, Storia degli ebrei italiani sotto il fascismo, Turin 1993, S. IX.

129 Ebda., S. VIII.

130 Ebda., S. 27.

131 Wildvang, Der Feind von nebenan, S. 20.

132 Renzo De Felice, Intervista di Giuliano Ferrara a Renzo De Felice, in: Il fascismo e gli storici oggi, hg. von Jader Jacobelli, Rom, Bari 1988, S. 6.

133 Indro Montanelli, Una Auschwitz italiana è proprio inimmaginabile, 13 aprile 1997, in: Ders., Le stanze. Dialoghi con gli italiani, Mailand 2004, S. 50ff.

134 Gudrun Jäger, Frühe Holocaustzeugnisse italienischer Jüdinnen (1946-47), in: Dies., Liana Novelli-Glaab (Hg.), » … denn in Italien haben sich die Dinge anders abgespielt«. Judentum und Antisemitismus im modernen Italien, Berlin 2007, S. 219-237.

135 Agli ebrei non chiedo scusa, in: La Repubblica, 3. Mai 1997.

136 Vgl. zum Beispiel Alberto Burgio (Hg.), Nel nome della razza. Il razzismo nella storia d'Italia 1870-1945, Bologna 1999; Michele Sarfatti, Gli ebrei nell'Italia fascista. Vicende, identità, persecuzione, Turin 2000; Ders., Le leggi antiebraiche spiegate agli italiani di oggi, Turin 2002; Enzo Collotti, Il fascismo e gli ebrei. Le leggi razziali in Italia, Rom, Bari 2003; Carlo Moos, Ausgrenzung, Internierung, Deportation. Antisemitismus und Gewalt im späten italienischen Faschismus (1938-1943), Zürich 2004; Michele Sarfatti, La Shoah in Italia. La persecuzione degli ebrei sotto il fascismo, Turin 2005 und Wildvang, Der Feind von nebenan.

137 Thomas Schlemmer, Hans Woller, Der italienische Faschismus und die Juden 1922 bis 1945, in: Vierteljahrshefte für Zeitgeschichte 53 (2005), S. 164-201.

138 Aram Mattioli, Das faschistische Italien – ein unbekanntes Apartheidregime, in: Fritz Bauer Institut (Hg.), Gesetzliches Unrecht. Rassistisches Recht im 20. Jahrhundert, Frankfurt am Main, New York 2005, S. 155-178.

139 Gadi Luzzatto Voghera, Antisemitismo, in: Victoria de Grazia, Sergio Luzzatto (Hg.). Dizionario del fascimo, Bd. 1, Turin 2002, S. 83.

140 Vgl. Cinzia Villani, Zwischen Rassengesetzen und Deportation. Juden in Südtirol, im Trentino und in der Provinz Belluno 1933-1945, Innsbruck, Wien 2003; Amadeo Osti Guerrazzi, Caino a Roma. I complici romani della Shoah, Rom 2005.

141 Eric Salerno, Uccideteli tutti. Libia 1943: gli ebrei nel campo di concentramento fascista di Giado. Una storia italiana, Mailand 2008.

142 Giovanni Belardelli, Ma l'Italia scoprì l'Olocausto solo dopo gli anni del silenzio, in: Corriere della Sera, 12. Januar 2005.

143 Zur Neubewertung des italienischen Faschismus. Enzo Collotti im Gespräch mit Lutz Klinkhammer, in: Geschichte und Gesellschaft 26 (2000), S. 286ff.

144 Camera dei Deputati (Hg.), La legislazione antiebraica in Italia e in Europa. Atti del Convegno nel cinquantenario delle leggi razziali (Roma, 17-18 ottobre 1988), Rom 1989.

145 Vgl. Liliana Picciotto Fargion, Il libro della memoria. Gli ebrei deportati dall'Italia (1943-1945), Mailand 1991.

146 Enrico Deaglio, Die Banalität des Guten. Die Geschichte des Hochstaplers Giorgio Perlasca, der 5200 Juden das Leben rettete, Frankfurt am Main 1994, S. 13f.

147 Ebda., S. 11.

148 Ebda., S. 13f.

149 Susanna Nirenstein, Quello scomodo gentiluomo fascista, in: La Repubblica, 16. Dezember 2002.

150 So der Kommentator in einer Rai-Dokumentation über Giorgio Perlasca, einsehbar auf www.lastoriasiamonoi.rai.it/puntata.aspx?id=113. Ähnlich in der Wertung auch Susanna Nirenstein, L'uomo che salvò cinquemila ebrei, in: La Repubblica, 24. Dezember 1991.

151 Tony Judt, Geschichte Europas von 1945 bis zur Gegenwart, München, Wien 2006, S. 944. Vgl. auch Daniel Levy, Natan Sznaider, Erinnerungen im globalen Zeitalter: der Holocaust, Frankfurt am Main 2001.

152 Millicent Marcus, Italian Film in the Shadow of Auschwitz, Toronto, Buffalo 2007, S. 21.

153 Rosetta Loy, Via Flaminia 21. Meine Kindheit im faschistischen Italien, München, Zürich 1998, S. 64f.

154 Näheres dazu in Marcus, Italian Film, S. 111-124.

155 Gianni Scipione Rossi, La destra e gli ebrei. Una storia italiana, Soveria Mannelli 2003, S. XXIIf.

156 Judt, Geschichte Europas, S. 934.

157 Rossi, La destra, S. 271.

158 Alessandra Longo, Fini rende omaggio allo Schindler italiano, in: La Repubblica, 18. Dezember 1997.

159 Deaglio, Die Banalität, S. 13. »Das Komische dabei ist aber, dass ich kein Antifaschist bin. Ich bin kein Faschist mehr, aber nach dem Krieg bin ich auch kein Antifaschist geworden. Ich habe eine andere Geschichte.«

160 Ebda.

161 Fini entschuldigt sich für Verbrechen des Faschismus, in: Neue Zürcher Zeitung, 13. September 2002.

162 Leggi razziali, l'infamia più grave del duce, in La Repubblica, 13. Oktober 2008.

163 Gianluca Luzi, Ciampi e Berlusconi accusano Leggi razziali, una vergogna, in: La Repubblica, 28. Januar 2005.

164 Silvio Buzzanca, Giorno della Shoah, primo sì, in: La Repubblica, 29. März 2000.

165 Shoah, sìal giorno della memoria, in: La Repubblica, 6. Juli 2000.

166 Legge 20 luglio 2000, n. 211: »Istituzione del ›Giorno della Memoria‹ in ricordo delle sterminio e delle persecuzionui del popolo ebraico e dei deportati militari e politici italiani nei campi nazisto«, in: www.camera.it//leggi/00211l.htm.

167 Carlo Brambilla, Le persecuzioni agli ebrei un macigno sulla memoria, in: La Repubblica, 28. Januar 2003.

168 Lorenzo Salvia, Ciampi: anche il nostro Paese fu colpevole, in: Corriere delle Sera, 25. Januar 2003.

169 Michele Sarfatti, La Shoah e le case della memoria, in: L'Unità, 17. Januar 2007.

170 Tagungen des Instituts. Die »Achse« im Krieg. Protokoll einer Podiumsdiskussion zur Erinnerungskultur und Geschichtspolitik in Italien und Deutschland, in: Quellen und Forschungen aus italienischen Archiven und Bibliotheken 86 (2006), S. 661.

171 Näheres zum Film bei Marcus, Italian Film, S. 137ff.

172 Ebda., S. 125-137.

173 Diese Zahlen sind dem Booklet der DVD »Perlasca – un eroe italiana« entnommen. Vgl. auch Silvia Fumarola, Perlasca superstar in tv, in: La Repubblica, 30. Januar 2002. Im Zeitungsartikel ist von 11,5 Millionen Zuschauern die Rede.

174 Barbara Jerkov, Perlasca commuove la Camera. Quel fascista, eroe d'Italia, in: La Repubblica, 23. Januar 2002.

175 Thomas Migge, »Eine Zeit voller Leidenschaft!«. Ein Gespräch mit Vittorio Foa, in: Zibaldone. Zeitschrift für italienische Kultur der Gegenwart, Nr. 19, Mai 1995, S. 21.

176 Filippo Focardi, La guerra della memoria. La Resistenza nel dibattito politico italiano dal 1945 a oggi, Rom, Bari 2005, S. VI. Filippo Focardi spricht sogar von »narrazione egemonica«, von hegemonialer Erzählung.

177 Francesco Germinario, L'altra memoria. L'estrema destra, Salò e la resistenza, Turin 1999.

178 In Ansätzen früh schon analysiert von Jens Petersen, Der Ort der Resistenza in Geschichte und Gegenwart Italiens, in: Quellen und Forschungen aus italienischen Archiven und Bibliotheken 72 (1992), S. 550-571; Gian Enrico Rusconi, Die italienische Resistenza auf dem Prüfstand, in: Vierteljahrshefte für Zeitgeschichte 42 (1994), S. 379-402.

179 Zitiert in Jens Petersen, Mythos Resistenza, in: Zibaldone. Zeitschrift für italienische Kultur der Gegenwart, Nr. 19, Mai 1995, S. 15f.

180 Ebda., S. 16.

181 Vgl. Giampaolo Pansa, Sconosciuto 1945, Mailand 2005; Ders., La grande bugia, Mailand 2006; Ders., I gendarmi della memoria. Chi imprigiona la verità sulla Guerra civile, Mailand 2007.
182 Renzo De Felice, Rosso e nero, Mailand 1995, S. 14.
183 Ebda., S. 31 und vor allem Ernesto Galli della Loggia, La morte della patria. La crisi dell'idea di nazione tra Resistenza, antifascismo e Repubblica, Rom, Bari 1996.
184 De Felice, Rosso, S. 53f.
185 Ebda., S. 69ff.
186 Giorgio Rochat, La Resistenza, in: Enzo Collotti (Hg.), Fascismo e antifascismo. Rimozioni, revisioni, negazioni, Rom, Bari 2000, S. 288.
187 Vgl. dazu kritisch die Entgegnung des Nationalen Partisanenverbandes ANPI, die die klassischen Argumente zur Haltung des PCI in der Resistenza referiert. L'ANPI su »La grande bugia« di Giampaolo Pansa, in: www.anpi.it/documenti/pansa_081106.htm.
188 Vgl. die ebenso sachliche wie wissenschaftlich eindeutige Rezension von Amedeo Osti Guerrazzi, in: sehepunkte 5 (2005), in: www.sehepunkte.historiucum.et/2005/12/9844.html.
189 Miriam Mafai, La verità su quel triangolo rosso, in: La Republicca, 31. August 1990.
190 Daniele Mastrogiacomo; »Finiamola col mito della Resistenza«, in: La Repubblica, 9. September 1990.
191 Vgl. Giorgio Pisanò, Paolo Pisanò, Il triangolo della morte. La politica della strage in Emilia durante e dopo la Guerra civile, Mailand 1992.
192 De Felice, Rosso, S. 12
193 Ernesto Galli della Loggia, I padroni della memoria, in: Corriere della Sera, 1. November 2003.
194 Ciampi celebra l'8 settembre: quel giorno l'Italia rinacque, in: La Repubblica, 9. Oktober 2000.
195 Vgl. Mario Pirani, La memoria delle vendette partigaine, in: La Repubblica 7. November 2003 sowie ausführlich dazu Hans Woller, Die Abrechnung mit dem Faschismus in Italien 1943 bis 1948, München, Wien 1996. Eine italienische Übersetzung des Werks erschien 1997 bei »Mulino« in Bologna.
196 Hans Woller, Der Rohstoff des kollektiven Gedächtnisses. Die Abrechnung mit dem Faschismus in Italien und ihre erfahrungsgeschichtliche Dimension, in: Christoph Cornelissen, Lutz Klinkhammer, Wolfgang Schwentker (Hg.), Erinnerungskulturen. Deutschland, Italien und Japan seit 1945, Frankfurt am Main 2003, S. 67.
197 Udo Gümpel, Laut und leise feiern sie ihren »Duce«, in: Berliner Zeitung, 25. April 1994.
198 Dino Martirano, Marzabotto, da Forza Italia accuse ai partigiani, in: Corriere della Sera, 23. April 2003.
199 Alla presentazione del libro di Pansa un intervento del presidente del senato Pera: Basta con l'antifascismo, in: La Repubblica, 16. Dezember 2003.
200 Joachim Staron, Fosse Ardeatine und Marzabotto: Deutsche Kriegsverbrechen und Resistenza. Geschichte und nationale Mythenbildung in Deutschland und Italien (1944-1999), Paderborn, München 2002; Carlo Gentile, Sant'Anna di Stazzema, in: Gerd R. Überschär, (Hg.), Orte des Grauens. Verbrechen im Zweiten Weltkrieg, Darmstadt 2003, S. S. 231-236
201 Henning Klüver, Die Wunde von Sant'Anna, in: Süddeutsche Zeitung, 6. Oktober 2008.
202 Giorgio Bocca, Caro Spike Lee ecco perché io partigiano sparavo e fuggivo, in: La Repubblica, 1. Oktober 2008. Vgl auch die Replik von Spike Lee, Caro Bocca io non sono suo nemico, in: La Repubblica, 2. Oktober 2008.
203 Franz Haas, Widerstand gegen die Resistenza, in: Neue Zürcher Zeitung, 27. April 2005.
204 »Il 25 Aprile è una festa da cambiare«, in: Corriere della Sera, 9. April 2005.
205 Gianna Fregonara, »Piazza Matteotti resti così, ma i o sono fascista«, in: Corriere della Sera, 30. April 2002.
206 Focardi, La guerra, S. 110.
207 Onna: discorso del presidente del Consiglio Silvio Berlusconi in occasione dell'anniversario della festa della Liberazione, 25 aprile 2009, in: www.governo.it/Presidente/Interventi/testo-int.asp?d=44680.

208 So Angelo Del Boca, La verità è sgradita ai partiti della maggioranza, in: Studi Piacentini, Nr. 34, 2004, S. 257.

209 Vgl. Luigi Ganapini, La Repubblica sociale italiana, in: Mario Isnenghi (Hg.), I luoghi della memoria. Simboli e miti dell'Italia unita, Bd.2, Rom, Bari 1997, S. 439-454; Francesco Germinario, L'altra memoria. L'estrema destra, Salò e la Resistenza, Turin 1999.

210 Petersen, Der Ort der Resistenza, S. 555.

211 Germinario, L'altra memoria, S. 122ff.

212 Raffaele Liucci, Scrivere e ricordare Salò. La Repubblica sociale italiana tra storia, memoria e letteratura, in: Studi Piacentini, Nr. 29, 1996, S. 45. Eine wichtige Ausnahme bildet das Buch »La repubblica di Mussolini«, das der Publizist Giorgio Bocca 1977 bei Laterza veröffentlichte.

213 Ebda, S. 51.

214 Paolo D'Agostini, La storia s'interroga, in: La Repubblica, 12. Februar 1992.

215 Lutz Klinkhammer, L'occupazione tedesca in Italia 1943-1045, Turin 1993; Luigi Ganapini, La Repubblica delle camicie nere. I combattenti, i politici, gli amministratori, i socializzatori, Mailand 1999.

216 Vgl. Kapitel 4, 5 und 6 in Claudio Pavone, Una guerra civile. Saggio storico sulla moralità della Resistenza, Turin 1991, S. 169-412.

217 Kapitel 1 »La scelta«, in: Ebda, S. 3-62.

218 Claudio Pavone, Der verdrängte Bürgerkrieg. Die Erinnerung an Faschismus und Widerstand in Italien, in: Transit 15 (1998), S. 31.

219 Im Italienischen besitzt das Adjektiv »bravo« ein weites Bedeutungsspektrum, angefangen bei tüchtig und fähig über brav, rechtschaffen, anständig bis hin zu tapfer und mutig.

220 Gianluca Luzi, Fini applaude: »Ora basta formentare l'odio«, in: La Repubblica, 12. April 1994.

221 »I repubblichini sono ex combattenti«, in: La Repubblica, 28. Mai 1994.

222 Rinaldo Gianola, Il nero che avanza, in: La Repubblica, 24. April 1994.

223 Ebda.

224 Näheres zur »Combat Film«-Serie bei Ventresca, Mussolini's Ghost, S. 98ff.

225 Maria Grazia Bruzzone, Polemiche dopo le parole di Accame: »Quei repubblichini erano eroi«, in: La Stampa, 7. April 1994.

226 Barabara Spinelli, La tv e l'Italia malata, in: La Stampa, 8. April 1994.

227 Attori, scrittori, detective: quanti vip furono »repubblichini«, in: Corriere della Sera, 9. Dezember 1997.

228 Vivarelli racconta la X Mas, in: La Repubblica, 23. Januar 1998.

229 Roberto Vivarelli, La fine di una stagione. Memoria 1943-1945, Bologna 2000, S. 13.

230 Ebda, S. 18f. u. S. 26.

231 Ebda, S. 20ff.

232 Ebda, S. 71.

233 Ebda, 104.

234 Ebda, S. 105.

235 Ebda, S. 106.

236 Paolo Mieli, La confessione politica di uno storico democratico: una militanza mai rinnegata e sempre nascosta. Il fascista con i calzone corti, in: La Stampa, 5. November 2000.

237 Albertini dai caduti di Salò, in: Corriere della Sera, 2. November 1997.

238 Albertini rende omaggio ai caduti di Salò: è polemica, in: La Repubblica, 2. November 1999.

239 Luigi Spezia, Scandaloso l'omaggio di AN a Salò, in: La Repubblica, 9. September 2008.

240 Carmelo Lopapa, Dell'Utri: Mussolini fu troppo buono. I ragazzi di Salò partigiani di destra, in: La Repubblica, 5. Mai 2009.

241 Simonetta Fiori, Vogliono una rivincita non la pacificazione, in: La Repubblica, 18. Februar 2005.

242 Tommaso Di Francesco, La tragedia delle foibe e i crimini fascisti. La »memoria dimezzata nel racconto dello storici Angelo Del Boca, in: Il Manifesto, 14. Februar 2006.

243 Vgl. Brunello Mantelli (Hg.), L'Italia fascista potenza occupante. Lo scacchiere balcanico, Triest 2002; Davide Rodogno, Il nuovo ordine mediterraneo. Le politiche di occupazione dell'Italia fascista in Europa (1940-1943), Turin 2003; Howard James Burgwyn, Empire on the Adriatic. Mussolini's Conquest of Yugoslavia, 1941-1943, New York 2005.

244 Rolf Wörsdörfer, Krisenherd Adria 1915-1955. Konstruktion und Artikulation des Nationalen im italienisch-jugoslawischen Grenzraum, Paderborn, München 2004, S. 139.

245 Galeazzo Ciano, Diario 1937-1943, hg. von Renzo De Felice, Mailand 2000, S. 534.

246 Gianni Oliva, »Si ammazza troppo poco«. I crimini di guerra italiani 1940-1943, Mailand 2006, S. 114ff.

247 Carlo Spartaco Capogreco, I campi del duce. L'internamento civile nell'Italia fascista, 1940-1943, Turin 2004.

248 Näheres dazu in Alessandra Kersevan, Lager italiani. Pulizia etnica e campi di concentramento fascisti per civili jugoslavi 1941-1943, Rom 2008.

249 Brunello Mantelli, Die Italiener auf dem Balkan 1941-1943, in: Dipper, Klinkhammer, Nützenadel, Europäische Sozialgeschichte, S. 57.

250 Gianni Oliva, Die Foibe: Die Gründe eines Schweigens, in: Renato Cristin (Hg.), Die Foibe / Foibe. Vom politischen Schweigen zur historischen Wahrheit / Dal silenzio politico alla verità storica, Berlin 2007, S. 56.

251 Marta Verginella, Geschichte und Gedächtnis. Die Foibe in der Praxis der Aushandlung der Grenzen zwischen Italien und Slowenien, in: Luisa Accati, Renate Cogoy (Hg.), Das Unheimliche in der Geschichte. Die Foibe. Beiträge zur Psychopathologie historischer Rezeption, Berlin 2007, S. 45; Giacomo Scotti, Dossier foibe, San Ceario di Lecce 2005, S. 151ff.

252 Scotti, Dossier foibe, S. 14f.

253 Oliva, Die Foibe, S. 54.

254 Verginella, Geschichte und Gedächtnis, S. 58.

255 Sara Lorenzini, L'Italia e il trattato di pace del 1947, Bologna 2007, S. 107ff.

256 Gianni Oliva, Profughi. Dalle foibe all'esodo: la tragedia degli italiani d'Istria, Fiume e Dalmazia, Mailand 2005, S.

257 Oliva, Die Foibe, S. 58.

258 Vgl. etwa Pamela Ballinger, History in Exile. Memory and identity at the borders of the Balkans, Princeton 2003, S. 140 und Anna Maria Mori, Giorni di tensione a Trieste. I profughi ricordanao l'Istria, in: La Repubblica, 20. September 1987.

259 Il monumento della Foiba di Basovizza, auf: Foibe di Basovizza. Monumento nazionale, Trieste (www.foibadibasovizza.it/in-breve.htm).

260 Ballinger, History in Exile, S. 144.

261 Violante: Sulle Foibe congiura del silenzio, in: La Repubblica, 26. August 1996.

262 Alessandro Longo, Chiudiamo le ferite della storia, in: La Repubblica, 15. März 1998.

263 Foibe: Contro Violante un appello per la verità, in: Il Manifesto, 18. März 1998. Vgl. auch Scontro sulle foibe tra storici e Violente, in: La Repubblica, 19. März 1998.

264 Fabio Martini, Il ministro delle comunicazioni: deciderà il CDA, esprimo solo il mio pensiero di telespettatore, in: La Stampa, 18. April 2002.

265 Eine kritische Analyse des Films findet sich in Verginella, Geschichte und Gedächtnis, S. 44-54.

266 Ebda, S. 50.

267 Ebda., S. 54.

268 Franz Haas, Italiens wunde Ostgrenze, in: Neue Zürcher Zeitung, 11. Februar 2005.

269 Ebda.

270 Drago Jancar, Der Verbrecher, mein Nächster, in: Neue Zürcher Zeitung, 25. Februar 2006.

271 Foibe, una Giornata della memoria, in: La Repubblica, 12. Februar 2004.

272 Giorno del Ricordo per le foibe. Approvata la legge, in: La Repubblica, 17. März 2004.

273 Verginella, Geschichte und Gedächtnis, S. 54.

274 A Tivat, sul set di »Il cuore del pozzo, in: Panorama, 22. Juli 2004.

275 Luisa Accati, Opfer und Täter zwischen Gerechtigkeit und Straflosigkeit, in: Dies., Renate Cogoy (Hg.), Das Unheimliche in der Geschichte. Die Foibe. Beiträge zur Psychopathologie historischer Rezeption, Berlin 2007, S. 213.

[276] Francesco Germinario, Da Salò al governo. Immaginario e cultura politica della destra italiana, Turin 2005, S. 133.
[277] Ebda.
[278] Giuseppina Piano, Albertini, appello alla riconciliazione, in: La Repubblica, 11. August 2002; Giovanna Casadio, L'Italia ricorda, la destra si defila, in: La Repubblica, 26. April 2005.
[279] I reduci di Salò contestano la Mussolini, in: La Repubblica, 6. Juni 1996.
[280] Gianluca Luzi, Berlusconi: Festa di pacificazione ma vanno capiti i ragazzi di Salò, in: La Repubblica, 26. April 2008.
[281] Discorso d'insediamento di Luciano Violante alla Presidenza della Camera, 9 maggio 1996, in: Focardi, La guerra della memoria, S. 285f.
[282] Quando fece piangere Tremaglia ..., in: La Repubblica, 25. Juni 1997.
[283] Das vereinbarte Diskussionsthema lautete »Erinnerung in der zeitgenössischen Politik«. Die Positionen und Reaktionen sind dokumentiert in Democrazia e nazione. Dibattito a Trieste tra Luciano Violante e Gianfranco Fini, hg. von Liborio Mattina, Triest 1998.
[284] Ebda, S. 20f.
[285] Ebda, S. 22.
[286] Ebda, S. 24.
[287] Ebda, S. 27.
[288] Rifondazione: foibe, un‹ ignobile revisione, in: La Repubblica, 16. März 1998.
[289] Da nemici a fratelli d'Italia, in: La Repubblica, 12. Oktober 1993.
[290] Dino Messina, Mazzantini e Bentivegna: noi, nemici, con tante cose in comune, in: Corriere della Sera, 16. Mai 1996.
[291] Carlo Mazzantini, Roberto Bentivegna, C'eravamo tanto odiati, hg. von Dino Messina, Mailand 1998.
[292] Violante, Salò e i lager. Non tutti sapevano, in: La Repubblica, 11. Februar 1998.
[293] Ebda.
[294] Scharf gesehen bereits von Mario Pirani, Il 25 aprile di Berlusconi, in: La Repubblica, 18. April 1994.
[295] Sebastiano Messina, Violante: An è ritornato al passato. Le mie parole su Salò sono superate, 27. April 2002.
[296] Luca Fazzo, Aniasi: il mio no alla pacificazione si chiama capitano Finestra, in: La Repubblica, 24. April 2003. Zur Biographie und den Ideen von Ajmone Finestra vgl. Paolo Brogi, Latina: l'uomo dei reparti d'assalto. »Grandi progetti, rilancerò l'economia«, in: Corriere della Sera, 18. November 1997 und Gianfranco Pannones Dokumentarfilm »Latina/Littoria« von 2001.
[297] Simonetta Fiori, Vogliono una rivincita non la pacificazione, in: La Repubblica, 18. Februar 2005.
[298] Enrico Peniati, Tutti uguali? »Questo mai«. Intervista ad Aldo »Iso« Aniasi, ex sindaco di Milano, in: Liberazione, 21. April 1998.
[299] Pietrangelo Buttafuoco, La serena confessione di Norberto Bobbio, in: Il Foglio, 12. November 1999. In leicht abgewandelter Form auch berichtet von Giovanna Vitale, Cantando »Bella ciao« per ricordare il 25 aprile, in: La Repubblica, 26. April 2002.

4. Rechte Erinnerungskultur – ein westeuropäischer Sonderfall

[1] Friederike Hausmann, Kleine Geschichte Italiens von 1945 bis Berlusconi, Berlin 2002, S. 120.
[2] Ebda., S. 119.
[3] Venerabile Italia, in: www.odeontw/int/ricerca/search.asp.
[4] Franca Selvatici, Gelli in tv: Berlusconi può attuare il piano P2, in: La Repubblica, 1. November 2008; Sebastiano Messina, L'ultima beffa del Venerabile Gelli in tv ma solo per un minuto, in: La Repubblica, 4. November 2008. Das in den Printmedien stets nur verkürzt

wieder gegebene Bekenntnis kann man in einem von »YouTube« veröffentlichen Filmsequenz in voller Länge hören.

5 Licio Gelli: »Io in tv? C'è di peggio«. Su Odeon con »Venerabile Italia«, in: Corriere della Sera, 31. Oktober 2008.

6 Thomas Migge, Italienischer Demokratiefeind Licio Gelli mit neuer TV-Karriere, abrufbar unter: www.dradio.de/dlf/kulturheute/870390.

7 Carmelo Lopapa, Gelli, opposizione all'attaco. Berlusconi dica parole chiare, in: La Repubblica, 2. November 2008.

8 Paolo Berizzi, Bande nere. Come vivono, chi sono, chi protegge i nuovi nazifascisti, Mailand 2009, S. 10.

9 Fabrizio Caccia, Svastiche in Curve, i nazi-ultrà di Roma, in: Corriere della Sera, 30. Januar 2006.

10 Näheres dazu in Birgit Schönau, Calcio. Die Italiener und ihr Fussball, Köln 2005; Carlo Bonini, ACAB. All cops are bastards, Turin 2009; Jonas Gabler, Ultrakulturen und Rechtsextremismus. Fussballfans in Deutschland und Italien, Köln 2009. Auf die Bedeutung des Fussballs für den Revisionismus machte mich Andreas Hügi, Politologiestudent an der Universität Luzern, aufmerksam, dem ich dafür herzlich danke.

11 Enrico Currò, Il portiere: rifiuto le leggi razziali, ma c'era l'idea di Patria, in: La Repubblica, 26. September 2008.

12 Kordula Doerfler, Ein Rechtsaussen im Tor, in: Tages-Anzeiger, 2. Oktober 2008.

13 Birgit Schönau, Tore für den Duce, in: Die Zeit, 17. Februar 2005 und Andreas Hügi, Mussolinis langer Schatten. Die Irriducibili von Lazio Rom. Seminararbeit an der Universität Luzern, Luzern 2008, S. 21ff..

14 Paolo Di Canio, Gabriele Marcotti, L'autobiografia, Mailand 2001, S. 206. Mehr zu seinen politischen Überzeugungen auch in Paolo Di Canio, Elisabetta Esposito, Il ritorno. Un anno vissutto pericolosamente, Mailand 2005.

15 Kordula Doerfler, Ein Rechtsaussen im Tor, in: Tages-Anzeiger, 2. Oktober 2008.

16 Wenn Fussballer Extremisten sind, in: Wiener Zeitung, 29. September 2008.

17 Julius Müller-Meiningen, Mussolini im Wohnzimmer. Rechte Ideologie durchsetzt den italienischen Fussball, in: Berliner Zeitung, 14. Oktober 2008.

18 Ebda. und Corrado Zunino, Quel fascino per la camicia nera che cresce nel mondo del calcio, in: La Repubblica, 1. Oktober 2008.

19 Matthias Klappenbach, Der Kapitän und der Faschismus, in: Tagesspiegel, 1. Oktober 2008.

20 Hügi, Mussolinis langer Schatten, S. 22.

21 Barbara Jerkov, Ma la fiamma non si tocca è il nostro legame con il MSI, in: La Repubblica, 25. November 2003.

22 Dominik Bauer, »Die Schwuchteln sind in der Mehrheit«, in: Spiegel online, 13. Oktober 2004, in: www.spiegel.de/politik/ausland/0,1518,322950,00.html.

23 Stefan Ulrich, Mussolinis Schatten, in: Süddeutsche Zeitung, 10. September 2008.

24 Ebda.

25 Berlusconi-Parteifreund bekennt sich zum Faschismus, in: Spiegel online, 11. März 2008; Berlusconi stützt Faschisten, in: Süddeutsche Zeitung, 11. März 2008.

26 Carmelo Lopapa, Dell'Utri: Mussolini fu troppo buono. I ragazzi di Salò partigiani di destra, in: La Repubblica, 5. Mai 2009.

27 Ex-Pius-Bruder macht Faschistengruss, 5. März 2009 in: www.netzeitung.de/politik/ausland/1292038.html.

28 Antonello Caporale, Il video che imbarazza la Brambilla, in: La Repubblica, 17. Juni 2009

29 Enrico Bonerandi, La Brambilla: »Io fascista? Quel braccio teso era un saluto alla folla«, in: La Repubblica, 18. Juni 2009.

30 NDR feuert Eva Hermann, in: Süddeutsche Zeitung, 9. September 2007.

31 Auf derselben Linie argumentieren Jens Renner, Der neue Marsch auf Rom. Berlusconi und seine Vorläufer, Zürich 2002; Gerhard Feldbauer, Marsch auf Rom. Faschismus und Antifaschismus in Italien – von Mussolini bis Berlusconi und Fini, Köln 2002.

32 Intervento dell'on. Aldo Aniasi al convegno della Fondazione Pietro Nenni sul tema: »Il cosidetto revisionismo«, abrufbar auf www.ossimoro.it/resistenza3.htm.

33 Umberto Eco, Wem schlägt die Stunde? Appell zu einem moralischen Referendum, in: Susanne Schüssler (Hg.), Berlusconis Italien – Italien gegen Berlusconi, Berlin 2003[3], S. 43 u. 45.

34 Laura Laurenzi, L'Italia di Berlusconi, la peggiora mai vista, in: La Repubblica, 26. März 2001.

35 Ausführlich dazu Marco Travaglio, Montanelli e il Cavaliere. Storia di un grande e di un piccolo uomo. Prefazione di Enzo Biagi, Mailand 2007[2], S. 361-413.

36 Aldo Cazzullo, Parla l'ex ministro: La nostra vittoria sarà una vittoria epocale, ripeteremo il 48«, in: La Stampa, 22. Dezember 2000.

37 Umberto Rosso, Previti: faremo piazza pulita. E riesplode lo scontro tra i Poli, in: La Repubblica, 23. Dezember 2000. Vgl. zu seiner Haltung zu Faschismus und MSI insbesondere Barbara Palombelli, Previti il Ballila. »Avevo 8 anni e Mussolini ...«, in: La Repubblica, 11. Juni 1994.

38 Alessandra Longo, Montanelli, sfida in diretta tv. È la destra del manganello, in: La Repubblica, 24. März 2001.

39 Aldo Cazzullo, Parla l'ex ministro: La nostra vittoria sarà una vittoria epocale, ripeteremo il 48«, in: La Stampa, 22. Dezember 2000.

40 Daniela Kuhn, Oliver Meiler, Der Geist aus der Flasche, in: Tages-Anzeiger, 20. November 2002. Eine von besorgten Bürgern eingereichte Strafanzeige wegen »Verharmlosung des Faschismus« bezeichnete das zuständige Gericht als »blödsinnig« und »unnötig zeitraubend«. Das Verfahren wurde gar nicht erst eröffnet.

41 Aram Mattioli, Die Legende vom gutartigen Faschisten, in: Süddeutsche Zeitung, 30. März 2007.

42 Latina torna al passato e risorge Littoria, in: La Repubblica, 4. Dezember 1996; Maria Rosaria Spadaccino, Latina o Littoria? E alla fine del dibattito la città restò senza nome, in: Corriere della Sera, 10. Mai 2005.

43 Andrew Gumbel, Italy relives its old battles with new war of the street signs, in: The Independent, 8. Dezember 1996.

44 Vgl. die verräterische Filmsequenz in Gianfranco Pannone, Latina/Littoria. Dokumentarfilm, Italien / Frankreich 2001.

45 Maria Annunziata Zegarelli, Sul municipio rispunta la targa del Duce, in: L'Unità, 27. Oktober 2001.

46 Piscina alla memoria del gerarco aquilano, in: La Repubblica, 19. Dezember 2000.

47 Fini contestato da Forza Nuova, in: La Repubblica, 21. Januar 2001.

48 Guido Caldiron, Lessico postfascista. Parole e politiche della destra al potere, Rom 2002, S. 144.

49 Marco Gasperetti, »Qui fu ospite Mussolini«: una targa divide Lunigiana, in: Corriere della Sera, 24. Dezember 2008.

50 Angelo Del Boca, Un bilancio deprimente di violenze fasciste e razziste, in: Studi Piacentini, Nr. 33, 2003, S. 21.

51 Vgl. zum Beispiel Carla Forti, Dopoguerra in provincia. Microstorie pisane e lucchesi 1944-1948, Mailand 2007, S. 206ff.

52 Eine Zusammenstellung findet sich in Paolo Mieli, Ma quando finiranno le baruffe toponomastiche?, in: Corriere della Sera, 6. Oktober 2002.

53 Einen guten Überblick gibt Michele Sartori, Italia, torna il fascismo, in: L'Unità, 27. Oktober 2001.

54 Alessandra Longo, E alla fine Rutelli cede su via Bottai, in: La Repubblica, 19. September 1995.

55 Franz Haas, Neue Besen für Italien, in: Neue Zürcher Zeitung, 30. Juni 2008.

56 Giovanni Belardelli, Strade intestate a Mussolini, è la destra che dovrebbe scandalizzarsi, in: Corriere della Sera, 24. November 2001.

57 ANPI, Comitato Provinciale di Catania: NO alla via Almirante a Catania, in: www.anpi.it/home_catania9.htm.

58 Alessandro Capponi, Rieti, una via per Pavolini. »Gerarca? No, intellettuale«, in: Corriere della Sera, 23. Oktober 2006.

59 Elke Schmitter, Allianz der Spurenverwischer, in: Der Spiegel, 17. Juni 2002.

60 Näheres zum Triester Revisionismus und seinen Protagonisten bei Caldiron, Lessico postfascista, S. 144f.

61 Alessandra Longo, Trieste, è polemica su via Granbassi, in: La Repubblica, 9. Dezember 2008. Die vulgäre, von den Faschisten oft verwendete Wendung »me ne frego« bedeutet »ich schere mich einen Teufel darum«, »ich pfeife darauf«, »das geht mich einen Dreck an«.

62 Piazza Italo Balbo: il figlio, il Times, i ds e il busto dimenticato, in: Corriere della Sera, 4. August 2002.

63 Gregory Alegi, Italo Balbo, in: Victoria de Grazia, Sergio Luzzatto (Hg.), Dizionario del fascismo, Bd. 1, Turin 2002, S. 132-135.

64 Guidonia sfratta Gramsci dallo stradario, in: Corriere della Sera, 29. Mai 2003.

65 Comiso, il sindaco cancella Pio La Torre è polemica sul nome dell'aeroporto, in: La Repubblica, 28. August 2008; Comiso cancella La Torre. Pd e Cgil contro il sindaco, in: La Repubblica, 3. September 2008.

66 Näheres zu diesem Thema in Angelo Del Boca (Hg.), I gas di Mussolini. Il fascismo e la guerra d'Etiopia, Rom 1996; Aram Mattioli, Der italienische Giftgaseinsatz in Abessinien 1935-1936, in: Vierteljahrshefte für Zeitgeschichte 51 (2003), S. 311-337.

67 Comiso, l'aeroporto cambia nome. »La Torre non gradito ai cittadini«, in: La Repubbblica, 27. August 2008.

68 Antonella Romano, La Torre riporta in piazza duemila persone, in: La Repubblica, 12. Oktober 2008.

69 Antonella Romano, Napolitano in campo: Comiso resti intitolato a La Torre, in: La Repubblica, 12. Oktober 2008.

70 Nicola Tranfaglia, Il revisionismo delle »strade«, in: www.nicolatranfaglia.com/blog/2008/10/28/il-revisionismo-delle-strade.

71 Sandra Setta, Giorgio Almirante, in: de Grazia, Luzzatto, Dizionario, Bd. 1, S. 39f.

72 Paolo Brogi, Fini: Almirante fu razzista ma poi diventò padre della patria, in: Corriere della Sera, 29. Mai 2009.

73 Silvano Trevisani, E la destra si appropriò del capittelo, in: La Repubblica, 8. Juni 2002.

74 Andrea Senesi, »Dopo Craxi una via anche per Almirante«, in: Corriere della Sera, 1. Oktober 2008.

75 AN celebra Almirante: »Un esempio da seguire«, in: www.deportati.it/cntDefault.prn.asp?idcontent=1846.

76 Martin Zöller, Rom will Strasse nach Neofaschist benennen, in: Welt online, 30. Mai 2008.

77 Alemanno da sindaco ad Acca Larentia. »Una via ai martiri msi«. Scoppia la polemica, in: La Repubblica, 8. Januar 2009.

78 Dirk Schümer, Späte Gerechtigkeit für einen Rassisten? In: FAZ.net, 13. Juni 2008.

79 Paolo Russo, E l'Ateneo cambia nome da Mussolini ad Aldo Moro, in: La Repubblica, 20. März 2008; Ders., L'università di Mussolini, in: La Repubblica, 18. April 2008; Ders., Ateneo dedicato a Moro, a Bari è guerra fra docenti, in: La Repubblica, 18. April 2008; Ders., Voto a larga maggioranza, ma dal titolo sparisce ›del Levante‹, in: La Repubblica, 8. Mai 2008.

80 Klaus Bergmann, Gedenktage, Gedenkjahre und historische Vernunft, in: Geschichte lernen 9 (1996), S. 11-20.

81 Näheres dazu in Maurizio Ridolfi, Le feste nazionali, Bologna 2003.

82 Patrizio Mirra, Il 25 aprile e la »seconda« Repubblica italiana: La festa della Liberazione a metà degli anni '90, Mailand 2005 (www.brianzapopolare.it/sezioni/storia/20051020.

83 Rodolfo Sala, 25 aprile, centomila a Milano. Prodi: festa di tutto il Paese, in: La Repubblica, 26. April 2006.

84 Filippo Focardi, La guerra della memoria. La Resisatenza nel dibattito politico italiano dal 1945 a oggi, Rom, Bari 2005, S. 110.

85 Onna: discorso del presidente del Consiglio Silvio Berlusconi in occasione dell'anniversario della festa della Liberazione, 25 aprile 2009, in: www.governo.it/Presidente/Interventi/testo-int.asp?d=44680.

86 Angelo Del Boca, La verità è sgradita ai partiti della maggioranza, in: Studi Piacentini, Nr. 34, 2004, S. 257.

87 Vgl. Alberto Buvoli, Foibe e deportazioni. Per ristabilire la verità storica, Tiest 1998; Raoul Pupo, Roberto Spazzali, Foibe, Mailand 2003; Guido Crainz, Il dolore e l'esilio. L'Istria e le memorie divise d'Europa, Rom 2005; Gianni Oliva, Profughi. Dalle foibe all'esodo: la tragedia degli italiani d'Istria, Fiume e Dalmazia, Mailand 2005; Raoul Pupo, Il lungo esodo. Istria: le persecuzioni, le foibe, l'esilio, Mailand 2005; Giacomo Scotti, Dossier Foibe, San Cesario 2005.

88 Die Abgeordnetenkammer stimmte dem vom Triester AN-Politiker Roberto Menia eingebrachten Gesetzesentwurf im Februar 2004 mit 502 Ja gegen 15 Nein bei 4 Enthaltungen überraschend deutlich zu.

89 Silvio Berlusconi, Decennale della caduta del muro di Berlino, in: Ders., L'Italia che ho in mente, Mailand 2000, S. 71.

90 Lavinia Rivara, La Cdl vuole il giorno della libertà. Dopo Salò ora e scontro sul Muro, in: La Repubblica, 16. März 2005.

91 Una giornata ricorda il Muro, in: La Repubblica, 7. April 2005.

92 Il 9 novembre sarà la »giornata della libertà«, in: Corriere della Sera, 6. April 2005.

93 Parlamento italiano, Legge 15 aprile 2005, n. 61: Istituzione del »Giorno della libertà« in data 9 novembre in ricordo dell'abbattimento del muro di Berlino, Artikel 1.

94 Ebda.

95 Il 9 novembre sarà la »giornata della libertà«, in: Corriere della Sera, 6. April 2005.

96 Il 9 Novembre »Giorno della Libertà« grazie a Forza Italia, in: www.seniores.it/main.htm.

97 Un altra iniziativa anticomunista: »il giorno della libertà«, in: www.pmli.it/approvatocameragiornoliberta.htm.

98 Lavinia Rivara, La Cdl vuole il giorno della libertà. Dopo Salò ora e scontro sul Muro, in: La Repubblica, 16. März 2005.

99 Vgl. Giorgio Bocca, Salò. La riabilitazione impossibile, in: La Repubblica, 18. Februar 2005; Thomas Radigk, Radikale Rechtssprechung. Neues Gesetz macht Mussolinis »Ragazzi von Salò« posthum zu Helden, in: www.3sat.de/kulturzeit/themen/78639/index.html.

100 Eine Auswahl von Ciampis Reden findet sich in: Focardi, La guerra della memoria, S. 318ff.

101 Camera dei Deputati, Proposta di legge, 23 giugno 2008, n. 1360, in: www.anpi.it/revis/ddl_1360.pdf.

102 Giorgio Bocca, Perché non possiamo rivalutare Salò, in: La Repubblica, 14. Januar 2009.

103 Messagio del Presidente Oscar Luigi Scalfaro, 13. gennaio 2009, in: www.anpi-anppia-bo.it/no-al-ddl-1360.html.

104 Messagio di Carlo Azeglio Ciampi, in: www.anpi-anppia-bo.it/no-al-ddl-1360.html.

105 Intervista a Giuliano Vassalli, presidente emerito della Corte Costituzionale, in: www.uonna.it/faschisti-pensionati-di-stato-1.htm. Vgl. Michele Serra, L'Amaca, in: La Repubblica, 9. Januar 2009.

106 Aram Mattioli, Die vergessenen Kolonialverbrechen des faschistischen Italien in Libyen 1923-1933, in: Fritz Bauer Institut (Hg.), Völkermord und Kriegsverbrechen in der ersten Hälfte des 20. Jahrhundert, Frankfurt am Main 2004, S. 203-226.

107 Arturo Varvelli, L'espulsione degli italiani dalla Libia nel 1970, in: I sentieri della ricerca. Rivista di storia contemporanea, No. 5, giugno 2007, S. 179-227 und Ders., L'Italia e l'ascesa di Gheddafi. La cacciata degli italiani e il petrolio (1969-1974), Mailand 2009.

108 Alberto Flores d'Arcais, Vincenzo Nigro, La pace tra Italia e Libia. Gheddafi possiamo fidarci, in: La Repubblica, 9. Juli 1998.

109 Roman Arens, Mit der Venus von Kyrene zu Besuch bei Oberst Gaddhafi, in: Basler Zeitung, 29. Oktober 2002.

110 Ghadhafi fordert von Italien Wiedergutmachung, in: Neue Zürcher Zeitung, 9. Oktober 2003.

111 Stefan Ulrich, Der Drecksarbeiter, in: Süddeutsche Zeitung, 4. Mai 2008. Stefan Ulrich beschreibt Roberto Calderoli als »verbalen Gassenhauer« und »ausgewiesenes Schandmaul der italienischen Politik«, der selbst vor rassistischen Attacken nicht zurückschrecke. Nach Italiens WM-Sieg von 2006 mutmasste der Lega Nord-Politiker, Frankreich habe das Endspiel verloren, weil es ohne eigene Identität spielte, da es »Neger, Muslime und Kommunisten« auflaufen liess. Italien dagegen sei mit einer Mannschaft angetreten, die sich

»aus Lombarden, Kampaniern, Venetiern und Kalabresen zusammensetzt«. Vgl. Italienischer Ex-Minister beleidigt französische WM-Elf, 11. Juli 2006, in: www.spiegel.de/politik/ausland/0,1518,426147,00.html.

112 Maurizio Caprara, Gheddafi attacca Calderoli: »Ministro fascista«, in: Corriere della Sera, 4. März 2006.

113 Alessandra Mussolini, in: La Repubblica, 4. März 2006.

114 Claudia Fusani, Gheddafi offre la tregua all'Italia, in: La Repubblica, 7. März 2006.

115 Julius Müller-Meiningen, Sühne für die Verbrechen der Kolonialzeit, in: Süddeutsche Zeitung, 1. September 2008.

116 Birgit Schönau, Das Meer, ein Massengrab, in: Die Zeit, 2. April 2009.

117 Julius Müller-Meiningen, Sühne für die Verbrechen der Kolonialzeit, in: Süddeutsche Zeitung, 1. September 2008.

118 Stefan Ulrich, »Führer von grosser Weisheit«, in: Süddeutsche Zeitung, 12. Juni 2009.

119 Gaddafi fordert weibliche Revolution, in: Frankfurter Allgemeine Zeitung, 13. Juni 2009.

5. Italiens Erinnerungskultur – ein westeuropäischer Sonderfall

1 Tagungen des Instituts: Die »Achse« im Krieg. Protokoll einer Podiumsdiskussion zur Erinnerungskultur und Geschichtspolitik in Italien und Deutschland, in: Quellen und Forschungen aus italienischen Archiven und Bibliotheken 86 (2006), S. 656ff. Die Podiumsdiskussion fand am Sitz des Deutschen Historischen Instituts statt und war die Abschlussveranstaltung einer Tagung, die sich mit den Achsenpartnern Deutschland und Italien beschäftigte.

2 Ebda., S. 662.

3 Ebda., S. 664.

4 Filippo Focardi, La guerra della memoria. La Resistenza nel dibattito politico italiano dal 1945 a oggi, Rom, Bari 2005, S.

5 Massimo Giannini, Lo statista. Il ventennio berlusconiano tra fascismo e populismo, Mailand 2009[3], S. 193ff.

6 Birgit Schönau, Dschungelcamp Italien, in: Die Zeit, 12. März 2009.

7 Sergio Luzzatto, La crisi dell'antifascismo, Turin 2004, S. 84.

8 Oliver Meiler, Eine Geschichtslektion für den »Kabarettisten« Silvio Berlusconi, in: Tages-Anzeiger, 13. September 2003.

9 Wolfgang Schieder, Faschismus, in: Richard van Dülmen (Hg.), Fischer Lexikon Geschichte, Frankfurt am Main 2003, S. 206.

10 Vgl. Anthony Beevor, Der Spanische Bürgerkrieg, München 2006, S. 418f.

11 Eintrag vom 20. März 1938, in: Galeazzo Ciano, Diario 1937-1943, hg. von Renzo De Felice, Mailand 2000, S. 115.

12 Giannini, Lo statista, S. 26.

13 Birgit Schönau, Rechte Freunde, in: Die Zeit, 23. März 2006.

14 Vgl. zum Beispiel Alessandra Longo, E il camerata pugliese disse è Silvio il nostro Fuhrer, in: La Repubblica, 1. April 2007.

15 Paul Ginsborg, Berlusconi. Politisches Modell der Zukunft oder italienischer Sonderweg?, Berlin 2005, S. 116ff. Freilich bedeutet dies nicht, dass sich zwischen Berlusconi und Mussolini nicht auch Gemeinsamkeiten in Habitus, Selbstdarstellung und Regierungsstil finden liessen. Vgl. Giannini, Lo statista und Marco Belpoliti, Il corpo del capo, Parma 2009.

16 Alexander Stille, Citizen Berlusconi, München 2006, S. 68. Alexander Stille spricht dem »Cavaliere« gar eine »extreme Skrupellosigkeit« zu.

17 Guido Caldiron, Lessico postfascista. Parole e politiche della destra al potere, Rom 2002, S. 150.

18 Näheres dazu in einer internationalen Perspektive bei Ekkehard Völkl, Abrechnungsfuror in Kroatien, in: Klaus-Dietmar Henke, Hans Woller (Hg.), Politische Säuberung in Euro-

pa. Die Abrechnung mit Faschismus und Kollaboration nach dem Zweiten Weltkrieg, München 1991, S. 358-394.

19 Die Wunde von Sant'Anna, in: Süddeutsche Zeitung, 6. Oktober 2008.

20 Legge contro i manuali di storia faziosi, in: La Repubblica, 11. September 2002.

21 Marina Cavallieri, La rivolta degli storici. Niente leggi sui testi, in: La Repubblica, 12. September 2002.

22 Vgl. zum ganzen Problem Gabriele Turi, Una storia italiana, in: Passato e presente XXI (2003), S. 89-98.

23 Silvio Buzzanca, Libri di storia, il governo frena ma la maggioranza è divisa, in: La Repubblica, 13. Dezember 2002.

24 Jerzy W. Borejsza, Schulen des Hasses. Faschistische Systeme in Europa, Frankfurt am Main 1999, S. 14.

25 Filippo Focardi, Die Unsitte des Vergleichs. Die Rezeption von Faschismus und Nationalsozialismus in Italien und die Schwierigkeiten, sich der eigenen Vergangenheit zu stellen, in: Gian Enrico Rusconi, Hans Woller (Hg.), Parallele Geschichte? Italien und Deutschland 1945-2000, Berlin 2006, S. 108.

26 Miriam Mafai, Caso Gramazio. Il revisionismo e la Memoria, in: La Repubblica, 27. Januar 2005.

27 Roberto Chiarini, 25 aprile. La competizione politica sulla memoria, Venedig 2005, S. 13.

28 Francesco Germinario, L'altra memoria. L'estrema destra, Salò e la resistenza, Turin 1999.

29 Cristina Baldassini, L'ombra di Mussolini. L'Italia moderata e la memoria del fascismo (1945-1960), Soveria Mannelli 2008.

30 Filippo Focardi, Die Unsitte des Vergleichs. Die Rezeption von Faschismus und Nationalsozialismus in Italien und die Schwierigkeiten, sich der eigenen Vergangenheit zu stellen, in: Rusconi, Woller, Parallele Geschichte?, S. 130.

31 Nicola Gallerano, La verità della storia. Scritti sull'uso pubblico del passato, Rom 1999, S. 90f.

32 Ebda., S. 91.

33 Ausführlich dazu Dirk Feustel, One Man Show. Silvio Berlusconi und die Medien, Marburg 2007.

34 Marco Travaglio, Montanelli e il cavaliere. Storio di un grande e di un piccolo uomo. Prefazione di Enzo Biagi, Mailand 2007², S. 387ff.; Feustel, One Man Show, S. 80f.

35 Heiner Hug, Ein Nasenstüber – mehr nicht. Trotz Skandalen – Berlusconi verliert nur wenig, 12. Juni 2009, in: www.seniorweb.ch.

36 Der Tendenz nach nicht falsch, aber letztlich wohl doch zu pointiert sprach Umberto Eco in diesem Kontext von »TV-Regime« und »Telekratie«, in der politische Entscheidungen nicht mehr im Parlament diskutiert, sondern in der Talkshow präsentiert werden. Vgl. Umberto Eco, Wie funktioniert ein TV-Regime?, in: Cicero, Mai 2005.

37 Bruno Vespa betätigt sich auch als Autor von historischen Sachbüchern, die von dem Berlusconi gehörenden »Mondadori«-Verlag gross herausgebracht werden. Im Bestseller »Vincitori e vinti. Le stagioni dell'odio. Dalle leggi razziali a Prodi e Berlusconi« (Mailand 2005), aber auch in anderen Werken legte er seine eher rechte Sicht der italienischen Zeitgeschichte dar.

38 »Badoglio, ma chi era costui?«, in: Corriere della Sera, 8. April 1994.

39 Jens Petersen, Mythos Resistenza, in: Zibaldone. Zeitschrift für italienische Kultur der Gegenwart, Mai 1995, S. 14.

40 Luzzatto, La crisi dell'antifascismo, S. 47.

41 »Badoglio, ma chi era costui?«, in: Corriere della Sera, 8. April 1994.

42 Richard J.B. Bosworth, The Italian Dictatorship. Problems and Perspectives in the Interpretation of Mussolini and Fascism, London 1998; Zur Neubewertung des italienischen Faschismus. Enzo Collotti im Gespräch mit Lutz Klinkhammer, in: Geschichte und Gesellschaft 26 (2000), S. 285-306.

43 Elazar Barkan, Völker klagen an. Eine neue internationale Moral, Düsseldorf 2002.

44 Vgl. Daniel Levy, Natan Sznaider, Erinnerung im globalen Zeitalter: Der Holocaust, Frankfurt am Main 2001 sowie Harald Welzer (Hg.), Der Krieg der Erinnerung. Holo-

caust, Kollaboration und Widerstand im europäischen Gedächtnis, Frankfurt am Main 2007.

45 Tony Judt, Geschichte Europas von 1945 bis zur Gegenwart, München, Wien 2006, S. 939.

46 Sergio Luzzatto, Il Duce: Das Leben nach dem Tod, Frankfurt am Main 2008, S. 107.

47 Dieter Langewiesche, Unschuldige Mythen. Gründungsmythen und Nationsbildung in Europa im 19. und 20. Jahrhundert, in: Kerstin von Lingen (Hg.), Kriegserfahrung und nationale Identität in Europa nach 1945, Paderborn, München 2009, S. 35. Das Geschäft von nationalen Gründungsmythen besteht nach Dieter Langewiesche darin, Einheit zu stiften, also über Lager- und Milieugrenzen hin integrierend zu wirken.

48 Holger Afflerbach, Christoph Cornelissen (Hg.), Sieger und Besiegte, Materielle und ideelle Neuorientierungen nach 1945, Tübingen, Basel 1997; Petra Bock, Edgar Wolfrum (Hg.), Umkämpfte Vergangenheit. Geschichtsbilder, Erinnerung und Vergangenheitspolitik im internationalen Vergleich, Göttingen 1999; Jan-Werner Müller (Hg.), Memory and Past in Post-War Europe. Studies in the Presence of the Past, Cambridge 2002; Martin Sabrow, Ralph Jessen, Klaus Grosse Kracht (Hg.), Zeitgeschichte als Streitgeschichte. Grosse Kontroversen nach 1945, München 2003; S. 264-368; Jürgen Zimmerer (Hg.), Verschweigen – Erinnern – Bewältigen. Vergangenheitspolitik nach 1945 in globaler Perspektive (= Comparativ 14), Leipzig 2004; von Lingen, Kriegserfahrung und Katrin Hammerstein, Ulrich Mählert, Julie Trappe, Edgar Wolfrum (Hg.), Aufarbeitung der Diktatur – Diktat der Aufarbeitung? Normierungsprozesse beim Umgang mit diktatorischer Vergangenheit, Göttingen 2009.

49 Sabine Loitfellner, Hitlers erstes oder letztes Opfer? Zwischen »Anschluss« und Auschwitzprozess. Zum Umgang Österreichs mit seiner NS-Vergangenheit, in: von Lingen, Kriegserfahrung, S. 166.

50 Christiane Kohser-Spohn, France, 1945: vers une société nouvelle. Mythe, justice, histoire, in: von Lingen, Kriegserfahrung, S. 388.

51 Vgl. Unabhängige Expertenkommission Schweiz – Zweiter Weltkrieg (Hg.), Die Schweiz und die Flüchtlinge zur Zeit des Nationalsozialismus, Zürich 2001 und Thomas Maissen, Verweigerte Erinnerung. Nachrichtenlose Vermögen und die Schweizer Weltkriegsdebatte 1989-2004, Zürich 2005 und Ders., Aktivdienst, Wirtschaftsbeziehungen, Holocaust: Etappen der schweizerischen Erinnerungskultur nach 1945, in: von Lingen, Kriegserfahrung, S. 225-245.

52 Sonja Margolina, Stalin und gemischte Gefühle, in: Neue Zürcher Zeitung, 2. April 2007.

53 Vgl. Walther L. Bernecker, Sören Brinkmann, Kampf der Erinnerungen. Der Spanische Bürgerkrieg in Politik und Gesellschaft 1936-2006, Nettersheim 2007; Sören Brinkmann, Der Fall Spanien. Soziale und nationale Identitäten in der Erinnerung an den Bürgerkrieg, in: von Lingen, Kriegserfahrung, S. 425-439 und Xosé-Manoel Nunez, Zwischen Gedächtnis und Politik. Die spanische Zivilgesellschaft und die Aufarbeitung der franquistischen Diktatur, in: Hammerstein, Mählert, Trappe, Wolfrum, Aufarbeitung der Diktatur, S. 160-174.

54 Pgp, Franco-frei, in: Neue Zürcher Zeitung, 19. Dezember 2008.

55 Bernecker, Brinkmann, Kampf der Erinnerungen, S. 14.

56 Stille, Citizen Berlusconi, S. 20.

QUELLEN- UND LITERATURVERZEICHNIS

A. QUELLENVERZEICHNIS

Schlüsseltexte der Erinnerungsdebatten

Hannah Arendt, Eichmann in Jerusalem. Ein Bericht von der Banalität des Bösen, München 1965[2]

Hannah Arendt, Elemente und Ursprünge totaler Herrschaft. Antisemitismus, Imperialismus, Totalitarismus, München 2000[7]

Silvio Berlusconi, Decennale della caduta del muro di Berlino. Roma, 9 novembre 1999, in: Ders., L'Italia che ho in mente. Prefazione di Paolo Guzzanti, Mailand 2000[5], S. 71-98

Silvio Berlusconi, L'anticomunismo è un dovero morale della memoria. Rimini, 24 agosto 2000, in: Ders., La forza di un sogno. Introduzione di Sandro Bondi, Mailand 2004, S. 33-64

Camera dei Deputati (Hg.), La legislazione antiebraica in Italia e in Europa. Atti del Convegno nel cinquantenario delle leggi razziali (Roma, 17-18 ottobre 1988), Rom 1989

Nicola Caracciolo, Tutti gli uomini del Duce, Mailand 1982

Nicola Caracciolo, Gli ebrei e l'Italia durante la guerra 1940-45, Rom 1986

Daniel Carpi, Between Mussolini and Hitler. The Jews and the Italian Authorities in France and Tunesia, Hanover (New Hampshire) 1994

Centro Furio Jesi (Hg.), La menzogna della razza. Documenti e immagni del razzismo e dell'antisemitismo fascista, Bologna 1994

Enrico Deaglio, La banalità del bene. Storia di Giorgio Perlasca, Mailand 1991 (Deutsche Übertragung: Die Banalität des Guten. Die Geschichte des Hochstaplers Giorgio Perlasca, der 5200 Juden das Leben rettete, Frankfurt am Main 1994)

Renzo De Felice, Intervista sul fascismo, hg. von Michael A. Ledeen, Mailand 1997[10]

Renzo De Felice, Rosso e nero, hg. von Pasquale Chessa, Mailand 1995

Angelo Del Boca, Italiani, brava gente? Un mito duro a morire, Vicenza 2005

Democrazia e nazione. Dibattito a Trieste tra Luciano Violante e Gianfranco Fini, hg. von Liborio Mattina, Triest 1998

Documenti, in: Filippo Focardi, La guerra della memoria. La Resistenza nel dibattito politico italiano dal 1945 a oggi, Rom, Bari 2005, S. 115-344

Il fascismo e gli storici oggi, hg. von Jader Jacobelli, Rom, Bari 1988

Ernesto Galli della Loggia, La morte della patria. La crisi dell'idea di nazione tra Resistenza, antifascismo e Repubblica, Rom, Bari 1996

Ernesto Galli della Loggia, L'identità italiana, Bologna 1998

Il libro nero del comunismo. Crimini, terrore, repressioni, hg. von Stéphane Courtois, Mailand 1998

Rosetta Loy, La parola ebreo, Turin 1997 (Deutsche Übertragung: Via Flaminia 21. Meine Kindheit im faschistischen Italien, München, Zürich 1998)

Carlo Mazzantini, Roberto Bentivegna, C'eravamo tanto odiati, hg. von Dino Messina, Mailand 1998

Indro Montanelli, Le stanze. Dialoghi con gli italiani, Mailand 1998

Indro Montanelli, Le nuove stanze, Mailand 2001

Giampaolo Pansa, I figli dell'aquila, Mailand 2002

Giampaolo Pansa, Il sangue dei vinti. Quelle che accade in Italia dopo il 25 aprile, Mailand 2003

Giampaolo Pansa, Sconosciuto 1945, Mailand 2005
Giampaolo Pansa, La grande bugia, Mailand 2006
Giampaolo Pansa, I gendarmi della memoria. Chi imprigiona la verità sulla Guerra civile, Mailand 2007
Claudio Pavone, Una guerra civile. Saggio storico sulla moralità nella Resistenza, Turin 1991
Arrigo Petacco, Mussolini ritrovato. Storia di una collezione proibita, Bologna 2009
Liliana Picciotto Fargion, Il libro della memoria. Gli ebrei deportati dall'Italia (1943-1945), Mailand 1991
Giorgio Pisanò, Paolo Pisanò, Il triangolo della morte. La politica della strage in Emilia durante e dopo la guerra civile, Mailand 1992
Jonathan Steinberg, Deutsche, Italiener und Juden. Der italienische Widerstand gegen den Holocaust, Göttingen 1992
Bruno Vespa, Vincitori e vinti. Le stagioni dell'odio. Dalle leggi razziali a Prodi e Berlusconi, Mailand 2005
Roberto Vivarelli, La fine di una stagione. Memoria 1943-1945, Bologna 2000
Klaus Voigt, Villa Emma. Jüdische Kinder auf der Flucht 1940-1945, Berlin 2002

Filmschaffen

Alberto Negrin, Io e il Duce. Rai-Dokumentation, Italien / Schweiz / USA 1985
Giuliano Montaldo, Gli occhiali d'oro. Spielfilm, Frankreich / Italien 1987
Ken Kirby, Fascist Legacy. BBC-Dokumentation, Grossbritannien 1989
Giuliano Montaldo, Tempo di uccidere. Spielfilm, Italien / Frankreich 1989
Gianni Amelio, Porte aperte. Spielfilm, Italien 1990
Giovanni Minoli, Omaggio a Giorgio Perlasca. Rai-Dokumentation, Italien 1990
Gabriele Salvatores, Mediterraneo, Spielfilm, Italien 1991
Nicola Caracciolo, Emanuele Valerio Marino, I 600 giorni di Salò. Rai-Dokumentation, Italien 1991
Massimo Sani, La fame e il dolore. Rai-Dokumentation, Italien 1993
Leonardo Valente, Roberto Olla, Combat Film. Rai-Dokumentation, Italien 1994
Gianni Amelio, Lamerica. Spielfilm, Italien 1994
Renzo Martinelli, Porzûs. Spielfilm, Italien 1997
Nicola Carraciolo, Galeazzo Ciano – una tragedia fascista. Rai-Dokumentation, Italien 1997
Roberto Benigni, La vita è bella. Spielfilm, Italien 1997
Daniele Luchetti, I piccoli maestri. Spielfilm, Italien 1998
Piero Vivarelli, Storia della Decima Mas. Rai-Dokumentation, Italien 1998
Franco Zeffirelli, Tea with Mussolini. Spielfilm, Grossbritannien / Italien 1999
Giuseppe Tornatore, Malena. Spielfilm, Italien 2000
Guido Chiesa, Il partigiano Johnny. Spielfilm, Italien 2000
Ettore Scola, Concorrenza sleale. Spielfilm, Italien / Frankreich 2001
Gianfranco Pannone, Latina/Littoria. Dokumentarfilm, Italien / Frankreich 2001
John Madden, Corellis Mandoline. Spielfilm, Grossbritannien / Frankreich / USA 2001
Claver Salizzato, Giorni dell'amore e dell'odio – Cefalonia. Spielfilm, Italien 2001
Fabrizio Costa, Senza Confini. Fernsehfilm, Italien 2001
Alberto Negrin, Perlasca – un eroe italiano. Fernsehfilm, Italien 2002
Enzo Monteleone, El Alamein. La linea del fuoco. Spielfilm, Italien 2002
Carlo Lizzani, Maria José – l'ultima regina. Fernsehfilm, Italien 2002
Leone Pompucci, La fuga degli innocenti. Fernsehfilm, Italien 2004
Riccardo Milani, Cefalonia. Fernsehfilm, Italien 2005
Alberto Negrin, Il cuore nel pozzo. Fernsehfilm, Italien 2005
Giorgio Capitani, Edda Ciano Mussolini. Fernsehfilm, Italien 2005

Fabrizio Laurenti, Gianfranco Norelli, Il segreto di Mussolini. Rai-Dokumentation, Italien 2005
Corrado Guzzanti, Igor Skotic, Fascisti su Marte. Filmsatire, Italien 2006
Carlo Lizzani, Hotel Meina. Spielfilm, Italien / Serbien 2007
Pupi Avati, Il papà di Giovanna. Spielfilm, Italien 2008
Spike Lee, Miracle at St. Anna. Spielfilm, USA / Italien 2008
Marco Bellocchio, Vincere. Spielfilm, Italien 2009

Printmedien

Berliner Zeitung, Berlin
Corriere della Sera, Mailand
Frankfurter Allgemeine Zeitung, Frankfurt
Il Giornale, Mailand
Il Manifesto, Rom
Il Messaggero, Rom
Le monde diplomatique, Paris
Neue Zürcher Zeitung, Zürich
La Repubblica, Rom
Der Spiegel, Hamburg
La Stampa, Turin
Süddeutsche Zeitung, München
Tages-Anzeiger, Zürich
Tagesspiegel, Berlin
L'Unità, Rom
Die Welt, Berlin
Wochenzeitung, Zürich
Die Zeit, Hamburg

Websites

A.N.P.I. – Associazione Nazionale Partigiani d'Italia (www.anpi.it)
Centro di Documentazione Ebraica Contemporanea (www.cdec.it)
Il Corriere della Sera. Archivio storico (www.archiviostorico.corriere.it)
Crimini di Guerra (www.criminidiguerra.it)
Il Duce. Il miglior portale sul Fascismo (www.duce.it)
Il Duce. La storia di un italiano che amò la sua patria (www.duce.net)
Foiba di Basovizza. Monumento nazionale (www.foibadibasovizza.it)
Fondazione Giorgio Almirante. L'uomo che immaginò il futuro (www.giorgioalmirante.it)
Fondazione Giorgio Perlasca (www.giorgioperlasca.it)
Fondazione Memoria della Deportazione (www.deportati.it)
Governo italiano. Presidenza del Consiglio dei Ministri (www.governo.it/Presidente)
Libertà e Giustizia (www.libertaegiustizia.it)
Memoteca. Archivio partecipato della memoria glocale (www.memoteca.it)
Presidenza della Repubblica (www.quirinale.it)
Ragionpolitica. Periodico on line (www.ragionpolitica.it)
Rai educational: La storia siamo noi (www.lastoriasiamonoi.rai.it)
La Repubblica. Archivio storico dal 1984 (www.repubblica.it)
Resistenza – Der Widerstand in Italien (www.resistenza.de)

Società italiana per lo studio della storia contemporanea (www.sissco.it)
La Stampa. Archivio dal 1992 (www.archivio.lastampa.it)
Storia XXI secolo. Portale dei siti di storia italiana (www.storiaxxisecolo.it)

B. Literaturverzeichnis

Kontexte, Definitionen und Konzepte

Holger Afflerbach, Christoph Cornelissen (Hg.), Sieger und Besiegte. Materielle und ideelle Neuorientierungen nach 1945, Tübingen, Basel 1997

Brigitte Bailer-Galanda, Wolfgang Benz, Wolfgang Neugebauer (Hg.), Die Auschwitzleugner. »Revisionistische« Geschichtslüge und historische Wahrheit, Berlin 1996

Elazar Barkan, Völker klagen an. Eine neue internationale Moral, Düsseldorf 2002

Walther L. Bernecker, Sören Brinkmann, Kampf der Erinnerungen. Der Spanische Bürgerkrieg in Politik und Gesellschaft 1936-2006, Nettersheim 2007[3]

Stefan Berger, Chris Lorenz (Hg.), The Contested Nation. Ethnicity, Class, Religion and Gender in National Histories, Basingstoke 2009

Petra Bock, Edgar Wolfrum (Hg.), Umkämpfte Vergangenheit. Geschichtsbilder, Erinnerung und Vergangenheitspolitik im internationalen Vergleich, Göttingen 1999

Simona Colarizi, Storia del novecento italiano. Cent'anni di entusiasmo, di paure, di speranza, Mailand 2000

Christoph Cornelissen, Was heisst Erinnerungskultur? Begriff – Methoden – Perspektiven, in: Geschichte in Wissenschaft und Unterricht 54 (2003), S. 548-563

Christoph Cornelissen, Lutz Klinkhammer, Wolfgang Schwentker (Hg.), Erinnerungskulturen. Deutschland, Italien und Japan seit 1945, Frankfurt am Main 2003

Colin Crouch, Postdemokratie, Frankfurt am Main 2008

Alberto De Bernardi, Luigi Ganapini, Storia d'Italia 1860-1995, Mailand 1996

Astrid Erll, Kollektives Gedächtnis und Erinnerungskulturen. Eine Einführung, Stuttgart, Weimar 2005

Torben Fischer, Matthias N. Lorenz (Hg.), Lexikon der Vergangenheitsbewältigung in Deutschland. Debatten und Diskursgeschichte des Nationalsozialismus nach 1945, Bielefeld 2007

Katrin Hammerstein, Ulrich Mählert, Julie Trappe, Edgar Wolfrum (Hg.), Aufarbeitung der Diktatur – Diktat der Aufarbeitung. Normierungsprozesse beim Umgang mit diktatorischer Vergangenheit, Göttingen 2009

Friederike Hausmann, Italien, München 2009

Eric Hobsbawm, Das Zeitalter der Extreme. Weltgeschichte des 20. Jahrhunderts, München, Wien 1995

Dietmar Henke, Hans Woller (Hg.), Politische Säuberung in Europa. Die Abrechnung mit Faschismus und Kollaboration nach dem Zweiten Weltkrieg, München 1991

Piero Ignazi, Extreme Right Parties in Western Europe, Oxford 2006[2]

Harold James, Geschichte Europas im 20. Jahrhundert. Fall und Aufstieg 1914-2001, München 2004

Tony Judt, Geschichte Europas von 1945 bis zur Gegenwart, München, Wien 2006

Hartmut Kaelble, Sozialgeschichte Europas 1945 bis zur Gegenwart, München 2007

Daniel Levy, Natan Sznaider, Erinnerung im globalen Zeitalter: Der Holocaust, Frankfurt am Main 2001

Christiane Liermann, Marta Margotti, Bernd Sösemann, Francesco Traniello (Hg.), Vom Umgang mit der Vergangenheit: Ein deutsch-italienischer Dialog, Tübingen 2007

Kerstin von Lingen (Hg.), Kriegserfahrung und nationale Identität in Europa nach 1945. Erinnerung, Säuberungsprozesse und nationales Gedächtnis, Paderborn, München 2009

Thomas Maissen, Verweigerte Erinnerung. Nachrichtenlose Vermögen und die Schweizer Weltkriegsdebatte 1989-2004, Zürich 2005
Guy P. Marchal, Schweizer Gebrauchsgeschichte. Geschichtsbilder, Mythenbildung und nationale Identität, Basel 2007
Jan-Werner Müller (Hg.), Memory and Past in Post-War Europe. Studies in the Presence of the Past, Cambridge 2002
Oskar Niedermayer, Richard Stöss, Melanie Haas (Hg.), Die Parteiensysteme Westeuropas, Wiesbaden 2006
Gerhard Paul (Hg.), Das Jahrhundert der Bilder. Bd. 2: 1949 bis heute, Göttingen 2008
Elizabeth Pugliese, War Crimes and Trial. A historical Encyclopedia, Oxford 2006
Peter Reichel, Vergangenheitsbewältigung in Deutschland. Die Auseinandersetzung mit der NS-Diktatur von 1945 bis heute, München 2001
Peter Reichel, Erfundene Erinnerung. Weltkrieg und Judenmord in Film und Theater, Frankfurt am Main 2007
Peter Reichel, Harald Schmid, Peter Steinbach (Hg.), Der Nationalsozialismus – Die zweite Geschichte. Überwindung – Deutung – Erinnerung, Bonn 2009
Enno Rudolph, Stefano Poggi (Hg.), Diktatur und Diskurs. Zur Rezeption des europäischen Totalitarismus in den Geisteswissenschaften, Zürich 2005
Gian Enrico Rusconi, Hans Woller (Hg.), Parallele Geschichte? Italien und Deutschland 1945-2000, Berlin 2006
Gian Enrico Rusconi, Thomas Schlemmer, Hans Woller (Hg.), Schleichende Entfremdung? Deutschland und Italien nach dem Fall der Mauer, München 2008
Martin Sabrow, Ralph Jessen, Klaus Grosse Kracht (Hg.), Zeitgeschichte als Streitgeschichte. Grosse Kontroversen nach 1945, München 2003
Wolfgang Schmale, Geschichte Europas, Wien, Köln 2001
Barbara Spinelli, Der Gebrauch der Erinnerung. Europa und das Erbe des Totalitarismus, München 2002
Göran Therborn, Die Gesellschaften Europas. Ein soziologischer Vergleich, Frankfurt am Main, New York 2000
Harald Welzer (Hg.), Der Krieg der Erinnerung. Holocaust, Kollaboration und Widerstand im europäischen Gedächtnis, Frankfurt am Main 2007
Jürgen Zimmerer (Hg.), Verschweigen – Erinnern – Bewältigen. Vergangenheitspolitik nach 1945 in globaler Perspektive (= Comparativ 14), Leipzig 2004

Faschistisches Italien: neuester Forschungsstand (Auswahl)

Asfa-Wossen Asserate, Aram Mattioli (Hg.), Der erste faschistische Vernichtungskrieg. Die italienische Aggression gegen Äthiopien 1935-1941, Köln 2006
Arnd Bauerkämper, Der Faschismus in Europa 1918-1945, Stuttgart 2006
Ruth Ben-Ghiat, Fascist Modernities. Italy, 1922-1945, Berkeley, London 2001
Jerzy W. Borejsza, Schulen des Hasses. Faschistische Systeme in Europa, Frankfurt am Main 1999
Richard J.B. Bosworth, The Italian Dictatorship. Problems and Perspectives in the Interpretation of Mussolini and Fascism, London 1998
Richard J.B. Bosworth, Mussolini, London 2002
Richard J.B. Bosworth, Mussolini's Italy. Life under the dictatorship, 1915-1945, London 2005
Bernard Bruneteau, Les Totalitarismes, Paris 1999
Howard James Burgwyn, Empire on the Adriatic. Mussolini's Conquest of Yugoslavia, 1941-1943, New York 2005
Alessandro Campi, Mussolini, Bologna 2001
Carlo Spartaco Capogreco, I campi del duce. L'internamento civile nell'Italia fascista, 1940-1943, Turin 2004

Federico Caprotti, Mussolini's Cities. Internal Colonialism in Italy, 1930-1939, New York 2007
Marina Cattaruzza, L'Italia e il confine orientale, Bologna 2007
Enzo Collotti, Fascismo, fascismi, Mailand 2000[3]
Enzo Collotti, Fascismo e politica di potenza. Politica estera 1922-1939, Florenz 2000
Enzo Collotti, L'Europa nazista. Il progetto di un nuove ordine europeo, Florenz 2002
Enzo Collotti, Il fascismo e gli ebrei. Le leggi razziali in Italia, Rom, Bari 2003
Davide Conti, L'occupazione italiana dei Balcani. Crimini di Guerra e mito della »brava gente« (1940-1943), Rom 2008
Victoria de Grazia, Sergio Luzzatto (Hg.), Dizionario del fascismo, 2 Bde, Turin 2002/03
Angelo Del Boca (Hg.), I gas di Mussolini. Il fascismo e la guerra d'Etiopia, Rom 2007[2]
Costantino Di Sante (Hg.), Italiani senza onore. I crimini in Jugoslavia e i processi negate (1941-1951), Verona 2005
Matteo Dominioni, Lo sfascio dell'impero. Gli Italiani in Etiopia 1936-1941, Rom, Bari 2008
Patricia Dogliani, L'Italia fascista 1922-1940, Mailand 1999
Jean-Yves Dormagen, Logiques du fascisme. L'État totalitaire en Italie, Paris 2008
Monica Fioravanzo, Mussolini e Hitler. La Repubblica sociale sotto il Terzo Reich, Rom 2009
Luigi Ganapini, La Repubblica delle camicie nere. I combattenti, i politici, gli amministratori, i socializzatori, Mailand 1999
Emilio Gentile, La via italiana al totalitarismo. Il partito e lo Stato nel regime fascista, Rom 1995
Emilio Gentile, Der Faschismus. Eine Definition zur Orientierung, in: Mittelweg 36, Februar/März 2007, S. 81-99
Emilio Gentile, Fascismo. Storia e interpretazione, Rom, Bari 2002
Emilio Gentile, Fascismo di pietra, Rom, Bari 2007
Gudrun Jäger, Liana Novelli-Glaab (Hg.), » ... denn in Italien haben sich die Dinge anders abgespielt«. Judentum und Antisemitismus im modernen Italien, Berlin 2007
Alessandra Kersevan, Lager italiani. Pulizia etnica e campi di concentramento fascisti per civili jugoslavi 1941-1943, Rom 2008
Lutz Klinkhammer, Zwischen Bündnis und Besatzung. Das nationalsozialistische Deutschland und die Republik von Salò 1943-1945, Tübingen 1993 (Italienische Übertragung: L'occupazione tedesca in Italia 1943-1945, Turin 1993)
Nicola Labanca, Oltremare. Storia dell'espansione coloniale italiana, Bologna 2002
Salvatore Lupo, Il Fascismo. La politica in un regime totalitario, Rom 2000
MacGregor Knox, Common Destiny. Dictatorship, Foreign Policy, and War in Fascist Italy and Nazi Germany, Cambridge 2000
Brunello Mantelli, Kurze Geschichte des italienischen Faschismus, Berlin 1998
Brunello Mantelli, Die Italiener auf dem Balkan 1941-1943, in: Christof Dipper, Lutz Klinkhammer, Alexander Nützenadel (Hg.), Europäische Sozialgeschichte. Festschrift für Wolfgang Schieder, Berlin 2000, S. 57-74
Brunello Mantelli (Hg.), L'Italia fascista potenza occupante. Lo scacchiere balcanico, Triest 2002
Aram Mattioli, Experimentierfeld der Gewalt. Der Abessinienkrieg und seine internationale Bedeutung 1935-1941, Zürich 2005
Aram Mattioli, Gerald Steinacher (Hg.), Für den Faschismus bauen. Architektur und Städtebau im Italien Mussolinis, Zürich 2009
Pierre Milza, Mussolini, Paris 1999
Carlo Moos, Ausgrenzung, Internierung, Deportation. Antisemitismus und Gewalt im späten italienischen Faschismus (1938-1945), Zürich 2004
Paolo Nicoloso, Mussolini architetto. Propaganda e paesaggio urbano nell'Italia fascista, Turin 2008
Gianni Oliva, »Si ammazza troppo poco«. I crimini di guerra italiani 1940-1943, Mailand 2006
Amedeo Osti Guerrazzi. Caino a Roma. I complici romani della Shoa, Rom 2005
Amedeo Osti Guerrazzi, Costantino Di Sante, Die Geschichte der Konzentrationslager im faschistischen Italien, in: Sven Reichardt, Armin Nolzen (Hg.), Faschismus in Italien und Deutschland. Studien zu Transfer und Vergleich, Göttingen 2005, S. 176-200

Amedeo Osti Guerrazzi, Kain in Rom. Judenverfolgung und Kollaboration unter deutscher Besatzung 1943/44, in: Vierteljahrshefte für Zeitgeschichte 54 (2006), S. 231-268
Bordon W. Painter, Mussolini's Rome. Rebuilding the Eternal City, Basingstoke 2005
Stanley G. Payne, Geschichte des Faschismus. Aufstieg und Fall einer europäischen Bewegung, München, Berlin 2001
Robert O. Paxton, Anatomie des Faschismus, München 2006
Robert O. Paxton, Die fünf Stadien des Faschismus, in: Mittelweg 36, Februar/März 2007, S. 55-80
Sven Reichardt, Faschistische Kampfbünde. Gewalt und Gemeinschaft im italienischen Squadrismus und in der deutschen SA, Köln, Weimar 2002
Sven Reichardt, Neue Wege der vergleichenden Faschismusforschung, in: Mittelweg 36, Februar/März 2007, S. 9-25
Sven Reichardt, Armin Nolzen (Hg.), Faschismus in Italien und Deutschland. Studien zu Transfer und Vergleich, Göttingen 2005
Giorgio Rochat, Le guerre italiane 1935-1943. Dall'impero d'Etiopia alla disfatta, Turin 2005
Davide Rodogno, Il nuovo ordine mediterraneo. Le politiche di occupazione dell'Italia fascista in Europa (1940-1943), Turin 2003
Eric Salerno, Uccideteli tutti. Libia 1943: Gli ebrei nel campo di concentramento fascista di Giado. Una storia italiana, Mailand 2008
Michele Sarfatti, Gli ebrei nell'Italia fascista. Vicende, identità, persecuzione, Turin 2000
Michele Sarfatti, Le leggi antiebraiche spiegate agli italiani di oggi, Turin 2002
Michele Sarfatti, La Shoah in Italia. La persecuzione degli ebrei sotto il fascismo, Turin 2005
Wolfgang Schieder, Kriegsregime des 20. Jahrhunderts. Deutschland, Italien und Japan im Vergleich, in: Christoph Cornelissen, Lutz Klinkhammer, Wolfgang Schwentker (Hg.), Erinnerungskulturen. Deutschland, Italien und Japan seit 1945, Frankfurt am Main 2003, S. 28-48
Wolfgang Schieder, Faschismus, in: Richard van Dülmen (Hg.), Fischer Lexikon Geschichte, Frankfurt am Main 2003, S. 199-221
Wolfgang Schieder, Faschistische Diktaturen. Studien zu Italien und Deutschland, Göttingen 2008
Wolfgang Schivelbusch, Entfernte Verwandtschaft. Faschismus, Nationalsozialismus und New Deal 1933-1939, München 2005
Thomas Schlemmer, Hans Woller, Der italienische Faschismus und die Juden 1922 bis 1945, in: Vierteljahrshefte für Zeitgeschichte 53 (2005), S. 165-201
Gabriele Schneider, Mussolini in Afrika. Die faschistische Rassenpolitik in den italienischen Kolonien 1926-1941, Köln 2000
Nicola Tranfaglia, La prima guerra mondiale e il fascismo 1914-1938, Turin 1995
Danilo Veneruso, L'Italia fascista, 1922-1945, Bologna 1996
Cinzia Villani, Zwischen Rassengesetzen und Deportation. Juden in Südtirol, im Trentino und in der Provinz Belluno 1933-1945, Innsbruck, Wien 2003
Klaus Voigt, Zuflucht auf Widerruf. Exil in Italien, 1933-1945, 2 Bde, Stuttgart 1989/93
Frauke Wildvang, Der Feind von nebenan. Judenverfolgung im faschistischen Italien 1936-1944, Köln 2008
Rolf Wörsdörfer, Krisenherd Adria 1915-1955. Konstruktion und Artikulation des Nationalen im italienisch-jugoslawischen Grenzraum, Paderborn, München 2004
Hans Woller, Rom, 28. Oktober 1922. Die faschistische Herausforderung, München 1999
Zur Neubewertung des italienischen Faschismus. Enzo Collotti im Gespräch mit Lutz Klinkhammer, in: Geschichte und Gesellschaft 26 (2000), S. 285-306

Die Nachkriegsrepublik (Auswahl)

Bruno Bongiovanni, Nicola Tranfaglia (Hg.), Dizionario storico dell'Italia unita, Rom, Bari 1996

Maurizio Cotta, Luca Verzichelli, Political Institutions in Italy, Oxford 2007
Vittorio Foa, Questo Novecento. Un secolo di passione civile. La politica come responsabilità, Turin 1996
Mimmo Franzinelli, L'amnistia Togliatti. 22 giugno 1946. Colpo di spugna sui crimini fascisti, Mailand 2006
Paul Ginsborg, Storia d'Italia dal dopoguerra ad oggi, Turin 2006
Damian Grasmück, Das Parteiensystem Italiens im Wandel. Die politischen Parteien und Bewegungen seit Anfang der neunziger Jahre unter besonderer Berücksichtigung der Forza Italia, Marburg 2000
Friederike Hausmann, Kleine Geschichte Italiens von 1945 bis Berlusconi, Berlin 2002
Piero Ignazi, Partiti politici in Italia, Bologna 2008
Christian Jansen, Italien seit 1945, Göttingen 2007
Stefan Köppl, Das politische System Italiens. Eine Einführung, Wiesbaden 2007
Aurelio Lepre, Storia della prima Repubblica. L'Italia dal 1943 al 1998, Bologna 1999
Sara Lorenzini, L'Italia e il trattato di pace del 1947, Bologna 2007
Jens Petersen, Quo vadis, Italia? Ein Staat in der Krise, München 1995
Raoul Pupo, Il lungo esodo. Istria: le persecuzioni, le foibe, l'esilio, Mailand 2005
Werner Raith, Der Korruptionsschock. Demokratie zwischen Auflösung und Erneuerung: das Beispiel Italien, Reinbek bei Hamburg 1994
Gian Enrico Rusconi, Hans Woller (Hg.), Parallele Geschichte? Italien und Deutschland 1945-2000, Berlin 2006
Gian Enrico Rusconi, Thomas Schlemmer, Hans Woller (Hg.), Schleichende Entfremdung? Deutschland und Italien nach dem Fall der Mauer, München 2008
Enzo Santarelli, Storia critica della Repubblica. L'Italia dal 1945 al 1994, Turin 1997[3]
Birgit Schönau, Calcio. Die Italiener und ihr Fussball, Köln 2005
Nicola Tranfaglia, La transizione italiana. Storia di un decennio, Mailand 2003
Arturo Varvelli, L'Italia e l'ascesa di Gheddafi. La cacciata degli italiani, le armi e il petrolio (1969-1974), Mailand 2009

Die (extreme) Rechte und ihr Milieu

Paolo Berizzi, Bande nere. Come vivono, chi sono, chi protegge i nuovi nazifascisti, Mailand 2009
Marco Belpoliti, Il corpo del capo, Parma 2009
Carlo Bonini, ACAB. All cops are bastards, Turin 2009
Anna Cento Bull, Italian Neofascism. The strategy of tension and the politics of nonreconciliation, New York 2007
Guido Caldiron, Lessico postfascista. Parole e politiche della destra al potere, Rom 2002
Alessandro Campi, La destra in cammino. Da Alleanza nazionale al Popolo della libertà, Soveria Mannelli 2008
Roberto Chiarini, Destra italiana dall'Unità a Alleanza Nazionale, Venedig 1995
Christian Christen, Italiens Modernisierung von rechts. Berlusconi, Bossi, Fini und die Zerschlagung des Wohlfahrtsstaates, Berlin 2001
Corrado De Cesare (Hg.), L'ex fascista del Duemila. Le radici nere di Gianfranco Fini, Mailand 2008[2]
Stefano Fella, From Fiuggi to the Farnesina: Gianfranco Fini's remarkable journey, in: Journal of Contemporary European Studies 14 (2006), S. 11-23
Dirk Feustel, One man show. Silvio Berlusconi und die Medien, Marburg 2007
Susanne Frölich-Steffen, Lars Rensmann (Hg.), Populisten an der Macht. Populistische Regierungsparteien in West- und Osteuropa, Wien 2005
Jonas Gabler, Ultrakulturen und Rechtsextremismus. Fussballfans in Deutschland und Italien, Köln 2009

Francesco Germinario, Estranei alla democrazia. Negazionismo e antisemitismo nella destra radicale italiana, Pisa 2001
Francesco Germinario, Da Salò al governo. Immaginario e cultura politica della destra italiana, Turin 2005
Massimo Giannini, Lo statista. Il ventennio berlusconiano tra fascismo e populismo, Mailand 2009[3]
Paul Ginsborg, Berlusconi. Politisches Modell der Zukunft oder italienischer Sonderweg?, Berlin 2005
Antonia Gohr, Die Lega Nord – eine Herausforderung für Italien: zwischen Föderalismus und Separatismus, Frankfurt am Main 2001
Damian Grasmück, Die »Forza Italia« Silvio Berlusconis. Geburt, Entwicklung, Regierungstätigkeit und Strukturen einer charismatischen Partei, Frankfurt am Main 2005
Roland Höhne, Der Sieg der Demokratie. Die Transformation der neofaschistischen italienischen Sozialbewegung MSI in die rechtsnationale Alleanza Nazionale, in: Jahrbuch Extremismus und Demokratie 19 (2007), S. 89-114
Piero Ignazi, Postfascisti? Dal Movimento sociale italiano ad Alleanza Nazionale, Bologna 1994
Piero Ignazi, Il polo escluso. Profilo storico del Movimento sociale italiano, Bologna 1998[2]
David Lane, Berlusconi's Shadow. Crime, justice and the pursuit of power, London 2005
Marc Lazar, L'Italie à la derive. Le moment Berlusconi, Paris 2006
Sebastian Mahner, Vom rechten Rand in die politische Mitte? Die Alleanza Nazionale zehn Jahre nach ihrer Gründung im europäischen Vergleich, Münster 2005
Giuliana Parotto, Silvio Berlusconi. Der doppelte Körper des Politikers: Politik, Religion, Television, München 2009
Hugues Portelli, L'Italie de Berlusconi, Paris 2006
Nicola Rao, Neofascisti! La Destra italiana da Salò a Fiuggi nel ricordo dei protagonisti, Rom 1999
Petra Reiter-Mayer, Die Etablierung der Alleanza Nazionale im politischen System Italiens, Hamburg 2006
Jens Renner, Der neue Marsch auf Rom. Berlusconi und seine Vorläufer, Zürich 2002
Marco Revelli, La Destra nazionale, Mailand 1996
Petra Rosenbaum, Neofaschismus in Italien, Frankfurt am Main, Köln 1975
Alexander Stille, Citizen Berlusconi, München 2006
Ugo Maria Tassinari, Fascisteria. I protagonisti, i movimenti e i misteri dell'eversione nera in Italia (1965-2000), Rom 2001
Marco Travaglio, Montanelli e il Cavaliere. Storia di in grande uomo e di un piccolo uomo. Prefazione di Enzo Biagi, Mailand 2007[2]
Jens Urbat, Rechtspopulisten an der Macht. Silvio Berlusconis Forza Italia im neuen italienischen Parteiensystem, Hamburg, Berlin 2007
Rinaldo Vignati, La memoria del fascismo, in: Roberto Chiarini, Marco Maraffi (Hg.), La destra allo specchio. La cultura politica di Alleanza Nazionale, Venedig 2001, S. 43-83

Die Erinnerungskultur an Diktatur und Krieg

Luisa Accati, Opfer und Täter zwischen Gerechtigkeit und Straflosigkeit, in: Dies., Renate Cogoy (Hg.), Das Unheimliche in der Geschichte. Die Foibe. Beiträge zur Psychopathologie historischer Rezeption, Berlin 2007, S. 213-248
Cristina Baldassini, L'ombra di Mussolini. L'Italia moderata e la memoria del fascismo (1945-1960), Soveria Mannelli 2008
Luca Baldissara, Auf dem Weg zu einer bipolaren Geschichtsschreibung? Der öffentliche Gebrauch der Resistenza in einer geschichtslosen Gegenwart, in: Quellen und Forschungen aus italienischen Archiven und Bibliotheken 82 (2002), S. 590-636
Luca Baldissara, Paolo Pezzino (Hg.), Crimini e memorie di guerra. Violenze contro le popolazioni e politiche di ricordo, Neapel 2004

Pamela Ballinger, History in Exile. Memory and identity at the borders of the Balkans, Princeton 2003

Adriano Ballone, La Resistenza, in: Mario Isnenghi (Hg.), I luoghi della memoria. Simboli e miti dell'Italia unita, Bd. 2, Rom, Bari 1997, S. 403-438

Michele Battini, Peccati di memoria. La mancata Norimberga italiana, Rom, Bari 2003

Ulrich Beuttler, Über den Dokumentarfilm »Fascist legacy« von Ken Kirby. Ein Beitrag zur längst fälligen Diskussion über die italienischen Kriegsverbrechen, in: Andrea Di Michele, Gerald Steinacher (Hg.), Faschismen im Gedächtnis / La memoria dei fascismi (= Geschichte und Region 13), Innsbruck, Wien 2004, S. 175-188

David Bidussa, Il mito del bravo italiano, Mailand 1994

Peter Bondanella, Italian Cinema. From Neorealism to the Present, New York 2001[3]

Tina Buser, Valentin Rauer, Gianfranco Finis Erinnerungspolitik. Eine Medienanalyse zu den Gedenkbesuchen in den Fosse Ardeatine und in Auschwitz, in: Bernhard Giesen, Christoph Schneider (Hg.), Tätertrauma. Nationale Erinnerungen im öffentlichen Diskurs, Konstanz 2004, S. 239-268

Alessandro Campi, Mussolini und die italienische Nachkriegsgesellschaft. Italien zwischen Erinnern und Vergessen, in: Christoph Cornelissen, Lutz Klinkhammer, Wolfgang Schwentker (Hg.), Erinnerungskulturen. Deutschland, Italien und Japan seit 1945, Frankfurt am Main 2003, S. 108-122

Alberto Cavaglion, La Resistenza spiegata a mia figlia, Neapel 2005

Roberto Chiarini, 25 aprile. La competizione politica sulla memoria, Venedig 2005

Enzo Collotti (Hg.), Fascismo e antifascismo. Rimozioni, revisioni, negazioni, Rom, Bari 2000

Enzo Collotti, Lutz Klinkhammer, Il fascismo e l'Italia in Guerra. Una conversazione fra storia e storiografia, Rom 1996

Christoph Cornelissen, Stufen der Vergangenheitspolitik in Deutschland und Italien seit 1945, in: Jürgen Zimmerer (Hg.), Verschweigen – Erinnern – Bewältigen. Vergangenheitspolitik nach 1945 in globaler Perspektive (= Comparativ 14), Leipzig 2004, S. 14-37

Guido Crainz, I programmi televisivi sul fascismo e la Resistenza, in: Enzo Collotti (Hg.), Fascismo e antifascismo. Rimozioni, revisioni, negazioni, Rom, Bari 2000, S. 463-491

Renato Cristin (Hg.), Die Foibe / Foibe. Vom politischen Schweigen zur historischen Wahrheit / Dal silenzio politico alla verità storica, Berlin 2007

Angelo Del Boca, L'Africa nella coscienza degli Italiani. Miti, memorie, errori, sconfitte, Rom, Bari 1992

Angelo Del Boca, Una lunga battaglia per la verità, in: Angelo Del Boca (Hg.), I gas di Mussolini. Il fascismo e la guerra d'Etiopia, Rom 1996, S. 17-48 u. 165ff.

Angelo Del Boca, Favorito dal clima di degrado del paese. Un bilancio deprimente di violenze fasciste e razziste, in: Studi Piacentini, Nr. 33, 2003, S. 7-35

Angelo Del Boca, Faschismus und Kolonialismus. Der Mythos von den »anständigen Italienern«, in: Fritz Bauer Institut (Hg.), Völkermord und Kriegsverbrechen in der ersten Hälfte des 20. Jahrhundert, Frankfurt am Main, New York 2004, S. 193-202

Angelo Del Boca (Hg.), La storia negata. Il revisionismo e il suo uso politico, Vicenza 2009

Guido Fink, Sanguinare per finta: Fascismo e antifascismo nel cinema italiano del dopoguerra, in: Enzo Collotti (Hg.), Fascismo e antifascismo. Rimozioni, revisioni, negazioni, Rom, Bari 2000, S. 493-502

Grazia De Michele, La storia dell'Africa e del colonialismo italiano nei manuali di storia in uso nelle scuole superiori, in: I sentieri della ricerca. Rivista di storia contemporanea, Nr. 3, Juni 2006, S. 131-168

Filippo Focardi, Alle origini di una grande rimozione. La questione dell'antisemitismo fascista nell'Italia dell'immediato dopoguerra, in: Horizonte 4 (1999), S. 135-170

Filippo Focardi, La guerra della memoria. La Resistenza nel dibattito politico italiano dal 1945 a oggi, Rom, Bari 2005

Filippo Focardi, Die Unsitte des Vergleichs. Die Rezeption von Faschismus und Nationalsozialismus in Italien und die Schwierigkeiten, sich der eigenen Vergangenheit zu stellen, in: Gian Enrico Rusconi, Hans Woller (Hg.), Parallele Geschichte? Italien und Deutschland 1945-2000, Berlin 2006, S. 107-139

Filippo Focardi, Die Erinnerung an den Faschismus und der »Dämon der Analogie«, in: Christiane Liermann u.a. (Hg.), Vom Ungang mit der Vergangenheit: Ein deutsch-italienischer Dialog, Tübingen 2007, S. 177-194

Filippo Focardi, Lutz Klinkhammer, The question of Fascist Italy's war crimes: the construction of a self-acquitting myth (1943-1948), in: Journal of Modern Italian Studies 9 (2004), S. 330-348

Nicola Gallerano, Le verità della storia. Scritti sull'uso pubblico del passato, Rom 1999

Nicola Gallerano (Hg.), L'uso pubblico della storia, Mailand 1995

Luigi Ganapini, La Repubblica sociale italiana, in: Mario Isnenghi (Hg.), I luoghi della memoria. Simboli e miti dell'Italia unita, Bd. 2, Rom, Bari 1997, S. 439-454

Carlo Gentile, Marzabotto 1944; Steffen Prauser, Rom/Fosse Ardeatine 1944 und Carlo Gentile, Sant'Anna di Stazzema, in: Gerd R. Überschär, (Hg.), Orte des Grauens. Verbrechen im Zweiten Weltkrieg, Darmstadt 2003, S. 136-146, S. 207-215 u. S. 231-236

Emilio Gentile, Renzo De Felice. Lo storico e il personnaggio, Rom, Bari 2003

Francesco Germinario, Gas und »zivilisatorischer Kolonialismus«. Eine historisch aufschlussreiche Debatte im sommerlichen Italien, in: 1999. Zeitschrift für Sozialgeschichte des 20. und 21. Jahrhunderts 11 (1996), S. 97-109

Francesco Germinario, L'altra memoria. L'estrema destra, Salò e la resistenza, Turin 1999

Yvan Gouesbier, »La maison de sable«. Histoire et politique en Italie, de Benedetto Croce à Renzo De Felice, Rom 2007

Aldo Grasso, Storia della televisione italiana, Mailand 2000

Eva Hortenbach, Die literarische und filmische Verarbeitung von Resistenza-Erfahrungen. Der italienische Widerstand in Werken von Vittorini, Calvino, Pavese und Cassola und in Filmen von Rosselini und Comencini, Stuttgart 2004

Mario Isnenghi (Hg.), I luoghi della memoria. Simboli e miti dell'Italia unita, 3 Bde, Rom, Bari 1996/97

Lutz Klinkhammer, Der Resistenza-Mythos und Italiens faschistische Vergangenheit, in: Holger Afflerbach, Christoph Cornelissen (Hg.), Sieger und Besiegte. Materielle und ideelle Neuorientierungen nach 1945, Tübingen, Basel 1945, S. 119-139

Lutz Klinkhammer, Der »Duce« im Schatten Hitlers? Mussolini im Lichte der italienischen Historiographie, in: Georg Christoph Berger Waldenegg, Francisca Loetz (Hg.), Führer der extremen Rechten. Das schwierige Verhältnis der Nachkriegsgeschichtsschreibung zu »grossen Männern« der eigenen Vergangenheit, Zürich 2006, S. 89-107

Marco Lenci, Sergio Baccelli, Riflessi coloniali sulla toponomastica urbana italiana. Un primo sondaggio, in: I sentieri della ricerca. Rivista di storia contemporanea, Nr. 7/8, September 2008, S. 161-182

Kerstin von Lingen, »Giorni di Gloria«. Wiedergeburt der italienischen Nation in der Resistenza, in: Dies. (Hg.), Kriegserfahrung und nationale Identität in Europa nach 1945. Erinnerung, Säuberungsprozesse und nationales Gedächtnis, Paderborn, München 2009, S. 389-408

Raffaele Liucci, Scrivere e ricordare Salò. La Repubblica sociale italiana tra storia, memoria e letteratura, in: Studi Piacentini, Nr. 29, 1996, S. 35-70

Sergio Luzzatto, La crisi dell'antifascismo, Turin 2004

Sergio Luzzatto, Il Duce. Das Leben nach dem Tod, Frankfurt am Main 2008

Sergio Luzzatto, Sangue d'Italia. Interventi sulla storia del Novecento, Rom 2008

Brunello Mantelli, Faschismus, Geschichte Italiens, Selbstverständnis der Republik. Kritische Anmerkungen zur jüngsten Debatte über die Beziehung von Geschichte und Gegenwart, in: Christof Dipper, Rainer Hudemann, Jens Petersen (Hg.), Faschismus und Faschismen im Vergleich. Wolfgang Schieder zum 60. Geburtstag, Köln 1998, S. 79-104

Millicent Marcus, Italian Film in the Shadow of Auschwitz, Toronto, Buffalo 2007

Aram Mattioli, Totalitarismus auf italienisch? Die faschistische Diktatur im Wandel des historischen Urteils, in: Enno Rudolph, Stefano Poggi (Hg.), Diktatur und Diskurs. Zur Rezeption des europäischen Totalitarismus in den Geisteswissenschaften, Zürich 2005, S. 305-335

Aram Mattioli, Der unrichtbare Dritte, in: Die Zeit, 15. September 2005

Aram Mattioli, Die Resistenza ist tot, es lebe Onkel Mussolini. Vom Umdeuten der Geschichte im Italien Berlusconis, in: Mittelweg 36 17 (2008), S. 75-93

La memoria della legislazione e della persecuzione antiebraica nella storia dell'Italia repubblicana, hg. vom Istituto Romano per la storia d'Italia dal fascismo alla resistenza, Mailand 1999

Thomas Migge, »Eine Zeit voller Leidenschaft!« Ein Gespräch mit Vittorio Foa, in: Zibaldone. Zeitschrift für italienische Kultur der Gegenwart 19 (1995), S. 19-32

Patrizio Mirra, Il 25 aprile e la »seconda« Repubblica italiana: La festa della Liberazione a metà degli anni '90, Mailand 2005 (www.brianzapopolare.it/sezioni/storia/20051020))

Carlo Moos, Die »guten Italiener« und die Zeitgeschichte, in: Historische Zeitschrift 259 (1994), S. 671-694

Claudio Pavone, Der verdrängte Bürgerkrieg. Die Erinnerung an Faschismus und Widerstand in Italien, in: Transit 15 (1998), S. 29-39

Jens Petersen, Mussolini: Wirklichkeit und Mythos eines Diktators, in: Karl Heinz Bohrer (Hg.), Mythos und Moderne, Frankfurt am Main 1983, S. 242-260

Jens Petersen, Der Ort der Resistenza in Geschichte und Gegenwart Italiens, in: Quellen und Forschungen aus italienischen Archiven und Bibliotheken 72 (1992), S. 550-571

Jens Petersen, Mythos Resistenza, in: Zibaldone. Zeitschrift für italienische Kultur der Gegenwart 19 (1995), S. 5-17

Jens Petersen, Die italienische Kultur und der Weltkommunismus. Abschied von einer Illusion, in: Quellen und Forschungen aus italienischen Archiven und Bibliotheken 78 (1998), S. 567-578

Jens Petersen, Der Ort Mussolinis in der Geschichte Italiens nach 1945, in: Christof Dipper, Lutz Klinkhammer, Alexander Nützenadel (Hg.), Europäische Sozialgeschichte. Festschrift für Wolfgang Schieder, Berlin 2000, S. 505-524

Maurizio Ridolfi, Le feste nazionali, Bologna 2003

Giorgio Rochat, La Resistenza, in: Enzo Collotti (Hg.), Fascismo e antifascismo. Rimozioni, revisioni, negazioni, Rom, Bari 2000, S. 273-292

Gianni Scipione Rossi, La destra e gli ebrei. Una storia italiana, Soveria Mannelli 2003

Gian Enrico Rusconi, Die italienische Resistenza auf dem Prüfstand, in: Vierteljahrshefte für Zeitgeschichte42 (1994), S. 379-402

Gianpasquale Santomassimo, Il ruolo di Renzo De Felice, in: Enzo Collotti (Hg.), Fascismo e antifascismo. Rimozioni, revisioni, negazioni, Rom, Bari 2000, S. 415-429

Wolfgang Schieder, Faschismus als Vergangenheit. Streit der Historiker in Italien und Deutschland, in: Walter H. Pehle (Hg.), Der historische Ort des Nationalsozialismus. Annäherungen, Frankfurt am Main 1990, S. 135-154

Wolfgang Schieder, Die Verdrängung der faschistischen Tätervergangenheit im Nachkriegsitalien, in: Asfa-Wossen Asserate, Aram Mattioli (Hg.), Der erste faschistische Vernichtungskrieg. Die italienische Aggression gegen Äthiopien, Köln 2006, S. 177-197

Christoph U. Schminck-Gustavus, Kephalloniá 1943-2003. Auf den Spuren eines Kriegsverbrechens, Bremen 2004

Joachim Staron, Fosse Ardeatine und Marzabotto: Deutsche Kriegsverbrechen und Resistenza. Geschichte und nationale Mythenbildung in Deutschland und Italien (1944-1999), Paderborn, München 2002

Lea Steger, Die Literatur der italienischen Resistenza. Die literarische Verarbeitung des bewaffneten Widerstands in Italien, Frankfurt am Main 2007

Claudio Tosatto, Un film e la storia. Lion of the Desert, 1982, in: Studi Piacentini, Nr. 36, 2004, S. 173-188

Nicola Tranfaglia, Fascismo e mass media: dall'intervista di De Felice agli sceneggiati televisivi, in: Passato e Presente, Nr. 3, 1983, S. 135-148

Nicola Tranfaglia, Un revisionismo sospetto, in: Il fascismo e gli storici oggi, hg. von Jader Jacobelli, Rom, Bari 1988, S. 114-120

Nicola Tranfaglia, Un passato scomodo. Fascismo e postfascismo, Mailand 2006

Gabriele Turi, Una storia italiana, in: Passato e presente XXI (2003), S. 89-98

Robert A. Ventresca, Mussolini's Ghost. Italy's Duce in History and Memory, in: History & Memory 18 (2006), S. 86-119

Marta Verginella, Geschichte und Gedächtnis. Die Foibe in der Praxis der Aushandlung der Grenzen zwischen Italien und Slowenien, in: Luisa Accati, Renate Cogoy (Hg.), Das Unheimliche in der Geschichte. Die Foibe. Beiträge zur Psychopathologie historischer Rezeption, Berlin 2007, S. 25-76

Rinaldo Vignati, La memoria del fascismo, in: Roberto Chiarini, Marco Maraffi (Hg.), La destra allo specchio. La cultura politica di Alleanza Nazionale, Venedig 2001, S. 43-83

Hans Woller, Die Abrechnung mit dem Faschismus in Italien 1943 bis 1948, München 1996

Hans Woller, Der Rohstoff des kollektiven Gedächtnisses. Die Abrechnung mit dem Faschismus in Italien und ihre erfahrungsgeschichtliche Dimension, in: Christoph Cornelissen, Lutz Klinkhammer, Wolfgang Schwentker (Hg.), Erinnerungskulturen. Deutschland, Italien und Japan seit 1945, Frankfurt am Main 2003, S. 67-76

Gesprächspartner

Gian Mario Bravo, Turin
Christoph Cornelissen, Kiel
Angelo Del Boca, Turin
Matteo Dominioni, Como
Harald Dunajtschik, Innsbruck
Benedikt Erenz, Hamburg
Lutz Klinkhammer, Rom
Georg Kreis, Basel
Jon Mathieu, Burgdorf
Sandro Pedroli, Zürich
Enno Rudolph, Luzern
Wolfgang Schieder, Göttingen
Thomas Schmid, Berlin
Birgit Schönau, Rom
Gerald Steinacher, Bozen
Petra Terhoeven, Göttingen
Hans Woller, München
Roger de Weck, Zürich
Cecilia Winterhalter, Rom

PERSONENREGISTER